UMA HISTÓRIA EM
DEFESA DA VERDADE

heresia

Alister McGrath

PREFÁCIO DE RICK WARREN

© 2009 by Alister McGrath
Published by arrangement with
Harper One, a division of Harper
Collins Publishers.
Portuguese edition © 2014 by
Editora Hagnos Ltda
All rights reserved.

Tradução
José Carlos Siqueira

Revisão
Simone Granconato
Josemar de Souza Pinto

Capa
Maquinaria Studio

Diagramação
Fabrício Galego

1ª edição - Junho de 2014
Reimpressão - Julho de 2015

Editor
Juan Carlos Martinez

Coordenador de produção
Mauro W. Terrengui

Impressão e acabamento
Imprensa da Fé

Todos os direitos desta edição reservados para:
Editora Hagnos
Av. Jacinto Júlio, 27
04815-160 - São Paulo - SP - Tel. (11) 5668-5668
hagnos@hagnos.com.br - www.hagnos.com.br

Dados Internacionais de Catalogação na Publicação (CIP)
(Câmara Brasileira do Livro, SP, Brasil)

McGrath, Alister
  Heresia em defesa da fé / Alister McGrath ; [tradução José Carlos Siqueira]. -- São Paulo : Hagnos, 2014.

  Título original: Heresy : a history of defending the truth.
  Bibliografia.

  ISBN 978-85-7742-118-3

  1. Apologética 2. Heresias cristãs I. Título.

13-01944   CDD-273

Índices para catálogo sistemático:
1. Heresias: História da Igreja: Cristianismo 273
2. Heresiologia : Cristianismo 273

Editora associada à:

Sumário

Prefácio 5

Introdução

Nosso caso de amor com a heresia 7

Parte I

O que é heresia? 23

1 – A fé, os credos e o evangelho cristão 25

2 – As origens da ideia de heresia 45

Parte II

As raízes da heresia 55

3 – Diversidade: o pano de fundo da
     heresia primitiva 57

4 – A formação inicial da heresia 79

5 – Existe uma "essência" da heresia? 105

Parte III

As heresias clássicas do cristianismo 127

6 – As primeiras heresias clássicas:
     ebionismo, docetismo, valentianismo 129

7 – As heresias clássicas tardias:
arianismo, donatismo, pelagianismo................171

Parte IV
O impacto duradouro da heresia................215
8 – Motivações culturais e
intelectuais da heresia................217
9 – Ortodoxia, heresia e poder................243
10 – A heresia e a visão
islâmica do cristianismo................275

Conclusão
O futuro da heresia................283

Índice remissivo básico................289

Prefácio

No século XVIII, o filósofo, autor e estadista irlandês Edmund Burke disse muito bem: "Aqueles que ignoram a história estão destinados a repeti-la". É por isso que este livro é tão imprescindível. Escrita por outro grande filósofo, autor e teólogo irlandês — o meu amigo Alister McGrath —, esta obra mostra de forma brilhante por que não podemos ignorar as lições da história da igreja.

Cento e cinquenta anos mais tarde, George Santayana retomou as palavras de Burke em seu livro *A vida da razão*: "Aqueles que não podem recordar o passado estão condenados a repeti-lo". Em nenhum outro lugar esse princípio fica mais óbvio do que nas heresias históricas da fé cristã. O fato de a maioria dos crentes ter pouco ou nenhum conhecimento da história da igreja impede-os de reconhecer os erros do passado, que reaparecem em cena após já terem sido refutados e rejeitados pelas antigas gerações de cristãos ortodoxos.

[Heresia]

Sabemos que a verdade é imutável e eterna. Mesmo isso sendo verdadeiro, não é algo novo. Mas muitas mentiras também não são novas. Em Eclesiastes 1.9 Salomão adverte: *O que foi é o que há de ser; e o que se fez, isso se tornará a fazer; nada há, pois, novo debaixo do sol* (ARA).

O que se passa numa geração, no final das contas, volta a aparecer em outra geração. O nome ou rótulo da heresia pode mudar, mas provavelmente o erro é o mesmo cometido muitas e muitas vezes nos últimos dois mil anos.

Por exemplo, não há nada de absolutamente novo sobre a filosofia da *New Age* [Nova Era]. A *New Age* nada mais é do que velhas mentiras em nova roupagem. A crença de que se é Deus (ou poderia ser) é tão velha quanto o Éden. Essa foi a primeira tentação.

Este é um livro de extrema importância em nossos dias, especialmente porque a mídia não considera a ortodoxia digna de cobertura. Precisamos dar às pessoas os instrumentos do conhecimento histórico que elas precisam para saber que os modismos teológicos e os atuais desafios à nossa fé são meramente heresias regurgitadas do passado.

Agradeço a Deus por Alister McGrath. Você também o fará quando acabar de ler este livro. Suas ideias e a sua escrita são claras, convincentes e abrangentes.

Não leia simplesmente este livro. Fortaleça sua igreja, divulgando-o a outros.

Dr. Rick Warren
Igreja Saddleback
Lake Forest, Califórnia, EUA

Introdução

Nosso caso de amor com a heresia

Nunca houve tanto interesse voltado para o que relaciona a heresia. Antigas heresias, que, pelas primeiras gerações, eram vistas como obscuras e perigosas, são hoje salpicadas com pó de estrela. A atração pelo que é proibido na religião parece mais forte do que nunca. Geoffrey Chaucer sagazmente observou lá no século XIV: "Proíbam-nos uma coisa, e nós choramos por ela".[1] Para muitos indivíduos religiosamente alienados, as heresias são vistas hoje como declarações corajosas e ousadas de liberdade espiritual a serem valorizadas, em vez de evitadas.[2] As heresias seriam as destemidas perdedoras nas antigas batalhas pela ortodoxia, derrotadas pelo poder bruto do sistema religioso. E, uma vez que a história é escrita

----

[1] CHAUCER, Geoffrey. Prólogo do conto da mulher de Bath, *Os contos de Cantuária (The Canterbury Tales)*. Tradução Paulo Vizioli. TA Queiroz Editores, s.d.

[2] HENRY, Patrick. Why Is Contemporary Scholarship So Enamored of Ancient Heresies? In: LIVINGSTONE, E. A. (Org.). *Proceedings of the 8th International Conference on Patristic Studies*. Oxford: Pergamon Press, 1980, p. 123-126.

[Heresia]

pelos vencedores, as heresias têm estado injustamente em desvantagem, e suas virtudes espirituais e intelectuais, abafadas por seus inimigos. A reabilitação das ideias heréticas é vista hoje como uma justa correção das injustiças do passado, permitindo o renascimento das versões suprimidas do cristianismo, mais sintonizadas com a cultura contemporânea do que a ortodoxia tradicional. A heresia agora é moda!

Está claro que houve uma mudança no ambiente cultural, levando a uma nova maneira de ver e avaliar a heresia. O historiador da cultura, Peter Gay, da Universidade de Yale, escreveu sobre a "atração da heresia" — uma intrigante frase de efeito que indica um desejo devastador e sedutor de subverter, ou no mínimo desafiar, as expectativas culturais convencionais.[3] A arte moderna — ele argumenta — é desse modo caracterizada por um desejo de ofender a tradição. As insígnias de honra do movimento foram, assim, a perseguição, a acusação e o pavor que ele evocava. Todas as revoluções exigem um inimigo. Nesse caso, o inimigo é uma ortodoxia que seria ao mesmo tempo estúpida e estupidificante, suprimindo as chamas vitais da originalidade e criatividade humanas.

Atitudes como essas têm se tornado profundamente enraizadas na cultura ocidental contemporânea. A heresia é radical e inovadora, enquanto a ortodoxia é prosaica e reacionária. Como observou com muita perspicácia o escritor judeu Will Herberg (1901-1977), no auge da revolta norte-americana contra Deus, nos anos 1960, momento em que a ortodoxia religiosa parecia estar esgotada e desvitalizada, enquanto a heresia parecia transpirar energia intelectual e criatividade cultural: "Hoje, as pessoas se vangloriam avidamente de serem hereges, esperando com isso se mostrarem interessantes; pois o que significa ser um herege, senão ter mente original, ser um homem que pensa por si mesmo e rejeita credos e dogmas?"[4]

----

[3] GAY, Peter. *Modernism: The Lure of Heresy from Baudelaire to Beckett and Beyond.* New York: W. W. Norton, 2008.
[4] HERBERT, Will. *Faith Enacted as History: Essays in Biblical Theology.* Philadelphia: Westminster Press, 1976, p. 170-171.

[Introdução]

Não se pode menosprezar a força das palavras de Herberg. Quando a ortodoxia religiosa é vista como moribunda ou opressora, a atração das religiões alternativas — inclusive a rejeição por atacado da religião — cresce em intensidade. Na cultura ocidental, especialmente durante o século XIX, a onda do interesse pelo ateísmo é mais uma medida da desilusão com a cultura e do desencanto com a ortodoxia religiosa. O surgimento recente do "novo ateísmo" indica que essa interpretação das coisas continua importante no Ocidente neste início de século XXI.[5]

No entanto, a atração da heresia na cultura ocidental contemporânea ultrapassa qualquer sentimento popular, ainda que volúvel, das irreparáveis inadequações ou insuficiências morais das ortodoxias religiosas. A arraigada suspeita pós-moderna da influência corrosiva do poder muitas vezes permeia, de forma subliminar, as discussões contemporâneas sobre a heresia. Todos sabem que a história é escrita pelos vencedores. A "ortodoxia" nada mais seria do que uma heresia que por acaso venceu — e prontamente tentou suprimir seus rivais e silenciar suas vozes. Essa era a tese desenvolvida pelo erudito alemão Walter Bauer (1877-1960), para quem a mais primitiva e autêntica forma da fé cristã era provavelmente a herética, não a ortodoxa. A ortodoxia teria sido um desenvolvimento posterior — sugere ele — que tentou anular os tipos de cristianismo que no princípio eram aceitos como autênticos.[6] A obra de Bauer foi publicada originariamente em alemão, em 1934, e despertou pouca atenção. Em 1971, ela foi finalmente traduzida para o inglês, numa época em que a atmosfera cultural havia passado decisivamente do modernismo dos

....

[5] A expressão "novo ateísmo" é usada com referência a um grupo de escritos surgidos em 2004-2007, esp. em *The End of Faith: Religion, Terror, and the Future of Reason*, de Sam HARRIS, New York: W. W. Norton & Co., 2004; *Breaking the Spell: Religion as a Natural Phenomenon*, de Daniel C. DENNET, New York: Viking, 2006; *The God Delusion*, de Richard DAWKINS, Boston: Houghton Mifflin Co., 2006; *God Is Not Great: How Religion Poisons Everything*, de Christopher HITCHEN, New York: Twelve, 2007.
[6] Para a edição alemã original, v., de Walter Bauer, *Rechtgläubigkeit und Ketzerei im ältesten Christentum* (Tübingen: Mohr, 1934). Para uma tradução em língua inglesa mais influente e muito posterior, v. *Orthodoxy and Heresy in Earliest Christianity*, de Walter BAUER, Philadelphia: Fortress Press, 1971.

[Heresia]

anos 1930 para o pós-modernismo do final da década de 1960. As ideias de Bauer passam então a ecoar as desconfianças e os valores de uma cultura cada vez mais antiautoritária. O livro logo se tornou um talismã para os críticos pós-modernos da ortodoxia.

A tese de Bauer sugere que a heresia é, em essência, uma ortodoxia que foi suprimida por quem tinha poder e influência no mundo cristão — sobretudo, a igreja dominante de Roma. Devemos então reconhecer a existência de um grupo de "cristianidades perdidas ou suprimidas", que foi reprimido e silenciado pelos que desejavam fazer valer as próprias ideias, como a ortodoxia.[7] Nessa visão, a distinção entre heresia e ortodoxia seria arbitrária, uma questão de acaso histórico. A *ortodoxia* designa as ideias que venceram, e a *heresia,* as que perderam. A autoridade cultural desse ponto de vista é tal que precisa de um exame detalhado, especialmente em relação às conexões entre ortodoxia, heresia e poder. Exploraremos esses temas ao longo deste livro.

Outros pensadores, no entanto, foram ainda mais longe. Para eles, a ortodoxia não era apenas um conjunto de ideias que predominou por meios duvidosos. Era a invenção deliberada de tais ideias, com o objetivo de assegurar a base do poder religioso da igreja cristã no Império Romano. Esse é um dos temas dominantes do grande sucesso de Dan Brown, *O código Da Vinci*, publicado em 2003, e que esteve no topo da lista dos *best-sellers* em todo o Ocidente durante um ano.[8] Seu fio narrativo foi influenciado por uma teoria altamente especulativa levantada em 1982 por Michael Baigent, Richard Leigh e Henry Lincoln.[9] Com base no que só pode ser descrito como a mais frágil evidência histórica, na obra *Sangue Sagrado, Santo Gral*, esses escritores sugerem que Jesus de Nazaré casou-se com Maria Madalena e que eles

....

[7] Cf. EHRMAN, D. Bart. *Lost Christianities: The Battles for Scripture and Faiths We Never Knew.* New York: Oxford University Press, 2003, p. 163-180.

[8] BROWN, Dan. *The Da Vinci Code: A Novel.* [O código Da Vinci: um romance]. New York: Doubleday, 2003. O significativo subtítulo foi adicionado em edições posteriores.

[9] BAIGENT, Michael; LEIGH, Richard; LINCOLN Henry. *Holy Grail.* New York: Delacorte Press, 1982.

[Introdução]

tiveram um filho. O livro mostra as supostas tentativas feitas pela igreja católica para ocultar, desde então, essa linhagem. O livro de Brown ficcionaliza essa teoria, chegando inclusive a incluir um personagem chamado "*sir* Leigh Teabing", em alusão tanto a Leigh quanto a Baigent ("Teabing" é um anagrama de "Baigent").[10]

A importância do romance de Brown para o entendimento das pessoas sobre as origens e o significado da heresia pode ser vista na afirmação confiante de seu personagem Teabing: "quase tudo o que nossos pais nos ensinaram a respeito de Cristo é falso". Jesus de Nazaré nunca foi considerado divino pelos cristãos — Teabing declara — até o Concílio de Niceia, em 325, quando o assunto foi levado à votação. E só foi aprovado com dificuldade. O personagem de Brown, a criptologista Sophie Neveu, fica chocada com estas palavras: "Não estou a perceber. A divindade de Jesus?"

> — *Minha querida — disse Teabing —, até aquele momento da história, Jesus tinha sido visto pelos seus seguidores como um profeta mortal* [...] *um grande homem, e poderoso, mas apesar de tudo um homem. Um mortal. — Não como o Filho de Deus?*
> — *Exatamente. O estabelecimento de Jesus como "Filho de Deus" foi oficialmente proposto e votado no Concílio de Niceia.*
> — *Espere um momento. Está a dizer-me que a divindade de Jesus resultou de uma votação?*
> — *E bastante renhida, por sinal — respondeu Teabing.* [tradução livre][11]

---

[10]Em 2006, Leigh e Baigent (mas não Lincoln) processaram Brown, sem sucesso, na Suprema Corte de Londres, argumentando que, neste e em outros momentos, ele tinha violado os direitos autorais deles. A publicação relacionava-se com os que tinham inventado tais ideias e, portanto, assegurava os seus direitos de propriedade intelectual.
[11]BROWN, *Dan. O código Da Vinci*, p. 233 [tradução livre].

[Heresia]

A risível imprecisão desse diálogo (foi uma votação por maioria, por exemplo) não é o mais grave.[12] Uma suposição transforma-se na realidade, na plausibilidade dada pela sua ressonância no ambiente cultural.

O código Da Vinci declara que a divindade de Cristo foi uma fabricação, um estratagema deliberado por parte de uma igreja corrupta determinada a assegurar o seu *status* social por quaisquer meios e a qualquer preço. Teabing segue argumentando que tudo não passou de um movimento cínico e astuto por parte do imperador Constantino (274-337), cuja data de conversão ao cristianismo é incerta. Constantino decretou que o cristianismo se tornasse a crença oficial do seu império. O que poderia ser mais natural, sugere Teabing, do que Constantino elevar Jesus de um simples mortal ao eterno Filho de Deus?

> *Constantino sabia que, para reescrever os livros de história, precisava de um golpe de ousadia. Foi daqui que nasceu o momento mais profundo da história do cristianismo. [...] Constantino encomendou e financiou uma nova Bíblia, que omitia os evangelhos que falavam das características humanas de Cristo e dava destaque aos que faziam dele um deus. Os evangelhos mais antigos foram banidos, arrebanhados e queimados. [...]*
> *Felizmente [...] alguns dos evangelhos que Constantino tentou erradicar conseguiram sobreviver, [e foram encontrados] em 1945, em Nag Hammadi [Egito].[13]*

---

[12] V., p. ex., EHRMAN, *Bart D. Truth and Fiction in the Da Vinci Code: A Historian Reveals What We Really Know About Jesus, Mary Magdalene, and Constantine* (Oxford: Oxford Univ. Press, 2004, p. 23-4): "A visão que Teabing postula está equivocada em todos os pontos principais: os cristãos antes de Niceia já haviam aceitado Jesus como divino. Os Evangelhos do NT o retratam como humano tanto quanto divino; os evangelhos que não foram incluídos no NT o retratam como divino, tanto quanto, ou até mais, do que como humano". Os comentários de Ehrman são ainda mais significativos, dada a sua hostilidade diante das narrativas cristãs tradicionais da ortodoxia e da heresia.

[13] BROWN Dan. *O código Da Vinci*, p. 234.

[Introdução]

Teabing declara que, felizmente para os historiadores, Constantino não conseguiu erradicar todos os evangelhos concorrentes. Sabemos agora, ele diz, que a Bíblia moderna foi "compilada por indivíduos que tinham um objectivo político: promover a divindade do homem Jesus Cristo e usar a influência dele para reforçar a própria base de poder".

A narrativa de Brown é um exemplo iluminador da maneira com que a ficção molda a percepção da realidade. Sua equação de "poder" e "ortodoxia" tornou-se de tal modo influente que passou a ser a opção de falha para muitos hoje. Veremos que ela se abre a sérios desafios, particularmente porque a ideia da ortodoxia começou a surgir dentro das comunidades cristãs quando ainda eram grupos marginais nas franjas da cultura imperial romana. A realidade é muito mais complexa do que a narrativa estereotipada da história cristã feita por Brown — além de ser mais interessante e intelectualmente satisfatória.

A brilhante obra de ficção de Brown adula a desconfiança pós-moderna do poder e, em especial, o seu privilégio de certas ideias favoráveis. Da mesma forma que a série de televisão *Arquivo X*, encerrada em 2002, *O código Da Vinci*, com a sua engenhosa construção histórica, coincidiu com uma era de desconfiança generalizada nos governantes, interesse em teorias da conspiração e na espiritualidade (em vez de religião). Mas de muitas formas ele também dá o contexto para discussões sobre a heresia.

Para muitos, a heresia é vista hoje como uma vítima teológica, um conjunto de ideias nobres brutalmente esmagado e indevidamente suprimido pelas ortodoxias dominantes, e então apresentadas como se fossem desviantes, desonestas ou diabólicas. Nessa narrativa romantizada das coisas, a heresia é retratada como uma ilha de livre pensamento no meio de um letárgico oceano de ortodoxia irrefletida, impingida mais pelo poder eclesiástico despido, e não por fundações intelectuais robustas. Essa é certamente a narrativa da heresia que está firmemente embutida em *O código Da Vinci* de Brown. O enredo de Brown gira em torno das perenes tentativas da igreja pós-constantiniana de cuidar, às vezes violentamente, da sua proclamação do evangelho, escondendo a verdade que a subverteria. A descoberta dessa verdade suprimida ofereceria, desse modo, um

[13]

[Heresia]

equivalente pós-moderno da indagação clássica sobre o Santo Graal. O possuidor dessa verdade poderia destruir o perpetrador de uma das grandes decepções da igreja católica de todos os tempos. Naturalmente, tudo não passa de uma fantasia — contudo, é uma fantasia que angaria muito apoio e atenção popular, e é em si mesma um importante indicador das preocupações e agendas culturais modernas.

A heresia hoje tem uma nova atração, pelo surgimento de sua associação com a sedução do conhecimento oculto, as transgressões dos limites do sagrado e o comer do fruto proibido.[14] A Bíblia cristã inicia-se com duas narrativas de transgressão — o comer do fruto proibido (Gn 3) e a construção da torre de Babel (Gn 11). De modo significativo, ambas representam desafio aos limites fixados por Deus para a humanidade. Os limites, dizem hoje, são construídos por aqueles que têm o interesse de preservar os direitos adquiridos; ao transgredi-los, estabelecemos a nossa identidade e autoridade, e confrontamos e desafiamos uma instituição conservadora. Como Prometeu roubando o fogo dos deuses, a transgressão tem a ver com desafiar o poder e conquistar a liberdade. O proibido agora se tornou enobrecido e feito um objeto legítimo de desejo. A heresia é um Prometeu libertador da humanidade da escravidão teocrática. O resultado dessa mudança significativa na atmosfera cultural é óbvio. A heresia não pode ser vista agora simplesmente como um problema histórico ou teológico acadêmico. Ela se tornou uma questão *cultural*.

Por quê? Um fator importante aqui é a ênfase crescente na escolha de uma característica definidora da existência humana autêntica. Veremos aqui que o termo grego *hairesis*, que deu origem ao nosso termo "heresia", tem fortes associações com "escolher" ou "escolha". Escolher é expressar a nossa liberdade, afirmar a nossa capacidade de criar e controlar o nosso mundo.

Esse evento está diretamente associado à disponibilidade de alternativas religiosas. Não é acidental ter a atração da heresia aumentado de modo significativo na sociedade que se desenvolvia rapidamente na

---

[14]Cf. SEGAL, A. Robert (Ed.). *The Allure of Gnosticism: The Gnostic Experience in Jungian Psychology and Contemporary Culture*. Chicago: Open Court, 1995.

[Introdução]

Europa do século XII. As pessoas ficavam cada vez mais conscientes da escolha disponível em bens materiais e educação, e esses horizontes mais amplos foram refletidos em suas atitudes diante da religião. O monopólio do catolicismo medieval foi corroído quando a laicidade passou a explorar opções religiosas alternativas como aquelas oferecidas pelos cátaros e valdenses.[15] Aqui, tanto quanto em qualquer outro lugar, a resposta da igreja institucional a essa ameaça tomou a forma da obrigação à uniformidade; desse modo, negando aos indivíduos o elemento crucial da escolha. Já o período moderno viu tanto a elevação da diversidade religiosa na maior parte do Ocidente quanto a erosão da capacidade legal da Igreja em forçar a uniformidade.

O sociólogo Peter Berger extraiu as implicações desse evento em seu marcante *Heretical Imperative* [Imperativo herético] (1979). Nele, Berger afirma que, nas culturas primitivas tradicionais, os indivíduos são expostos a apenas um único conjunto de crenças fundamentais. Cada cultura é baseada em, e até certo ponto definida por, um "mito" — isto é, uma narrativa fundadora e legitimadora ou um conjunto de crenças. Desafiar essa mitologia fundadora beira a heresia, e tradicionalmente levaria à morte ou banimento. Ainda agora somos confrontados com um excesso de religiões, filosofias e paradigmas. Não existe uma metanarrativa única, fundamental e dominante. Somos livres para escolher, pegar e misturar — o que, para Berger, é a essência da heresia.

> *Em questão de religião, como de fato em outras áreas da vida e pensamento humanos, isso significa que o indivíduo moderno tem diante de si não somente a oportunidade, mas a necessidade de fazer escolhas sobre as suas crenças. Esse fato constitui o imperativo herético na situação contemporânea. Portanto a heresia, como ocupação de tipos marginais, e excêntricos, tornou-se uma condição muito mais geral; na verdade, a heresia tornou-se universalizada.*[16]

....

[15]v. *The Devil's World: Heresy and Society 1100-1300*, de Andrew ROACH, London: Longman, 2005.

[16]BERGER, Peter L. *The Heretical Imperative: Contemporary Possibilities of Religious Affirmation*. Garden City: Anchor Press, 1979, p. 30-31.

[Heresia]

Não nos exigem que aceitemos uma visão de mundo pré-embalada, mas somos capazes de criar uma visão daquilo que esteja de acordo com as nossas ideias sobre a forma que as coisas deveriam ter. A heresia diz respeito a sermos mestres do nosso universo, escolhendo o modo de ser das coisas — ou pelo menos a maneira com que gostaríamos que elas se desenrolassem.

Contudo, talvez a última atração da heresia em nosso tempo recaia em seu desafio à autoridade.[17] A ortodoxia religiosa é comparada a reivindicações de autoridade absoluta, à qual se deve resistir e subverter em nome da liberdade. A heresia é vista, assim, como a subversão ao autoritarismo, oferecendo a libertação a seus seguidores. De uma perspectiva histórica, é praticamente impossível levar essa história a sério, especialmente como algumas heresias foram, no mínimo, tão autoritárias quanto as suas rivais ortodoxas. A crença de que a heresia é intelectual e moralmente libertadora diz muito mais sobre o clima cultural de hoje no Ocidente do que sobre as realidades dos primeiros séculos da existência cristã. Mas, como permite qualquer ato de recepção cultural de ideias, a relevância para o presente de qualquer ideia antiga tem tanto a ver com o que os seres humanos contemporâneos estão buscando quanto com o que as ideias antigas têm a oferecer. O significado da heresia não está, portanto, dentro da própria heresia, mas é antes construído dentro da relação entre a heresia original e seus intérpretes contemporâneos.[18]

Essa desconfiança da autoridade pode ser facilmente transferida da ortodoxia em si para as suas fundamentações bíblicas. Para alguns escritores, o cânon do NT deve ser visto como o endosso autoritário desses primeiros escritos cristãos que eram aceitáveis para a instituição. Os documentos do NT são referidos como se fossem boletins de imprensa, pouco convincentes, de alguma fonte oficial projetada para esconder a verdade sobre as origens do cristianismo. Qualquer coisa que

---

[17]A esse respeito, v. a análise de *After God: The Future of Religion*, de Don CUPITT, London: Weidenfeld & Nicolson, 1997.

[18]Para uma introdução ao campo da teoria da recepção, v. *The Act of Reading: A Theory of Aesthetic Response*. de Wolfgang ISER, Baltimore: Johns Hopkins Univ. Press, 1978; Crossing Borders: *Reception Theory, Poststructuralism, Deconstruction*, de Robert C. HOLUB, Madison: Univ. of Wisconsin Press, 1992.

[Introdução]

se assemelhe a uma versão oficial torna-se automaticamente suspeita. Nessa visão, textos potencialmente subversivos — sobretudo aqueles associados ao gnosticismo — foram reprimidos e marginalizados. O teólogo e observador cultural Garrett Green destacou a importância dessa questão: "Sob o olho suspeito da crítica (pós-moderna), toda a fé na autoridade bíblica afigura-se com a forma de falsa consciência, todo texto sagrado como uma retórica sub-reptícia de poder".[19] Para subverter o autoritarismo eclesiástico é necessário minar a autenticidade dos textos nos quais ele é baseado.

A recente excitação da mídia sobre o *Evangelho de Judas*, em 2006, ilustra essa tendência. Isso, nos foi dito, era uma alternativa aos evangelhos cristãos tradicionais, suprimido pela igreja primitiva devido à ameaça que apresentava à sua autoridade.[20] Esse documento parecia ser um ajuste perfeito ao padrão pós-moderno de heresia — uma narrativa proibida das origens do cristianismo, deliberadamente escondida pelos angustiados líderes da igreja, e que foi descoberto por corajosos jornalistas determinados a revelar a verdade. Um importante jornal britânico declarou que essa era a "maior descoberta arqueológica de todos os tempos", que representava uma "ameaça a 2.000 anos de ensino cristão".[21]

A realidade parece ter sido bem mais banal. O *Evangelho de Judas* é um documento relativamente tardio, originário quase certamente do interior de uma seita marginalizada dentro do cristianismo,

---

[19]GREEN, Garrett. *Theology, Hermeneutics and Imagination: The Case of Interpretation at the End of Modernity*. Cambridge: Cambridge Univ. Press, 2000, p. 20.

[20]Para obras representativas sobre esse debate, v. *The Thirteenth Apostle: What the Gospel of Judas Really Says*, de April D. DE CONICK, London: Continuum, 2007; *The Lost Gospel of Judas Iscariot: A New Look at Betrayer and Betrayed*, de Bart D. EHRMAN, Oxford: Oxford Univ. Press, 2006); *Reading Judas: The Gospel of Judas and the Shaping of Christianity*, de Elaine H. PAGELS; Karen L. KING, New York: Viking, 2007); *Judas and the Gospel of Jesus: Have We Missed the Truth About Christianity?*, de N. T. WRIGHT, Grand Rapids: Baker Books, 2006.

[21]*Mail on Sunday*. London, 12 de março, 2006. Para uma discussão completa sobre a mídia falaciosa e o exagero da importância desse documento, v. *The Gospel of Judas: Rewriting Early Christianity*, de Simon J GATHERCOLE, Oxford: Oxford Univ. Press, 2007, p. 132-149.

[Heresia]

a qual estava convencida de que todo o resto tinha interpretado Jesus de Nazaré de modo seriamente equivocado. Naquele tempo, na literatura aceita como autorizada pelos cristãos, não havia nenhuma prova documental que amparasse o ponto que desejavam provar (inclusive algumas obras que nunca fizeram isso no cânon do NT). A situação foi remediada quando eles mesmos escreveram o seu evangelho. Somente Judas *realmente* entendeu Jesus, assim dizem; os outros discípulos interpretaram-no erroneamente e levaram adiante narrativas desesperadamente confusas do seu significado.

O *Evangelho de Judas* apresenta Jesus passando para Judas um conhecimento secreto por meio de conversas pessoais, das quais os outros discípulos eram excluídos. Essa retórica da exclusão leva a formular o seguinte debate: somente Judas foi incluído no círculo mágico dos iniciados, aos quais os verdadeiros segredos do reino foram confiados. O *Evangelho de Judas* retrata Jesus de Nazaré na forma de um guru espiritual semelhante aos mestres gnósticos dos séculos II e III, embora tendo pouca relação com a descrição de Jesus encontrada nos Evangelhos Sinóticos. O cristianismo torna-se um tipo de culto de mistério baseado numa imensa burocracia que governa o cosmo; e Jesus é retratado explicando-o a Judas de um jeito prodigioso e inquietante. É difícil não chegar à conclusão de que Jesus de Nazaré foi reinventado como um mestre gnóstico com ideias gnósticas. O *Evangelho de Judas* tem, na verdade, a capacidade de iluminar a nossa compreensão do gnosticismo a partir da metade do século, especialmente a sua muitas vezes observada relação parasitária com as visões existentes a respeito do mundo.[22] Essa relação, porém, não parece ter nada historicamente crível a nos dizer sobre as origens do cristianismo ou a identidade de Jesus de Nazaré.[23] E ele certamente não representa nenhuma "ameaça" significante ao cristianismo tradicional.

....

[22]Sobre esse aspecto do gnosticismo, v. *Gnosticism, Judaism, and Egyptian Christianity*, de Birger A. PEARSON, Minneapolis: Fortress Press, 1990.

[23]O *Evangelho de Judas* é representativo da forma específica de gnosticismo conhecida como setianismo. V. tb. TURNER, *Sethian Gnosticism and the Platonic Tradition*, de John D. TURNER, Louvain: Peeters, 2001.

[Introdução]

O *Evangelho de Judas* nem mesmo é um documento radical. O britânico N. T. Wright, estudioso do NT, recusa a ideia difundida de que o gnosticismo era inovador, fazendo surgir uma onda de energia intelectual criativa que ameaçava varrer as ideias tradicionais.[24] Se muito, Wright argumenta, os gnósticos é que são mais vistos como conservadores culturais, ecoando muitos dos temas das religiões de mistério da época. Em contraste, os cristãos ortodoxos "estavam desbravando novos terrenos", e ao fazê-lo, encontravam oposição.

Onde alguns sugerem que os evangelhos gnósticos representam alternativas radicais aos evangelhos canônicos "conservadores", Wright afirma que a verdade é totalmente o oposto. É a mensagem do NT a verdadeiramente radical. No entanto, os séculos de familiaridade cultural com o cristianismo, junto com a novidade relativa de um gnosticismo redescoberto, criaram uma percepção cultural um pouco diferente. A ortodoxia religiosa tornou-se vítima de um excesso de familiaridade que cria um anseio por novidade.[25]

Este livro é um trabalho de síntese que procura reunir importantes estudos recentes na área e explorar a relevância deles na contemporaneidade para a nossa compreensão da ideia de heresia. Não se pretende encontrar novos caminhos em nosso entendimento do conceito de heresia de uma forma geral, ou de qualquer heresia específica em particular. Nem se trata de uma narrativa detalhada, abrangente, das muitas heresias que têm surgido dentro do cristianismo. Algumas heresias são selecionadas para uma discussão detalhada, em parte por terem por si sós uma importância particular, e em parte por ilustrarem alguns dos princípios mais gerais que parecem estar na origem e desenvolvimento dos movimentos heréticos.

O aumento da literatura acadêmica, que lança luz sobre a forma com que as heresias primeiramente surgiram e se desenvolveram ao longo dos séculos, contesta muitos estereótipos da heresia. O quadro

....

[24] WRIGHT, *Judas*, passim.
[25] Para uma reflexão sobre esse ponto, v. *Orthodoxy*, de G. K. Ch (New York: John Lane, 1908, p. 131-2).

[Heresia]

que está emergindo dessa intensa pesquisa acadêmica do cristianismo primitivo não endossa nem a visão de alguns escritores cristãos de que a heresia é um ataque fundamentalmente maligno à ortodoxia, nem, para aqueles que a veem como uma alternativa à ortodoxia, que a heresia era reprimida pela igreja institucional. Tentarei oferecer uma explicação da heresia que leve muito em conta a melhor erudição moderna. Ao mesmo tempo, tentarei compreender por que tantos entre os primeiros escritores cristãos mais importantes consideraram a heresia perigosa. E pretendo fazê-lo sem demonizar aqueles que exploraram as vias de pensamento que, no final, se mostraram heréticas.[26]

Mas o que é heresia? A heresia pode ser vista, de um modo mais direto, sob a forma de crença cristã que, mais por acaso do que por desígnio, acaba por subverter, desestabilizar ou até mesmo destruir o núcleo da fé cristã. Tanto o processo de desestabilização quanto a identificação de sua ameaça podem se estender por um longo período de tempo. Um modo de racionalizar um aspecto da fé cristã, como a identidade de Jesus de Nazaré — um aspecto que pode, de início, ser bem-vindo e aceito de um modo geral — talvez precise, posteriormente, ser encerrado devido ao dano potencial que ele pode ser capaz de causar no futuro.

Uma analogia pode ajudar a tornar mais clara essa ideia complexa. O Partenon é largamente considerado uma das maravilhas arquitetônicas do mundo antigo. Por volta de 1885, essa chamada gloriosa construção grega clássica estava num estado avançado de decadência e precisava de restauração. Braçadeiras e vigas de ferro foram usadas para sustentar as grandes lajes do edifício de mármore branco, originariamente extraído do vizinho monte Pentélico. Os restauradores, entretanto, não conseguiram perceber que, com a mudança de temperatura, aquele ferro se expandia e se contraía, pressionando a construção de pedra. Mais importante, eles também falharam quando não tornaram inoxidável o ferro que ornamentava o Partenon. Quando o

....

[26]Sobre uma tentativa válida de envolvimento com essa questão, v. *Heresies and How to Avoid Them: Why It Matters What Christians Believe*, QUASH, BEN; WARD, Michael (Ed.), London: SPCK, 2007.

[Introdução]

ferro começou a sofrer corrosão, ele se expandiu, rachando as pedras que se pretendia preservar. Na verdade, apontada para salvar o edifício, a medida acabou por acelerar a sua ruína, exigindo das gerações futuras restauração ainda mais radical do que as inicialmente necessárias. A correção de erros críticos é muitas vezes cara e demorada; de qualquer modo, precisa ser feita. A heresia representa alguns modos de formular os temas nucleares da fé cristã — modos que, cedo ou tarde, a igreja reconhece serem perigosamente inadequados ou mesmo destrutivos. O que uma geração pode bem considerar uma ortodoxia, outra geração pode descobrir tratar-se, afinal, de uma heresia.

Embora todas as tentativas de exprimir as verdades de Deus em palavras humanas falhem em cumprir o seu intento, algumas são muito mais seguras e confiáveis do que outras. A "ortodoxia" e a "heresia" (ou "heterodoxia" — os termos são considerados frequentemente intercambiáveis) são mais bem observadas como a marca dos extremos de um espectro teológico. Entre essas extremidades repousam visões pouco nítidas,[27] que variam do adequado, sem serem definitivas, ao questionável, sem serem destrutivas. A heresia encontra-se no reino sombrio da fé; uma tentativa falhada de ortodoxia, cujas intenções terão sido provavelmente nobres, mas que, no fim, os resultados se mostraram tão corrosivos quanto as braçadeiras de ferro de Nikolaos Balanos.[28]

Embora o foco aqui seja o cristianismo, é importante observar que o conceito de heresia tem um amplo uso fora dessa corrente religiosa. Alguns conceitos funcionalmente equivalentes podem ser encontrados na esfera religiosa, até mesmo nas religiões orientais.[29] Além disso, a ideia

....

[27]TURNER, H. E. W. *The Pattern of Christian Truth: A Study in the Relations Between Orthodoxy and Heresy in the Early Church*. London: Mowbray, 1954. Turner observa que existe uma "franja ou penumbra entre ortodoxia e heresia" (p. 79); para uma análise mais detalhada dessa imagem em relação ao desenvolvimento das doutrinas do século II, v. p. 81-94.

[28][NR] Nikolaos Balanos foi o arquiteto e arqueólogo grego que orientou a malsucedida restauração do Partenon, aqui mencionada. (N. do R.)

[29]HENDERSON, John B. *The Construction of Orthodoxy and Heresy: Neo-Confucian, Islamic, Jewish, and Early Christian Patterns*. Albany: State Univ. of New York Press, 1998.

[Heresia]

tem tido cada vez mais aceitação em contextos seculares em referência a ideias potencialmente perigosas ou desestabilizadoras, e abordagens que representem uma ameaça a ortodoxias dominantes.

Ademais, a heresia se estende além do reino das ideias. Por motivos que exploraremos neste volume, o debate entre heresia e ortodoxia é muito comumente transposto para os campos social e político. Consequentemente, qualquer discussão sobre heresia precisa envolver o lado mais sombrio desse debate — a imposição de ideias pela força, a supressão da liberdade e a violação de direitos. Esse tema foi de importância crucial na Europa ocidental durante a Idade Média, e adquire cada vez mais importância no mundo islâmico de hoje.

Mesmo esta breve explicação da natureza da expansão da heresia suscita amplas questões. É possível observar dois exemplos claros. Quem decide o que é definitivo e o que é perigoso? De que maneira essas decisões são tomadas? Essas são questões encontradas no núcleo deste livro, e começaremos a examiná-las imediatamente. Um bom ponto de partida nessa viagem de exploração é a natureza da fé cristã em si — para a qual nos voltamos agora.

Parte I

O que é heresia?

1

A fé, os credos e o evangelho cristão

Se há uma pulsação da fé cristã, ela está na pura alegria e exaltação intelectual causada pela pessoa de Jesus de Nazaré. Aqui está aquele que a igreja considera intelectualmente luminoso, espiritualmente persuasivo e infinitamente complacente, tanto de forma coletiva quanto de forma individual. Embora os cristãos expressem esse júbilo e maravilhamento em seus credos, eles o fazem de forma ainda mais especial em sua devoção e adoração. A devoção proclama que a fé cristã tem o poder de captar a imaginação, não somente persuadir a mente, abrindo as profundezas da alma humana para as verdades do evangelho. Ela mantém uma chama de entusiasmo por Jesus Cristo, a qual alimenta o ofício teológico e ao mesmo tempo questiona a sua capacidade de corresponder ao brilho de seu objeto supremo.

Contudo, embora o apelo à imaginação da visão cristã de Jesus de Nazaré nunca deva ser negligenciado ou minimizado, continua existindo um núcleo

[Heresia]

intelectual para a fé cristã. Em seu ensaio *The Will to Believe* [O desejo de crer] (1897), o célebre psicólogo William James (1842-1910) afirma que os seres humanos estão numa posição em que precisam escolher entre opções inte-lectuais que são, nas palavras de James, "forçadas, vívidas e decisivas".[30] Todos nós precisamos de hipóteses de funcionamento (o termo é de James) para dar sentido à nossa experiência do mundo. Essas hipóteses de funcionamento estão muitas vezes além da prova total; contudo, elas são aceitas e influenciam porque são capazes de oferecer pontos de vista seguros e satisfatórios, a par-tir dos quais podemos lidar com o mundo real. Seja o movimento religioso ou político, filosófico ou artístico, considera-se que um grupo de ideias, de crenças, é, em primeiro lugar, verdadeiro e, em segundo lugar, importante.[31] As pessoas que usam sua mente precisam construir e habitar mundos mentais, a partir dos quais elas diferenciam a ordem e os padrões den-tro da experiência e dão sentido a alguns de seus mistérios e enigmas.[32] Conforme o filósofo Michael Polanyi (1891-1976) propõe, uma estrutura defensável de crenças nos permite ouvir uma melodia onde de outro modo ouviríamos apenas um ruído.[33]

Isso, porém, não significa dizer que o cristianismo seja sim-plesmente, ou mesmo fundamentalmente, um conjunto de ideias. Para muitos cristãos, uma experiência de Deus repousa no centro da dinâmica religiosa.[34] Por conseguinte, essa experiência pode le-var a formulações teológicas — "O que deveria ser uma verdade, se isso fosse uma experiência genuína de Deus?" — , mas tais formulações são,

---

[30] JAMES, William. The Will to Believe, *The Will to Believe and Other Essays in Popular Philosophy*. New York: Longmans, Green, and Co., 1897, p. 1-31.

[31] V., esp., *Meanings of Life* de Roy BAUMEISTER New York: Guilfor Press, 1991.

[32] MCGRATH, Alister E. *The Open Secret: A New Vision for Natural Theology*. Oxford: Blackwell, 2008, p. 113-216.

[33] POLANYI, Michael. Science and Reality. *British Journal for the Philosophy of Science*, v. 18, p. 177-196, esp. p. 190-191, 1967.

[34] Existe vasta literatura sobre o tema, como as obras: *The Spiritual Nature of Man: A Study of Contemporary Religious Experience*, de Alister C. HARDY, Oxford: Clarendon Press, 1980); Easter in *Ordinary: Reflections on Human Experience and the Knowledge of God* de Nicholas LASH, Charlottesville: Univ. Press of Virginia, 1988; *Le sens du surnaturel*, de Jean BORELLA, (Genève: Éditions Ad Solem, 1996).

no final das contas, secundárias à experiência que as precipitou e moldou. De fato, muitos argumentariam que uma experiência de Deus é irredutível às formas verbais ou conceituais.

O teólogo americano Stanley Hauerwas (n. 1940) é um entre muitos novos escritores a enfatizar que ver no cristianismo simplesmente uma coleção de doutrinas ou declarações de credo leva a uma séria distorção do seu caráter. Antes, no cristianismo deve ser encontrado um modo distinto de vida, que se torna possível pela ação graciosa do Espírito Santo, que orienta os seus seguidores até o Pai, por meio de Jesus Cristo. Hauerwas afirma que precisamos de uma estrutura ou lentes pelas quais possamos "ver" o mundo do comportamento humano. Isso, ele insiste, é possibilitado pela reflexão contínua, detalhada e vasta sobre a narrativa cristã:

A tarefa fundamental da ética cristã envolve uma tentativa de nos ajudar a ver. Porque só podemos agir dentro do mundo que podemos ver, e só podemos ver o mundo corretamente sendo treinados para vê-lo. Não vamos chegar a ver apenas olhando, mas por meio de habilidades disciplinadas desenvolvidas por iniciação num relato.[35]

Desse modo, Hauerwas enfatiza a importância da fé cristã para que as coisas sejam vistas por aquilo que realmente são, e para que essa verdadeira visão da realidade seja declarada e anunciada: "A igreja serve ao mundo dando ao mundo os meios para que ele verdadeiramente veja a si mesmo".[36]

A fé cristã nos fornece, assim, um modo de "ver" o mundo, o que nos ajuda a dar-lhe sentido e agir dentro dele. O cristianismo faz sentido em

[35] HAUERWAS, Stanley. The Demands of a Truthful Story: Ethics and the Pastoral Task, *Chicago Studies*, v. 21, p. 59-71, 1982; citação nas p. 65-66. Observações similares foram feitas anteriormente em *Vision and Choice in Morality*, de Iris MURDOCH. In: RAMSEY, Ian T. (Org.). *Christian Ethics and Contemporary Philosophy*. London: SCM Press, 1966, p. 195-218.
[36] HAUERWAS, Stanley. *The Peaceable Kingdom: A Primer in Christian Ethics*. Notre Dame: Univ. of Notre Dame Press, 1983, p. 101-102.

[Heresia]

si mesmo, e ao mesmo tempo dá sentido ao mundo. Ele nos oferece um modo de ver as coisas que ao mesmo tempo reflete e cria a coesão. C. S. Lewis deixa isso bem claro na conclusão de seu ensaio *Is Theology Poetry?* [A teologia é poesia?], quando comenta: "Eu acredito no cristianismo como acredito que o sol nasceu, não somente porque o vejo, mas porque graças a ele vejo todas as outras coisas".[37] O mais importante nesse ponto é que a fé cristã torna possível uma transformação da mente, permitindo ver as coisas de um modo novo, mais instigante e, acima de tudo, mais coerente. O cristianismo faz sentido em si mesmo; e também dá sentido a todo o resto.

Nosso modo de "ver" as coisas configura nosso comportamento perante elas. A teologia cristã tem o objetivo de dizer a verdade sobre o que ela vê — e ela vê o mundo de um modo específico: como a criação de Deus. Assim, Paulo aconselha seus leitores: *Não se amoldem ao padrão deste mundo, mas transformem-se pela renovação da sua mente...* (Rm 12.2, NVI). A mente humana não é substituída ou suplantada pela fé; ao contrário, ela é iluminada e revigorada pela fé. A fé considerada um caráter transformado do sábio, levando a um novo modo de pensar, permitindo o discernimento das camadas mais profundas da realidade, o que não é possível pela razão ou visão humanas por si sós.[38] O mundo, portanto, adquire um novo significado. E tem sido *trans-significado*, passando então a revelar alguma coisa além de si mesmo.[39]

Essa ideia da transmutação do mundo, na realidade ou no sentimento, há muito tempo tem sido associada à imagem poderosa da pedra "filosofal". Esta possuía a capacidade para transmudar pequenas coisas em algo precioso, e foi buscada ardentemente ao longo da Idade Média. Outras fontes falaram de um "elixir" — um líquido derivado dessa misteriosa pedra — que tinha o poder de trazer a regeneração

---

[37] LEWIS, C. S. *Is Theology Poetry?* In: WALMSLEY, Lesley (Org.). C. S. *Lewis Essay Collection: Faith, Christianity and the Church.* London: Collins, 2000, p. 1-21.
[38] V. neste ponto "Faith, Reason and the Mind of Christ", de Mark MCINTOSH. In: *Reason and the Reasons of Faith.* GRIFFITHS Paul J. ; HÜTTER, *Reason and the Reasons of Faith.* New York: T. & T. Clark, 2005, p. 119-142).
[39] MCGRATH. *Open Secret*, p. 171-216.

[A fé, os credos e o evangelho cristão   ]

física e espiritual. Embora medieval na origem, a imagem capturou a imaginação dos escritores renascentistas.[40] Seu potencial para a exploração teológica foi desenvolvido pelo poeta inglês George Herbert (1593-1633) em seu poema "O elixir". Cristo é a pedra "filosofal" que transforma o metal básico da existência humana no ouro da redenção.

Esta é a pedra famosa
Que transforma tudo em ouro:
Por ela que Deus toca e possui
Não pode por menos ser dito.[41]

Herbert assinala o poder da visão cristã sobre Deus transformando nosso modo de ver as coisas. O mundo é transmudado de um metal básico em algo que Deus "toca e possui" que não pode ser "dito" — um modo mais antigo de expressar a ideia de "calcular" ou "avaliar" — de qualquer coisa menor.

Desse modo, a fé nos oferece um ponto de vista, um par de lentes, a partir do qual e pelo qual podemos ver as coisas de um modo cristão. O grande filósofo da ciência, N. R. Hanson (1924-1967), de Yale, aponta que o processo de observação é sempre "carregado de teoria": vemos as coisas por lentes teóricas que nos ajudam a colocá-las em foco.[42] Num sentido,

....

[40] Tema explorado em *Darke Hierogliphicks: Alchemy in English Literature from Chaucer to the Restoration*, de Staton J. LINDEN, Lexington: Univ. Press of Kentucky, 1996, p. 156-192.

[41] MILLER, Clarence H. Christ as the Philosopher's Stone in George Herbert's "The Elixir", *Notes and Queries*, v. 45, p. 39-41, 1998.

[42] HANSON , N. R. *Patterns of Discovery: An Inquiry into the Conceptual Foundations of Science*. Cambridge: Cambridge Univ. Press, 1961. Hanson, desse modo, argumenta que Tycho Brahe (que acreditava num sistema solar geocêntrico) e Johannes Kepler (partidário do modelo heliocêntrico do sistema solar) "veem" coisas muito diferentes ao observar um amanhecer: Tycho vê o sol em movimento cruzando um horizonte estacionário, enquanto Kepler vê um horizonte em movimento descendente expondo um sol estacionário. Para uma análise detalhada, v., de Matthias Adam, *Theoriebeladenheit und Objektivität: Zur Rolle von Beobachtungen in den Naturwissenschafte* (Frankfurt: Ontos Verlag, 2002).

[Heresia]

o cristão e o secular "veem" o mesmo mundo; num outro sentido, porém, eles veem algo totalmente diferente, pois interpretam e avaliam as coisas de formas muito diversas. Eles usam distintos pares de lentes. A fé cristã pode, dessa maneira, ser considerada, nos termos de William James, uma hipótese de funcionamento honesta e confiável, ou, nos termos de Hanson, um par de lentes que nos permite "ver" o mundo de uma forma segura e confiável.

A natureza da fé

Crer em Deus é confiar em Deus. Esta não é uma definição adequada de fé, mas é um excelente ponto de partida para outras explorações. Deus é aquele em quem se pode confiar em meio à turbulência, confusão e ambiguidades da vida. Confiar em alguém leva ao comprometimento. Esse é um padrão encontrado ao longo das narrativas de chamado e resposta que encontramos na tradição cristã. Um dos grandes exemplos de fé é o patriarca Abraão. Abraão confiou em Deus, deixou a casa de sua família e seguiu para uma terra distante (Gn 15,17). Crer em Deus é acreditar que Deus é digno de confiança, o que nos leva a confiar nele. Crer em Deus vai muito além da mera aceitação efetiva da existência de Deus; é declarar que nesse Deus se pode confiar. Esse é um tema familiar e foi explorado pelos mais importantes escritores cristãos ao longo das eras.[43]

De modo semelhante, crer em Cristo vai além de aceitar a sua existência histórica. Em seu sentido extremo, a fé em Cristo tem a ver com reconhecê-lo como aquele em quem se pode confiar. Quando Jesus de Nazaré perguntou a um homem que ele tinha acabado de curar se ele "cria" no Filho do homem (Jo 9.35), o homem curado sabia claramente que não lhe estava sendo perguntado se ele acreditava na existência de Jesus. Ele sabia que a pergunta era se ele estava pronto para confiar em Jesus e se entregar a ele.

....

[43] Excelente exemplo é *Tokens of Trust: An Introduction to Christian Belief*, de Rowan WILLIAMS, Louisville: Westminster John Knox Press, 2007.

[A fé, os credos e o evangelho cristão]

Não é, pois, por acaso que os evangelhos do NT levantam essa questão para nos ajudar a entender *por que* Jesus de Nazaré é digno de nossa confiança, e que forma tal confiança assume. Neste contexto, o chamado dos primeiros discípulos é de importância especial. No relato de Marcos desse evento dramático (Mc 1.16-20), Jesus profere estas singelas palavras: "Vinde a mim". Nenhuma explicação ou elaboração é oferecida. Mesmo assim, os pescadores deixaram tudo e imediatamente seguiram Jesus. Nenhuma razão é dada para a decisão de seguirem aquele estranho que entrou na vida deles de forma tão dramática. Marcos nos oferece a visão de uma figura totalmente convincente, que influencia a tomada de decisão apenas com a sua presença. Eles deixaram para trás as suas redes — a base de sua escassa existência como pescadores — e seguiram a estranha figura rumo ao desconhecido. Ele nem mesmo lhes diz o seu nome. No entanto, eles decidiram confiar nele.

É nesse ponto que começa a fé que esses homens passaram a depositar em Jesus Cristo. Não é onde ela termina. Pois os evangelhos nos permitem ver os discípulos crescendo em sua fé à medida que, gradualmente, passam a entender mais sobre a identidade e o significado de Cristo. Em primeiro lugar, eles confiaram nele; com o passar do tempo, eles passam também a entender quem ele era e passam a reconhecer a sua importância. Mesmo no NT, isso leva a uma confiança pessoal em Deus e em Cristo sendo completada com crenças que dizem respeito à identidade deles — em outras palavras, com declarações doutrinais. Por exemplo, o Evangelho de João narra as coisas que Jesus disse e fez, mostrando aos seus leitores razões por que podem se entregar a ele pessoal e intelectualmente. A narrativa das palavras e ações de Jesus foi escrita de forma que *que possais crer que Jesus é o Cristo, o Filho de Deus, e para que, crendo, tenhais vida em seu nome* (Jo 20.31).

Essa breve incursão na terminologia cristã nos permite fazer uma importante distinção entre *fé* — geralmente compreendida de modo *relacional* — e *crença* — geralmente compreendida de modo *cognitivo* ou *conceitual*. A fé primeiramente descreve uma relação com Deus,

[Heresia]

caracterizada pela confiança, pelo compromisso e pelo amor. Ter fé em Deus é depositar a confiança nele, crendo que dela ele é merecedor. As crenças representam uma tentativa de colocar em palavras a substância dessa fé, reconhecendo que as palavras nem sempre são capazes de representar o que elas descrevem, mas também reconhecendo a necessidade de tentar confiar às palavras o que elas, no final das contas, não poderiam conter. Afinal, as palavras são de importância efetiva na comunicação, argumentação e reflexão. É simplesmente inconcebível para os cristãos não tentarem expressar em palavras aquilo em que creem. Contudo, essas formulações de credo são, de certo modo, secundárias ao ato primário de confiança e compromisso.

As primeiras declarações de fé cristã eram muitas vezes breves, até mesmo concisas.[44] A confissão de que *Jesus é o Senhor*! (Rm 10.9; 1Co 12.3) representa a mais compacta forma de credo.[45] As declarações de fé mais extensas incluem afirmações que claramente trazem em si os temas nucleares dos credos posteriores. Um ótimo exemplo é encontrado na correspondência coríntia:

> *Porque primeiro vos entreguei o que também recebi: Cristo morreu pelos nossos pecados, segundo as Escrituras; e foi sepultado; e ressuscitou ao terceiro dia, segundo as Escrituras; e apareceu a Cefas, e depois aos Doze* (1Co 15.3-5).

Até certo ponto, Paulo entrelaça aqui a narrativa histórica e a interpretação teológica que se tornou uma característica dos primeiros credos cristãos. A narrativa histórica de Jesus de Nazaré é reafirmada, mas é interpretada de um modo particular. Por exemplo, Jesus não apenas "morreu", o que é uma declaração puramente histórica; ele "morreu pelos nossos pecados", o que é uma interpretação

---

[44] Sobre o desenvolvimento histórico dos credos, v. KELLY, *Early Christian Creeds*, de J. N. D. KELLY, 3. ed. New York: Longman, 1981.

[45] BAILEY, James L.; BROEK, LYLE D. Vander. *Literary Forms in the New Testament: A Handbook*. Louisville: Westminster John Knox Press, 1992, p. 83-84.

do significado do evento histórico da morte de Jesus de Nazaré.[46] A história, portanto, não é negada ou deslocada; ao contrário, ela é *interpretada* e vista de um modo particular.

Essa observação nos ajuda a entender que os cristãos fazem mais do que simplesmente confiar em Deus ou em Cristo. Eles também creem em certas coisas muito bem definidas sobre eles. Isso, porém, não significa que a fé cristã pode simplesmente ser considerada uma checagem de crenças. De certo modo, o cristianismo é uma fé profundamente *relacional* que repousa na aceitação confiante que o crente tem de um Deus que, em primeiro lugar, provou ser merecedor dessa confiança. Assim Samuel Taylor Coleridge observou certa vez: "A fé não é uma precisão de lógica, mas uma retidão do coração".[47] Contudo, apesar dessa ênfase relacional dentro do cristianismo, resta uma dimensão cognitiva para a fé. Os cristãos não somente creem em Jesus de Nazaré; eles também creem em certas coisas sobre ele. O aparecimento das noções tanto de heresia quanto de ortodoxia durante o século II deve ser considerado contra o pano de fundo do reconhecimento da importância de desenvolver e sustentar um núcleo doutrinal seguro para a manutenção da identidade e coerência cristãs.

A consolidação da fé

Um dos desafios com o qual a igreja primitiva deparou foi a consolidação de suas crenças. A evidência histórica sugere que, inicialmente, isso não era considerado uma prioridade. Mesmo por volta da metade do século II, a maioria dos cristãos parecia contente em viver com certo grau de confusão teológica. A imprecisão teológica não era vista como ameaça à consistência ou existência da igreja cristã. Esse julgamento

---

[46]Existe uma ampla literatura sobre esse tema. V., por ex., *The Actuality of Atonement: A Study of Metaphor, Rationality, and the Christian Tradition*, de Colin E. GUNTON, Grand Rapids: Eerdmans, 1989.

[47]COLERIDGE, Samuel Taylor. *Complete Works*, 7 v. New York: Harper & Brothers, 1884, v. 5, p. 172.

[Heresia]

deve ser visto como refletindo o contexto histórico daquela época: a luta pela sobrevivência num ambiente cultural e político hostil muitas vezes fazia com que outros assuntos fossem considerados menos importantes.

No entanto, o aparecimento da controvérsia levou à crescente necessidade de definição e formulação. E com essa crescente preocupação com a exatidão lógica surgiu um inevitável estreitamento dos limites daquilo que era considerado cristianismo "autêntico". A periferia da comunidade de fé, uma vez relativamente solta e porosa, chegou a ser definida e vigiada com um rigor cada vez maior. Visões que antes eram consideradas aceitáveis começaram a cair por terra quando um exame mais rigoroso das controvérsias da época começou a expor as suas vulnerabilidades e deficiências. Os modos de expressar certas doutrinas que as gerações anteriores consideravam sólidos começaram a parecer inadequados sob um exame rigoroso. Não é que necessariamente estivessem errados; não eram bons o bastante.

Um bom exemplo desse desenvolvimento pode ser visto nas primeiras reflexões cristãs sobre a doutrina da criação. Desde o início, os escritores cristãos afirmaram que Deus tinha criado o mundo. Havia, porém, vários modos de entender o que implicava a noção de criação. Muitos dos primeiros escritores cristãos assumiram as noções judaicas existentes sobre criação, as quais tendiam a ver o ato da criação divina principalmente como a imposição da ordem sobre a matéria preexistente ou a derrota de forças caóticas. Tais visões permaneceram dominantes dentro do judaísmo até o século XVI.[48]

Outros teólogos cristãos, no entanto, argumentavam que o NT apresentava claramente a ideia de criação como o chamado para o ser de todas as coisas a partir do nada — uma ideia mais tarde conhecida como criação *ex nihilo*. Quando essa ideia adquiriu predominância, a visão mais antiga da criação como a ordenação da matéria existente chegou a ser vista primeiro como deficiente e depois como errada.[49] Uma ideia

....

[48]TIROSH-SAMUELSON, Hava. Theology of Nature in Sixteenth-Century Italian Jewish Philosophy, *Science in Context*, v. 10, p. 529-570, 1997.
[49]MAY, Gerhard. Creatio Ex Nihilo: The Doctrine of Creation Out of Nothing" in *Early Christian Thought*. Edinburgh: T. & T. Clark, 1995.

[A fé, os credos e o evangelho cristão]

outrora considerada predominante passa a ser, portanto, gradualmente deixada de lado, e por fim completamente rejeitada. Processos semelhantes podem ser vistos ocorrendo em outras áreas do pensamento cristão, especialmente em relação ao entendimento da igreja sobre a identidade e o significado de Jesus Cristo.

Às vezes acontece o que parecem ser mudanças bastante radicais no pensamento. Um bom exemplo disso diz respeito à questão de ser possível dizer que Deus conhecia o sofrimento. A visão predominante da igreja primitiva (mas não exclusiva) era que se poderia dizer que Deus conhecia o sofrimento, mas não o experimentava pessoalmente. No século XX, um número cada vez maior de cristãos chegou à conclusão de que, na verdade, Deus sofria pessoalmente, sobretudo como consequência da encarnação. "Nosso Deus é um Deus sofredor" (Dietrich Bonhoeffer). Em parte, o crescente interesse moderno na noção de um Deus sofredor reflete um aumento na sensibilidade pela dor e pelo sofrimento no mundo, e uma nova preocupação em relacionar o sofrimento de Cristo à angústia do mundo, por um lado, e à natureza de Deus, por outro.[50]

Um dos exemplos mais importantes do desenvolvimento doutrinal é encontrado na doutrina cristã da encarnação, que teve expressão formal no século IV. Essa afirmação pode ser vista como o clímax de um longo, cuidadoso e exaustivo processo de reflexão e exploração teológicas.[51] A igreja sempre reconheceu que Jesus de Nazaré era Deus encarnado, tornando a sua face visível e os seus propósitos e caráter acessíveis à humanidade. Contudo, a exploração intelectual do que isso implicava levou mais de três séculos, envolvendo o exame crítico de uma gama extensiva de trabalho intelectual

---

[50]Existe uma literatura bastante extensa sobre esse assunto. V., esp. *The Creative Suffering of God*, de Paul FIDDES, Oxford: Clarendon Press, 1988; *The Suffering of God: An Old Testament Perspective*, de Terence E. FRETHEIM, Philadelphia: Fortress Press, 1984; *The Suffering of the Impassible God: The Dialectics of Patristic Thought*, de Paul Gavrilyuk, Oxford: Oxford Univ. Press, 2004.

[51]V., esp. *Nicaea and Its Legacy: An Approach to Fourth-Century Trinitarian Theology*, de Lewis AYRES, Oxford: Oxford Univ. Press, 2004.

[Heresia]

para dar sentido ao que a igreja já havia descoberto ser verdadeiro. Em certo sentido, a igreja já sabia o que era tão importante sobre Jesus de Nazaré. O problema era construir um embasamento intelectual que fizesse justiça ao que já era conhecido sobre ele. E desse modo, inevitavelmente, caminhos errados foram tomados.

O último consenso sobre o melhor modo de formular o significado de Jesus de Nazaré — o Concílio de Niceia — é talvez mais bem pensado como uma fórmula segura, em vez de uma teoria cabal, fazendo uso de algumas noções metafísicas gregas que eram amplamente difundidas no mundo erudito daquela época. Alguns sugeriram que esse processo de desenvolvimento representava uma distorção da simplicidade original da fé cristã. Por que a igreja usou noções metafísicas gregas para dar testemunho de Cristo quando tais noções não fazem absolutamente parte do NT? O teólogo anglicano Charles Gore (1853-1932) estabelece com alguma profundidade uma teoria clássica da relação entre o testemunho bíblico de Cristo e as interpretações mais desenvolvidas da sua identidade e o seu significado, conforme aparecem nos credos cristãos.[52]

Respondendo aos que afirmavam que o testemunho de Cristo, em sua simplicidade, fora comprometido e distorcido pelo desenvolvimento da história da Igreja, em especial nos primeiros séculos da fé, Gore insistiu em afirmar que essas formulações teóricas posteriores serão vistas como "o desdobramento gradual" de ideias e temas que já estavam presentes, se não explicitamente formulados, dentro do pensamento e adoração cristãos.[53] Gore indicava que a motivação para expressar o testemunho da igreja a Cristo em condições cada vez mais teóricas encontra-se em parte no desejo humano de entender e, em parte, no desejo de proteger ou salvaguardar um mistério. Para Gore, "o cristianismo tornou-se metafísico, apenas e simplesmente porque o homem é racional".[54] O desenvolvimento de ideias complexas, que ultrapassam a simples linguagem

---

[52]GORE, Charles. *The Incarnation of the Son of God* London: John Murray, 1922, p. 80-112.
[53]Ibidem, p. 96, 101.
[54]Ibidem, p. 21.

[A fé, os credos e o evangelho cristão]

e imagem do NT, será visto em parte como o resultado inevitável da curiosidade intelectual humana.

No entanto, para o desenvolvimento de tais ideias, existe claramente algo mais do que o desejo humano de sondar ou desafiar limites. Um dos temas a emergir da exploração da igreja primitiva sobre a encarnação é a necessidade de desafiar as interpretações existentes de fé para assegurar que elas sejam capazes de acomodar de maneira adequada e representar o mistério de fé. Isso significa explorar opções intelectuais, não simplesmente por curiosidade, mas por uma convicção profunda de que a sobrevivência e a saúde da igreja dependem de assegurar a melhor explicação possível de fé. A busca patrística pela ortodoxia não se ateve à suposição de que essa explicação já havia sido descoberta, embora assumisse que algumas aproximações razoáveis tinham sido desenvolvidas. De certo modo, escritores como Atanásio de Alexandria acreditaram que a ortodoxia ainda precisava ser descoberta.[55] A reivindicação fundamental da ortodoxia cristã para que seja dita a verdade sobre as coisas não poderia ser mantida sem que se soubesse se a verdade estaria ou não sendo completa e corretamente articulada através de formulações doutrinais existentes.

Nós já usamos a linguagem de mistério em referência às verdades que estão no cerne da fé cristã. É claro que tal ideia precisa ser consideravelmente ampliada se quisermos entender a sua relevância para o conceito de heresia.

Preservando os mistérios da fé

O primeiro desenvolvimento doutrinal cristão pode ser comparado a uma jornada intelectual de exploração, na qual uma gama de possíveis modos de formular ideias nucleares foi examinada, algumas

---

[55] V. os pontos levantados em "Defining Heresy", de Rowan WILLIAMS In: KREIDER (Org.). *The Origins of Christendom in the West*. Edinburgh: T. & T. Clark, 2001, p. 313-335.

[37]

[Heresia]

para serem afirmadas e outras para serem rejeitadas. Esse processo realmente não deveria ser pensado em termos de vencedores e perdedores; ele é mais bem compreendido como uma busca de autenticidade — um *"conflito* produtivo sobre objetivos e prioridades entre os cristãos"[56] — no qual todas as opções foram examinadas e avaliadas.[57]

De qualquer modo, esse processo de exploração era natural e necessário. Ao entrar no século II e além dele, o cristianismo não podia permanecer congelado em suas formas do século I. Ele enfrentava novos desafios intelectuais que exigiam dele a prova de que era capaz de lidar com alternativas religiosas e intelectuais em relação a ele, especialmente o platonismo e o gnosticismo. Esse processo de expansão conceitual dos conteúdos da fé cristã foi executado de forma lenta e cautelosa. A cristalização final desse processo de exploração pode ser vista na formação dos credos — declarações de fé autorizadas, que representavam o *consensus fidelium,* "o consenso dos crentes", em vez da expressão de fé privada, individual.[58]

Essa viagem de exploração intelectual implicava a investigação de caminhos que no final se mostraram estéreis ou perigosos. Algumas vezes atalhos errados foram tomados num primeiro momento, mas depois corrigidos. É fácil entender por que muitos podem acreditar que os primeiros modelos de fé são os mais autênticos. No entanto, algumas conhecidas formas de visões que a igreja declararia mais tarde como heréticas — por exemplo, o ebionismo e o docetismo — podem ser identificadas dentro das comunidades cristãs tanto no começo quanto no final do século I. Embora muitos dos primeiros escritores cristãos, como Tertuliano, defendessem que a antiguidade de uma

....

[56]WILLIAMS, Rowan. Does It Make Sense to Speak of Pre-Nicene Orthodoxy? In: ____ (Org.). *The Making of Orthodoxy.* Cambridge: Cambridge Univ. Press, 1989, p. 1-23; citado na p. 2.

[57]GRANT, Robert M. *Heresy and Criticism: The Search for Authenticity in Early Christian Literature* Louisville Westminster John Knox Press, 1993, p. 1-13, 89-113.

[58]JOHNSON, Luke Timothy. *The Creed: What Christians Believe and Why It Matters.* New York: Doubleday, 2003.

visão teológica era um guia confiável para a sua ortodoxia, isso simplesmente não procede. Erros foram cometidos, desde o princípio, os quais tiveram de ser corrigidos pelas gerações posteriores.

Então isso significa que a igreja primitiva entendeu mal ou apresentou Jesus de Nazaré de forma inapropriada? sobre um ponto muito importante: desde o princípio, os cristãos souberam o que realmente importava sobre Deus e Jesus de Nazaré. A dificuldade estava em encontrar uma base teórica para dar sentido a isso. Era preciso desenvolver um suporte intelectual para preservar o mistério, salvaguardar o que a igreja tinha descoberto como verdadeiro — um processo que exige discernimento e elaboração. O ponto crítico a considerar é que esse suporte intelectual não é em si totalmente descoberto por revelação divina. A doutrina é alguma coisa construída, pelo menos em parte, em resposta à revelação para salvaguardar o que foi revelado. A controvérsia ariana do século IV pode ser vista como um debate confuso, embora algumas vezes produtivo, sobre qual de uma série dessas estruturas doutrinais construídas seria mais apropriada para assegurar e demonstrar o mistério de Cristo. Que estrutura oferecia a melhor integração do complexo testemunho bíblico com a identidade e o significado de Cristo?

A igreja sabia que a natureza e os propósitos de Deus eram revelados em Jesus de Nazaré, embora o debate esquentasse sobre como dar mais sentido a isso. Os escritores cristãos estavam perfeitamente cientes de que a morte e a ressurreição de Jesus de Nazaré haviam transformado a situação humana; a tarefa deles era explorar, de forma paciente e completa, todo o modo concebível de dar sentido a isso. Quando o Concílio de Niceia declarou que Jesus era "verdadeiramente Deus e verdadeiramente homem" e que ele era "consubstancial" com o Pai, foi simplesmente assegurado aquilo que os cristãos já sabiam ser verdadeiro. A doutrina, então, de uma vez por todas preserva os principais mistérios no cerne da fé e vida cristã, enquanto permite que sejam examinados e explorados em profundidade.[59]

---

[59]McGrath, Alister. *The Genesis of Doctrine* (Oxford: Blackwell, 1990, p. 1-13).

[Heresia]

O uso do termo técnico "mistério" merece um comentário. Seu sentido fundamental é de "alguma coisa tão grandiosa que não pode ser captada pela mente humana". A mente humana é subjugada pela imensidade daquilo que experimenta de Deus — uma questão expressa, por exemplo, na famosa concepção de Rudolf Otto de um "tremendo mistério".[60] Numa discussão clássica desse assunto, Agostinho perguntou por que as pessoas se surpreendiam por não poderem entender Deus completamente. "Se ele fosse compreendido", ele observa, "não seria Deus".[61] Agostinho não está sugerindo que a crença em Deus seja irracional; antes, ele está demonstrando que a mente humana luta e, no final, perde em sua contenda com a grandeza de Deus.

Sendo esse o caso, a teologia sempre se revelará inadequada para fazer justiça às verdades que repousam no cerne da fé cristã. Podemos buscar a precisão teológica, contudo, nossas tentativas de lidar com a realidade de Deus e o evangelho cristão serão sempre contrariadas pelas limitações da mente humana. Como mostra o estudioso da patrística Andrew Louth, o evangelho não pode ser reduzido a palavras ou ideias humanas:

> *Em seu cerne está a compreensão de Cristo como o mistério divino: uma ideia central às epístolas do apóstolo Paulo. Esse segredo é um segredo que foi contado; mas apesar disso continua sendo um segredo, pois o que foi declarado não pode ser simplesmente captado, uma vez que se trata do segredo de Deus, e Deus está além de qualquer compreensão humana.[62]*

---

[60]WARE, Owen. Rudolf Otto's Ideal of the Holy: A Reappraisal, *Heythrop Journal*, v. 48, p. 48-60, 2007. Um trabalho recente sobre a psicologia do medo enfatizou a importância dessa imensidade conceitual ao criar essa resposta. V. *Approaching Awe, a Moral, Spiritual and Aesthetic Emotion*, de Dacher KELTNER Cognition and Emotion, v. 17, p. 297-314, 2003.

[61]HIPONA, Agostinho de. *Sermão* 117.3.5: *Si enim comprehendis, non est Deus.*

[62]LOUTH, Andrew. *Origins of the Christian Mystical Tradition: From Plato to Denys.* Oxford: Oxford Univ. Press, 2007, p. 205.

Observação semelhante é feita por Gore, que também enfatiza a incapacidade das palavras humanas na busca de fazer justiça às verdades divinas:

A linguagem humana jamais pode expressar adequadamente as verdades divinas. Uma tendência constante a se desculpar pela fala humana, um grande elemento de agnosticismo, uma terrível percepção de uma profundidade colossal, muito além do pouco que é revelado, está sempre presente na mente dos teólogos que sabem com o que estão lidando, ao conceber ou expressar Deus. "Nós vemos", diz São Paulo, "num espelho, em termos de um enigma"; "nós conhecemos em parte". "Nós somos compelidos", reclama Santo Hilário, "a tentar o que é inacessível, ir onde não podemos chegar, falar o que não podemos proferir; em vez da mera adoração da fé, somos compelidos a confiar as coisas profundas da religião aos riscos da expressão humana".[63]

Gore, no entanto, argumenta que as formulações doutrinais estabelecem as declarações do mistério de Cristo no NT, "numa nova forma de proteger os propósitos, da mesma maneira que uma representação legal protege um princípio moral".

A doutrina, então, preserva os principais mistérios no cerne da fé e da vida cristã. Embora não partam necessariamente de uma revelação divina, as doutrinas em questão são validadas em parte pelo seu fundamento em tal revelação e, em parte, pela sua capacidade de defender e compreender a revelação. O mistério está ali e ali permanece, antes de qualquer tentativa de dar sentido a ele e expressá-lo em palavras e fórmulas. No entanto, o que acontece se determinada doutrina volta-se para proteger esse mistério, quando na realidade acaba por solapá-lo? E se a base teórica confiada para proteger e abrigar uma visão central da fé revela-se corroendo-a ou

---

[63]GORE. *Incarnation.* p. 105-106.

[Heresia]

distorcendo-a? Essas questões levam à essência da heresia. *Uma heresia é uma doutrina que no final acaba destruindo, desestabilizando ou distorcendo um mistério, em vez de preservá-lo.* Às vezes, uma doutrina que se pensava estar defendendo um mistério mostra-se, na verdade, subvertendo-o. Uma heresia é uma tentativa fracassada rumo à ortodoxia, cuja falha repousa não em sua disposição para explorar as possibilidades ou impor limites conceituais, mas em sua relutância em aceitar que, na realidade, falhou.

Conforme já observamos, as estruturas doutrinais surgem dando sentido ao encontro cristão definitivo com a experiência de Deus, especialmente em e por Jesus de Nazaré.[64] A teologia cristã tenta lançar uma rede envolvente e protetora sobre a experiência cristã fundamental da revelação e ação de Deus na vida, morte e ressurreição de Jesus de Nazaré. As declarações doutrinais foram desenvolvidas para preservar e defender o núcleo da visão cristã da realidade. Esse processo, já em curso no NT, foi consolidado e estendido durante a era patrística. Mas, e quando sobre uma declaração doutrinal, cujo primeiro objetivo era defender e preservar — e, no princípio, acreditava-se funcionar assim —, descobre-se que, na verdade, ela enfraquece e corrompe?

A ameaça que a heresia representava à comunidade cristã muitas vezes foi expressa usando-se imagens extraídas da vida do antigo Israel, especialmente a preocupação em manter a pureza e evitar a corrupção ou "impureza". A heresia era vista como contaminante, alguma coisa que poluía e maculava a pureza da igreja. Isso é expresso de forma particularmente clara por Jerônimo (c. 347-420), que enfatizava a importância de manter a pureza da igreja:

....

[64]v. *The Making of Christian Doctrine*, de Maurice F. WILES, Cambridge: Cambridge Univ. Press, 1967; *The Genesis of Doctrine*, de Alister McGRATH, Oxford: Blackwell, 1990, p. 1-13.

[A fé, os credos e o evangelho cristão]

Corte a carne estragada, expulse a ovelha imunda do rebanho; do contrário, toda a casa, todo o pasto, todo o corpo, todo o rebanho queimarão, perecerão, apodrecerão ou morrerão. Ário não passava de uma brasa em Alexandria, mas, como aquela brasa não foi imediatamente extinta, todo o mundo civilizado foi devastado por sua chama.[65]

Há nessa passagem claros ecos do código levítico, que exigia a exclusão dos indivíduos contaminados ou "impuros" da comunidade, em razão do seu impacto potencialmente destrutivo.[66]

A construção humana de muros, cercas e fossos pode ser vista como uma expressão da importância de estabelecer barreiras para proteger a identidade da comunidade.[67] Sabe-se muito bem que a identidade de um grupo é mantida pela exclusão daqueles que são considerados uma ameaça às suas ideias ou valores. Ainda que o processo pelo qual as comunidades excluem os indivíduos ou grupos considerados intelectualmente corruptores ou moralmente impuros possa ser descrito usando as categorias da psicologia social, é importante avaliar que tal exclusão resulta do julgamento de que certas ideias são perigosas para a estabilidade da própria comunidade.

Essa breve análise da natureza da crença serve como pano de fundo para uma análise mais detalhada do fenômeno da heresia, para o qual nos voltaremos agora.

---

[65] JERÔNIMO. *Commentarius in epistulam ad Galatas* 5. Tradução livre.

[66] V. uma análise clássica e um comentário em *Purity and Danger: An Analysis of Concepts of Pollution and Taboo*, de Mary Douglas (London: Routledge, 2003).

[67] ABRAHAMS, Dominic; HOGG, Michael A.; MARQUES, José M. A Social Psychological Framework for Understanding Social Inclusion and Exclusion. In: _____ (Orgs.). *The Social Psychology of Inclusion and Exclusion*. New YorK: Psychology Press, 2005, p. 1-23.

2

As origens da ideia de heresia

Os conceitos morrem quando deixam de corresponder às necessidades sentidas ou a uma realidade vivida. Outros continuam a existir porque expressam ideias que permanecem como significativas, ressoando a experiência de indivíduos e comunidades. A heresia pertence a essa segunda categoria de conceitos. Embora alguns a considerem corrompida e desacreditada devido às suas antigas associações com a imposição da ortodoxia religiosa, a maioria reconhece que a heresia expressa uma ideia importante e essencial a todos os que refletem sobre as questões mais profundas da vida. Todo movimento baseado em ideias ou valores nucleares precisa determinar, por um lado, o seu centro e, por outro lado, os seus limites. Qual seria o foco do movimento? E quais seriam os limites da diversidade dentro do movimento?

A característica essencial de uma heresia é que ela não significa incredulidade (rejeição das crenças centrais de uma visão de mundo como o cristianismo)

[Heresia]

no sentido estrito do termo, mas uma forma de fé que, no final das contas, é considerada subversiva ou destrutiva, e, assim, leva *indiretamente* ao estado de incredulidade. A incredulidade é o resultado, mas não a forma, da heresia. Conforme observa o historiador Fergus Miller, heresia "não é um simples relato de realidades observáveis";[68] antes, é um julgamento de que certo conjunto de ideias apresenta uma ameaça à comunidade de fé. Heresia não é uma noção empírica, mas conceitual. De certo modo, trata-se de uma noção *construída*; nesse sentido, é o resultado do julgamento ou avaliação de um conjunto de ideias por uma comunidade — nesse caso, a igreja cristã.

Considerando o que acabamos de dizer, fica claro que não é possível entender o fenômeno da heresia em geral, ou as heresias individuais específicas, simplesmente no nível das ideias heréticas. É preciso explorar como e por que tais ideias foram julgadas pela própria comunidade cristã, frequentemente por um longo período de tempo, como uma ameaça à fé. Para entender a natureza da heresia, precisamos então considerar tanto as ideias tidas como heréticas quanto os processos sociais pelos quais elas foram assim definidas e condenadas. Ademais, a heresia é uma noção socialmente incorporada, designando comunidades de discurso tanto quanto de ideias, e levantando a questão da ameaça social ou política representada por comunidades heréticas às suas contrapartes ortodoxas.

Um dos temas mais persistentes nas primeiras narrativas cristãs da heresia é que ela penetra clandestinamente nas narrativas da realidade concorrentes dentro da família de fé. É um cavalo de Troia, um meio de estabelecer (seja por acaso, seja por desígnio) um sistema de crenças alternativo dentro do seu hospedeiro.[69] A heresia parece ser cristã, mas é na verdade uma inimiga da fé, que espalha a semente da destruição.[70]

---

[68]Cf observado em *Repentent Heretics in Fifth Century Lydia: Identity and Literacy*, de Fergus MILLER, Scripta Classica Israelica, v. 23, p. 113-130, 2004.
[69]VON HILDEBRAND, Dietrich. *Trojan Horse in the City of God: The Catholic Crisis Explained*. Manchester: Sophia Institute Press, 1993. Hildebrand afirma que o secularismo conquistou espaço na igreja católica, na época do Concílio Vaticano II (1962-1965), levando a uma erosão de seus valores e crenças.
[70]*V. Summa Theologiae*, de Tomás de AQUINO, 2a2ae q. 11 a. 1: "A heresia é uma espécie de descrença que pertence àqueles que professam a fé cristã, mas corrompem os seus dogmas".

[As origens da ideia de heresia]

Ela poderia ser comparada a um vírus, que se fixa dentro de um hospedeiro e, por fim, usa o sistema de replicação de seu hospedeiro para conseguir a dominação. Entretanto, independentemente do que esteja na origem da heresia, a ameaça vem de dentro da comunidade de fé.

Por exemplo, considere o recente debate na Indonésia sobre se a seita islâmica Al-Qiyadah Al-Islamiyah deveria ser reconhecida como islâmica ou tratada como outra religião.[71] Muitas organizações islâmicas indonésias são hostis à Al-Qiyadah Al-Islamiyah porque suas visões divergem do islamismo popular, de maneira mais notável quando afirma que o *hajj* — jejum — e as cinco orações diárias não são compulsórias, e em razão de sua expectativa do surgimento de um novo profeta depois de Maomé. A questão central é se as visões da seita serão consideradas como representando *ikhtilaf* (diferenças de opinião legítimas dentro do islamismo) ou se tais visões estão fundamentalmente em conflito com as crenças e práticas islâmicas.[72] Al-Qiyadah Al-Islamiyah refere-se a si mesma como islâmica, de forma inquestionável; e seus membros reagiriam com horror a qualquer sugestão de que eles são *kuffar* (infiéis). No entanto, os seus críticos dentro do islamismo indonésio argumentam que as ideias que defendem, no final, subvertem e ferem as crenças centrais do islamismo.

A heresia, portanto, representa uma ameaça à fé, possivelmente mais séria do que muitos desafios que têm origem fora da igreja cristã. Os hereges eram os "de dentro" que ameaçavam subverter e dividir. Lester Kurtz fala da "forte união da proximidade e da distância" na heresia, em que o movimento é simultaneamente um "de dentro" e um estranho ao seu hospedeiro.[73] Ao propor uma análise sociológica do significado da heresia, o teórico social Pierre Bourdieu (1930-2002) indica

....

[71]Syofiardi Bachyul JB, Two Former Al-Qiyadah Activists Get Three Years for Blasphemy, *Jakarta Post*, 3 de maio, 2008.

[72]Um debate similar sobre o ponto de vista de Nasr Hamid Abu Zayd surgiu recentemente no Egito. Cf. *Heresy or Hermeneutics: The Case of Nasr Hamid Abu Zayd*, de Charles HIRSCHKIND, Stanford Humanities Review, v. 5, p. 35-50, 1966.

[73]Uma análise contundente dessa questão pode ser vista em The Politics Heresy, de Lester KURTZ, *American Journal of Sociology*, v. 88, p. 1085-1115, 1983.

[Heresia]

o seu potencial de arruinar ou desestabilizar as concepções nucleares de uma visão de mundo, ou de identificar alguma instabilidade dentro dessa visão de mundo que leve à sua modificação radical. Em cada caso, afirma Bourdieu, o resultado é o mesmo: involuntariamente ajuda os oponentes externos do movimento.[74]

Toda visão de mundo, seja religiosa, seja secular, possui as suas ortodoxias e heresias.[75] Embora os conceitos de heresia e ortodoxia tenham suas origens dentro do cristianismo primitivo, eles se mostraram úteis a outras tradições religiosas, de um lado, e a ideologias políticas e científicas, de outro. O desenvolvimento do darwinismo, por exemplo, testemunhou a ascensão e queda dos modos de pensar e escolas de pensamento, com os termos "heresia" e "ortodoxia" sendo amplamente usados dentro do campo para identificar os amigos e inimigos.[76] Por exemplo, o conceito da evolução neutra, de Motoo Kimura (pela qual as substituições aleatórias de aminoácidos nas proteínas podem explicar a maior parte das diferenças de sequência entre espécies) foi considerado herético por muitos biólogos quando foi apresentado pela primeira vez no final dos anos 1960.[77] Hoje ele faz parte da ortodoxia darwinista. A apropriação da linguagem religiosa para descrever tais controvérsias é uma indicação tanto da seriedade com que todos os lados assumem suas posições quanto do sentimento de que certas posições dentro do espectro do darwinismo são absolutamente perigosas. Se a evolução pode ser referida como uma religião, então ela possui as suas ortodoxias e heresias.[78]

....

[74]BOURDIEU, Pierre. Genesis and Structure of the Religious Field. *Comparative Social Research*, v. 13, p. 1-43, 1991.

[75]V. os pontos levantados em *The Construction of Orthodoxy and Heresy: Neo-Confucian, Islamic, Jewish, and Early Christian Patterns*, de John B. HENDERSON, Albany: State Univ. of New York Press, 1998.

[76]LUSTIG, Abigail; RICHARDS, Robert J.; RUSE, Michael (Orgs.). *Darwinian Heresies*. Cambridge: Cambridge Univ. Press, 2004, p. 1-13.

[77]LEIGH, Egbert G. Neutral Theory: A Historical Perspective *Evolutionary Biology*, v. 20, p. 2075-2091, 2007.

[78]Sobre o fundamento dessa sugestão, v. *Evolution as a Religion: Strange Hopes and Stranger Fears*, de Mary MIDGLEY, 2.ed., London: Routledge, 2002.

[As origens da ideia de heresia]

O mesmo padrão de desenvolvimento pode ser visto na ciência médica moderna. Considerada de um ponto de vista sociológico, a medicina moderna surgiu através de uma interação complexa de teorias concorrentes sobre as origens das doenças e como elas precisam ser tratadas. As ideologias dominantes surgem regularmente, sustentadas em parte por suas credenciais científicas e, em parte, por fatores sociais significativos.[79] O atual debate sobre a relação do HIV com a aids, por exemplo, é regularmente trazido à baila em termos de escolas de pensamento "ortodoxas" e "heréticas".[80] As ideias morrem quando deixam de ser úteis. A heresia continua a existir — quer como uma noção teológica, quer como uma noção secular.

Como o termo "heresia" passou a referir-se a formas de fé desestabilizadoras ou destrutivas? Com o passar dos anos, as palavras fluem, mudam seu significado e associações. Nossa língua oferece muitos exemplos de palavras cujo significado parece ter mudado tão radicalmente em alguns séculos que hoje significam mais ou menos o oposto do seu sentido original. A palavra "urbanizar" originariamente significava "tornar(-se) urbano; civilizar(-se)" — em outras palavras, "tornar(-se) cortês, polido".[81a] Hoje, ela se refere à conversão dos poucos espaços abertos num amontoado de cidades. A palavra, originalmente positiva, foi degradada e passou a significar o que é visto hoje como o lado negativo do desenvolvimento.

O mesmo processo pode ser visto no desenvolvimento da língua grega. A palavra *hypocrites* originariamente significava "um ator", e era usada com frequência no século V a.C, em

....

[79]Cf. "The Dynamics of Heresy in a Profession", de Paul Root WOLPE, *Social Science and Medicine*, v.39, p. 1133-1148, 1994; Schism and Heresy in the Development of Orthodox Medicine: The Threat to Medical Hegemony", de R. Kenneth JONES, *Social Science and Medicine*, v. 58, p. 703-712, 2004.

[80]MARTIN, Brian. Dissent and Heresy in Medicine: Models, Methods, and Strategies. *Social Science and Medicine*, v. 58, p. 713-725, 2004.

[81a][NT] Todas as acepções foram extraídas do *Dicionário Houaiss da língua portuguesa*.

[Heresia]

referência a determinado ator que tinha papel de destaque num drama.[82] Com o passar do tempo, porém, a palavra desenvolveu gradualmente um significado mais sombrio: alguém que pretendia ser o que não era — em outras palavras, um mentiroso, ou o que hoje chamamos de "hipócrita". Uma palavra originariamente neutra adquiriu, assim, um sentido fortemente negativo.

Uma mudança mais complexa de significado é verificada na palavra grega *hairesis*, da qual deriva o termo "heresia". Originalmente, essa palavra significa "um ato de escolha"; mas, com o passar do tempo, desenvolveu gradualmente os sentidos estendidos de "escolha", "um curso preferido de ação", "uma escola de pensamento" e "uma seita filosófica ou religiosa".[83] Por exemplo, o estoicismo é muitas vezes referido como uma *hairesis* (ou seja, uma "escola de pensamento") pelos escritores gregos do final do período clássico, como foram as várias escolas médicas da época. Josefo, o historiador judeu do século I, refere-se aos saduceus, fariseus e essênios como exemplos de *haireses*, pelo qual ele quer dizer "partidos", "escolas" ou "agrupamentos".[84] De modo nenhum, Josefo insinua que algum desses grupos é não ortodoxo; ele simplesmente observa que eles constituem grupos separados, identificáveis dentro do judaísmo. O termo grego *hairesis* é claramente entendido como um termo neutro, não pejorativo, não implicando louvor nem crítica; ele se refere a um grupo de pessoas que têm visões comuns. O termo é descritivo, não avaliativo.

É nesse sentido que o termo grego *hairesis* é usado no NT. Se a palavra tem quaisquer associações negativas nesse período, isso parece estar relacionado ao divisionismo social e à rivalidade intelectual que tais escolas de pensamento às vezes criavam. A formação de facções era

---

[82]ZERBA, Michelle. Medea Hypokrites. *Arethusa* v. 35, p. 315-337, 2002.
[83]RUNIA, David T. Philo of Alexandria and the Greek Hairesis-Model. *Vigiliae Christianae*, v. 53, p. 117-147, 1999. O plural de *hairesis* é *haireses*.
[84]JOSEFO. *Antiguidades judaicas*, 13.171.

vista claramente como uma ameaça à unidade das comunidades cristãs.[85] Contudo, nesse período, não há nenhuma sugestão de que uma "facção" ou "grupo" seja em si perigoso ou tenha a capacidade subversiva ou destrutiva que os escritores cristãos costumavam associar a "heresia". A preocupação é que a divisão em facções destrói a unidade cristã e encoraja a rivalidade e a ambição pessoal. O que está em causa não é o aparecimento de "grupos" ou "partidos", mas as consequências negativas dessa ocorrência para a unidade das igrejas, cujos líderes administram mal essa ocorrência.

Esse ponto ficou obscurecido por traduções influentes do NT que criaram a impressão de que a heresia era um problema rotineiro para as comunidades cristãs do século I. A mais significante das primeiras traduções inglesas do NT foi publicada em 1526, por William Tyndale (c. 1494-1536). Tyndale demonstrou uma competência linguística e uma perspicácia sociológica que estavam à frente de seu tempo. Ele traduziu o termo grego *hairesis* por "seita", com isso expressando precisamente suas tendências à facção e fissão.[86] Contudo, a imensamente influente *Versão do Rei Tiago*, de 1611, muitas vezes conhecida como *Versão Autorizada*, e louvada por sua precisão na tradução, habitualmente traduziu o mesmo termo grego por "heresia", criando, assim, a percepção historicamente incorreta de que o fenômeno posterior que passou a ser conhecido por esse nome já estava presente no próprio NT. Para ilustrar a importância dessa questão, vamos comparar a tradução de Tyndale com a da *Versão do Rei Tiago* (Versão King James) de 2Pedro 2.1, com a ortografia inglesa original encontrada nessas fontes:

---

[85]Cf. *Secular and Christian Leadership in Corinth: A Socio-Historical and Exegetical Study of 1 Corinthians 1–6*, de Andrew D. CLARKE, Leiden: Brill, 1993. Embora eu simpatize com os pontos levantados por Craig Blomberg, eles se resumem a uma demonstração das preocupações do NT sobre o impacto negativo do falso ensinamento, em vez de apresentar uma ideia mais específica (e posterior) de heresia. V. "The New Testament Definition of Heresy (or When Do Jesus and the Apostles Really Get Mad?)", de Craig L. BLOMBERG, *Journal of the Evangelical Theological Society*, v. 45, p. 59-72, 2002.

[86]V. a tradução de Tyndale de 1Coríntios 11.19; Gálatas 5.20; 2Pedro 2.1. Em Atos 24.14, Tyndale traduziu o termo grego *haeresis* por "heresia".

[Heresia]

Tyndale (1526): "Ther shal be falce teachers amonge you: wich prevely shall brynge in damnable sectes even denyinge the Lorde". ("Haverá falsos mestres entre vós: que privadamente trarão seitas condenáveis, até mesmo negando o Senhor" [trad. livre].)

Rei Tiago (1611): "There shall be false teachers among you, who privily[87] *shall bring in damnable heresies, even denying the Lord". ("Haverá falsos mestres entre vós, que secretamente trarão heresias condenáveis, até mesmo negando o Senhor" [trad. livre].)*

A heresia pode não ter surgido como um assunto significante no cristianismo apostólico, embora haja sinais claros do aparecimento de visões que mais tarde seriam consideradas heréticas. Tais ideias podem ter se originado durante a era apostólica; a natureza herética delas surgiu apenas durante o século II. Ao longo desse período formativo, os escritores cristãos desenvolveram um sentido muito específico do termo *haeresis* (a ortografia latina do *hairesis* de trabalho grego). Ele já não tinha o sentido neutro de uma opção intelectual ou de uma escola de pensamento. O termo começou a desenvolver acepções fortemente negativas, designando aqueles cujas visões os forçaram a se retirar da igreja ou dela serem expulsos.[88] Como enfatizamos, algumas dessas visões eram conhecidas, frequentemente em formas primitivas, pelos escritores do NT. O julgamento de que tais visões eram *heréticas* — em vez de meramente inadequadas ou inaceitáveis — reflete a situação eclesiástica do século II, não do século I, especialmente na igreja romana. *Haeresis* designava agora uma "escolha", no sentido de preferir ideias teológicas especulativas particulares (como aquelas cujo surgimento foi observado

[87]Em inglês antigo a palavra "privily" (Tyndale: "prevely") significa "privadamente" ou "secretamente". Sobre os debates acerca dessas clássicas traduções inglesas da Bíblia e o impacto delas sobre a formação da língua inglesa, v. *William Tyndale: A Biography*, de David DANIELL, New Haven: Yale Univ. Press, 1994, p. 83-150; *In the Beginning: The Story of the King James Bible*, de Alister McGRATH, New York: Doubleday, 2001.
[88]NORRIS, Richard. Heresy and Orthodoxy in the Late Second Century. *Union Seminary Quarterly Reviewed*, v. 52, p. 43059, 1998.

[As origens da ideia de heresia]

pelos escritores do NT) em lugar do pensamento da comunidade cristã como um todo.[89] Embora os documentos jurídicos imperiais continuassem a usar a palavra latina *haeresis* no sentido neutro até o século V (por exemplo, para designar uma "agremiação" ou "associação" de trabalhadores profissionais),[90] o uso especificamente cristão do termo passa a ser associado a controvérsias religiosas e seus resultados políticos.

Heresia logo se tornou um termo pejorativo, em vez de descritivo. Os sociólogos observam muitas vezes como certos conjuntos de "oposições binárias" — como "macho-fêmea" e "branco-preto" — desempenham um papel fundamental na construção social da categoria de "o outro". A noção de "o outro" — regularmente usada na retórica da exclusão ou depreciação — corresponde essencialmente à metade desvalorizada ou estigmatizada de uma oposição binária, e é principalmente usada para se referir a grupos de pessoas vistas como inferiores ou que se acredita constituírem uma ameaça. A identidade de um grupo é muitas vezes alimentada pela definição do "outro" — a exemplo do nazismo alemão, com sua predominante oposição binária "ariano-judaica". A mesma observação é feita, de modo divertido, embora seriamente, por George Orwell em *Animal Farm* [A revolução dos bichos], em que a oposição binária predominante é formulada como "quatro pernas, bom; duas pernas, mau".

No século II, a oposição binária "heresia-ortodoxia" começou a surgir como um modo de excluir certos grupos e indivíduos da igreja cristã. *Hairesis* passa, então, a significar uma escola de pensamento que desenvolvia ideias que subvertiam a fé cristã, em oposição à ortodoxia — uma versão autêntica e normativa da fé cristã.[91] O tema deste livro é esse acontecimento e as questões que ele suscita. Como aconteceu? É

---

[89]CHADWICK, Henry. East and West: *The Making of a Rift in the Church: From Apostolic Times Until the Council of Florence*. Oxford: Oxford Univ. Press, 2003, p.2.

[90]Cf. observado em "Citizens and Heretics: Late Roman Lawyers on Christian Heresy", de Caroline HUMFRESS. In: IRICINSCHI, Eduard; ZELLENTIN, Holger (Orgs.). *Heresy and Identity in Late Antiquity*. Tübingen: Mohr Siebeck, 2008, p. 128-142, esp. 142.

[91]DESJARDINS, Michel. Bauer and Beyond: On Recent Scholarly Discussions of Hairesis in the Early Church Era. *Second Century*, v. 8, p. 65-82, 1991.

[Heresia]

um acontecimento legítimo? Quem decide o que é considerado heresia e o que é considerado ortodoxia? E a ideia de heresia continua relevante para alguém? Examinaremos esses temas em detalhes nos capítulos a seguir, começando com a questão da relação da heresia com a diversidade no cristianismo primitivo.

Parte II

As raízes da heresia

3

Diversidade: o pano de fundo da heresia primitiva

Por que o cristianismo primitivo inventou a ideia de heresia? E como — se de algum modo for possível — fazer uma distinção entre a *diversidade* que é invariavelmente encontrada dentro de qualquer visão de mundo, seja religiosa, seja secular, e a noção mais específica de *heresia*? Talvez o modo mais fácil de entender a natureza da heresia e seu surgimento histórico seja refletir sobre a natureza do cristianismo ao longo do primeiro século de sua existência; como esse movimento religioso, novo e muito mal compreendido, começou a surgir dentro do judaísmo e a se estabelecer como uma presença significativa no Império Romano. Um conjunto de ortodoxias — observe o uso intencional do plural — começou a surgir,

[Heresia]

representando variações nos principais temas relativos à identidade e ao significado de Jesus de Nazaré.[92]

Conforme já vimos, no cerne do movimento cristão encontra-se uma série de relatos e interpretações das palavras e ações de Jesus de Nazaré. O significado de Cristo foi apresentado tanto em termos de sua identidade quanto de sua função, a partir de uma gama repleta de títulos cristológicos e imagens de salvação, não raro extraídos das raízes judaicas do cristianismo.[93] No início, os grupos cristãos parecem ter sido constituídos nos principais centros urbanos, como Jerusalém, por indivíduos que haviam conhecido Jesus de Nazaré ou que conheciam o seu círculo mais íntimo.[94] Outras comunidades cristãs se estabeleceram por pessoas com associações mais complexas com a igreja de Jerusalém, de forma mais notável Paulo de Tarso.[95] De acordo com o próprio NT, Paulo foi responsável pelo estabelecimento das igrejas cristãs em muitas partes do mundo mediterrâneo. É quase certo que no princípio o cristianismo tenha sido visto simplesmente como mais uma seita, ou grupo, dentro de um judaísmo que já estava acostumado a uma considerável diversidade na expressão religiosa. O judaísmo estava longe de ser monolítico.

No entanto, apesar de o cristianismo ter as suas origens dentro do judaísmo, que era visto como uma "religião legal" (*religio licita*) pelas

....

[92]Para uma excelente coletânea de ensaios sobre esse tema, v. a obra *The Incarnation: An Interdisciplinary Symposium on the Incarnation of the Son of God*, DAVIS, Stephen T.; KENDALL, Daniel; O'COLLINS, Gerald (Ed.). Oxford: Oxford Univ. Press, 2004.

[93]Cf. *New Testament Christology*, de Frank J. MATERA, Louisville: Westminster John Knox Press, 1999; *Messiah and Exaltation: Jewish Messianic and Visionary Traditions and New Testament Christology*, de Andrew CHESTER, Tübingen: Mohr Siebeck, 2007; *By the Same Word: Creation and Salvation in Hellenistic Judaism and Early Christianity*, de Ronald R. COX, Berlin: de Gruyter, 2007.

[94]BROWN, Raymond E. *The Churches the Apostles Left Behind*. New York: Paulist Press, 1984.

[95]MURPHY-O'CONNOR, Jerome. *Paul: A Critical Life*. Oxford: Oxford Univ. Press, 1996, p. 85-89. Há também um material muito útil, esp. em relação ao contexto romano em *In Search of Paul: How Jesus's Apostle Opposed Rome's Empire with God's Kingdom*, John Dominic CROSSAN; Jonathan L. REED, San Francisco: HarperSanFrancisco, 2004.

[Diversidade: O pano de fundo da heresia primitiva]

autoridades romanas,[96] as comunidades cristãs não eram reconhecidas como legítimas. As razões para isso não são claras. Plínio, por exemplo, enquanto foi governador da Bitínia (c. 110-112), parece ter perseguido os cristãos com base em situações anteriores, sem compreender totalmente as razões para isso. As igrejas existiam, portanto, sob a constante sombra de uma possível perseguição, o que as obrigava a manter um perfil público discreto. Elas não tinham nenhum acesso ao poder, ou influência social, e, com frequência, eram alvo de opressão por parte das autoridades seculares. As primeiras comunidades cristãs simplesmente não estavam em condição de se entregar ao conformismo, mesmo se tivessem desejado fazê-lo.

As comunidades cristãs se espalharam por todo o Império Romano, cada uma confrontando desafios e oportunidades locais específicos. Isso levanta duas questões, cada qual possuindo um significado importante para o entendimento das origens e o significado da heresia. Primeiro, como essas comunidades cristãs individuais mantiveram a sua identidade em relação ao contexto cultural local? Está claro, por exemplo, que a adoração cristã primitiva serviu para enfatizar a distinção das comunidades cristãs, ajudando a forjar um sentido de identidade compartilhada em contraste com a sociedade em geral.[97] Segundo, como as comunidades cristãs individuais percebiam a si mesmas como parte de uma comunidade maior, mais universal? Dito de outro modo: como as comunidades locais individuais se viam como conectadas a uma comunidade universal maior, cada vez mais referida como "a igreja" nos textos posteriores? Por exemplo, existe evidência de que essas comunidades mantinham contato entre si por correspondência e mestres itinerantes que visitavam agrupamentos de igrejas, e especialmente pelo

---

[96]Sobre a situação na Palestina, v. "Jews and the Imperial Cult: From Augustus to Domitian", de James S. McLaren, *Journal for the Study of the New Testament*, v. 27, p. 257-278, 2005.

[97]Hurtado, Larrt. *At the Origins of Christian Worship: The Context and Character of Earliest Christian Devotion*. Grand Rapids: Eerdmans, 2000.

[Heresia]

compartilhamento de documentos de fundadores, alguns dos quais (mas não todos) mais tarde incorporados no cânon do NT.[98]

Sem dúvida as primeiras comunidades cristãs acreditavam compartilhar uma fé comum que estava em processo de expansão pelo mundo civilizado. As igrejas ou congregações individuais se viam como representantes locais ou incorporações de algo maior — a igreja.[99] Embora seja possível argumentar que, no início do século II, o cristianismo possuía uma unidade teológica fundamental baseada na adoração de Cristo como o Senhor ressuscitado, os primeiros cristãos expressaram e promulgaram a sua fé de maneiras variadas.

Embora seja correto falar do cristianismo primitivo como uma tradição única, talvez seja melhor pensar nele como uma rede complexa de grupos e indivíduos que existiam em diferentes contextos sociais, culturais e linguísticos. Esses grupos procuravam relacionar a sua fé a esses contextos e expressá-la em termos que fizessem sentido dentro daqueles contextos. Ainda que seja potencialmente incorreto falar desses grupos como "concorrentes", é certamente justo sugerir que eles possuíam mais autonomia nessa fase inicial do que se diz normalmente. Como enfatizaremos mais adiante, o cristianismo primitivo não possuía nenhuma estrutura de autoridade que permitisse a imposição de qualquer tipo de uniformidade. Na verdade, muitos pensadores patrísticos enaltecem a total agitação intelectual da época, evidenciada no modo pelo qual os cristãos primitivos exploraram e expressaram a sua fé.

Contudo, essa observação histórica em si mesma não nega a ideia de que havia um fio unificador fundamental no cristianismo primitivo. A diversidade sociológica do cristianismo primitivo não era comparada a nada que se aproximasse, mesmo remotamente, de uma anarquia teológica. Em um importante estudo, o britânico H. E. W. Turner, especialista em cristianismo primitivo, argumentou que seria possível identificar um

---

[98]METZGER, Bruce M. *The Canon of the New Testament: Its Origin, Development, and Significance.* Oxford: Clarendon Press, 1987.
[99]Para uma análise detalhada, v. *The Many Faces of the Church: A Study in New Testament Ecclesiology*, de Raymond F. COLLINS, New York: Crossroad, 2004.

padrão derivado do testemunho apostólico e mantido ao longo do tempo como o "depósito de fé" (*depositum fidei*), referido no NT como "a fé uma vez entregue aos santos".[100] Esse padrão está embutido, como um código genético, nos escritos e na adoração da igreja primitiva, bem como nos textos do NT. Entretanto, apesar desse nuclear "padrão de verdade" que as unia, as primeiras comunidades cristãs revelam claramente a diversidade tanto quanto a unidade. Devemos ter o cuidado para não falar apressadamente da "emergência da diversidade" como um desenvolvimento posterior. Há razões para pensar que ela pode ter existido desde o início, mesmo se, em algumas situações, os eventos posteriores a tenham exacerbado.

Então, o que levou a essa diversidade? É possível identificar cinco fatores importantes que contribuíram para essa situação:

1. A incerteza inicial sobre que fontes seriam consideradas autorizadas por todas as comunidades cristãs.

2. A diversidade relativa aos aspectos da fé cristã nos documentos que depois seriam reunidos para fazer parte do NT.

3. As interpretações divergentes desses documentos, levando ao surgimento de diferentes formas de pensar dentro da Igreja cristã.

4. A diversidade de padrões dentro da adoração cristã primitiva. Sabe-se agora que tais padrões eram consideravelmente mais diversos do que se acreditava, com implicações importantes para o modo com que alguns aspectos centrais da fé foram compreendidos dentro do cristianismo primitivo.

5. A incapacidade de impor a uniformidade. Em sua fase inicial, o cristianismo era um grupo minoritário nas franjas da sociedade, sem uma condição legal apropriada e sem acesso ao poder, até a conversão de Constantino, no século IV. Isso impediu qualquer esforço de uniformidade até uma fase relativamente tardia, momento em que já existia uma considerável diversidade.

---

[100] TURNER, H. E. W. *The Pattern of Christian Truth: A Study in the Relations Between Orthodoxy and Heresy in the Early Church*. London: Mowbray, 1954, p. 239-378.

[Heresia]

Vamos considerar cada um desses pontos individualmente, pois eles são de extrema importância para o nosso tema.

A incerteza sobre as fontes autorizadas

Luciano de Samósata, escritor do século II, observou que uma das características mais distintivas dos cristãos era sua propensão para escrever e interpretar livros. O cristianismo parecia-lhe uma comunidade textual cuja vida e crenças eram moldadas por seus textos.[101] Talvez tenha sido por esse motivo que a crítica romana pagã ao cristianismo focalizava seus escritos, bem como muitas vezes tentava eliminá-lo confiscando os seus livros.[102] Isso não significa necessariamente que os cristãos fossem mais letrados do que os seus contemporâneos dentro do judaísmo ou da cultura clássica.[103] Isso serve apenas para demonstrar como os textos eram importantes para as comunidades cristãs primitivas, ainda que, no início, a repercussão desses textos tivesse a ver especialmente com os seus líderes.

De qualquer modo, muitos dos primeiros manuscritos cristãos incluem mais do que os textos que foram depois reconhecidos como escritos canônicos do NT. Por exemplo, alguns dos primeiros manuscritos cristãos têm a forma de coleções de textos extraídos do Antigo Testamento, textos extracanônicos antigos, como o *Evangelho de Tomé* e *O pastor*, de Hermas, e fragmentos de outros escritos desconhecidos,

---

[101] V. *Books and Readers in the Early Church: A History of Early Christian Texts*, de Harry Y. GAMBLE, New Haven: Yale Univ. Press, 1995; *Guardians of Letters: Literacy, Power, and the Transmitters of Early Christian Literature*, de Kim HAINS-EITZEN, New York: Oxford Univ. Press, 2000; *The Earliest Christian Artifacts: Manuscripts and Christian Origins*, de Larry W. HURTADO, Grand Rapids: Eerdmans, 2006.

[102] Convém observar esp. os comentários de Porfírio em *The Christians as the Romans Saw Them*, de Robert L. WILKEN, 2.ed. New Haven: Yale Univ. Press, 2003, p. 126-163.

[103] Cf. Gamble sugere: "Devemos pressupor [...] que a grande maioria dos cristãos nos primeiros séculos da igreja era analfabeta, não porque fossem únicos, mas porque eram, nesse sentido, típicos..." GAMBLE. *Books and Readers* p. 5-6.

além de textos litúrgicos e teológicos.[104] Os cristãos parecem ter se aproximado de fontes variadas ao desenvolver a sua fé, algumas das quais podem ter parecido estranhas àqueles familiarizados com o cânon estabelecido da Bíblia. Um grande número de textos competiu pela atenção de seus leitores, inclusive os evangelhos gnósticos, as narrativas de martírios, as obras pastorais e os atos apócrifos.[105] Está se tornando cada vez mais evidente que as comunidades cristãs dos primeiros tempos possuíam lealdades teológicas e devocionais complexas, o que fica claramente expresso em suas preferências de leitura.

Conforme deixam claro os escritos anti-heréticos de Ireneu de Lyon, um assunto que surgiu como importante, já no início do século II, foi a questão dos apócrifos — textos cujas origens e proveniência são consideradas suspeitas, faltando-lhes continuidade histórica ou teológica com a igreja apostólica.[106] Conforme Jerônimo sinistramente comentou: *caveat omnia apocrypha* — cuidado com todos os apócrifos.[107] A formação de um cânon estabelecido da Bíblia fez parte dos esforços da igreja primitiva para eliminar os escritos de proveniência duvidosa da discussão teológica.[108] A exigência de continuidade de uso de determinado livro dentro das igrejas tinha um significado particular, na medida em que isso era visto como um testemunho, ao mesmo tempo, de sua antiguidade e de sua autoridade.

O ponto importante é que, ao serem lidos de modo tão amplo dentro das comunidades cristãs, os textos ofereciam visões bastante divergentes sobre a natureza e características do cristianismo, às vezes

---

[104] BOTHA, Pieter J. J. Greco-Roman Literacy as Setting for New Testament Writings, *Neotestamentica*, v. 26, p. 192-215, 1992.

[105] LYMAN, Rebecca. *Lex Orandi*: Heresy, Orthodoxy, and Popular Religion. In: COAKLEY, Sarah; PAILIN, David (Orgs.). *The Making and Remaking of Christian Doctrine*. Oxford: Clarendon Press, 1993, p. 131-141.

[106] Cf. observado por Alain Le Boulluec em *La notion d'hérésie dans la littérature grecque, IIe-IIIe siècles*, 2v. Paris: Études Augustiniennes, 1985, v.1, p. 226-229.

[107] JERÔNIMO, *Epístola* 107.

[108] LE BOULLUEC, Alain. L'écriture comme norme hérésiologique dans les controverses des IIe et IIIe siècles (domaine grec). *Jahrbuch für Antike und Christentum*, v. 23, p. 66-75, 1996.

[Heresia]

refletindo as preocupações de seus autores em dirigir-se a grupos sociais ou religiosos específicos. Nesses escritos, havia uma clara necessidade de identificar um grupo como possuindo autoridade universal, em vez de local. Embora os cristãos fossem livres para ler aquilo de que gostassem, havia um crescente reconhecimento da necessidade de identificar as obras que possuíam um *status* normativo para a Igreja como um todo.

Sem desejar impedir os cristãos de lerem os seus autores favoritos, os líderes cristãos começaram a identificar um grupo de textos que transcendiam as preferências locais. Atanásio de Alexandria desempenhou um papel particularmente importante ao determinar os critérios de autenticidade com a finalidade de avaliação canônica.[109] Esse processo de cristalização gradualmente levou à formação do cânon do NT.[110]

O cristianismo, em suas fases formativas, esteve sujeito à influência de uma variedade surpreendentemente ampla de fontes textuais, sem um entendimento claro, naquele momento, em relação à autenticidade e autoridade de tais fontes. Por exemplo, a literatura "apócrifa" apresentou um desafio particular para a igreja primitiva, em razão da diversidade de materiais reconhecidos como potencialmente confiáveis em diferentes regiões do mundo cristão. A heresia poderia, desse modo, surgir embasando uma teologia própria em fontes apócrifas,[111] enquanto a ortodoxia dava prioridade àquelas obras que foram, ou seriam, incluídas no cânon do NT.

---

[109] BRAKKE, David. Canon Formation and Social Conflict in Fourth-Century Egypt: Athanasius of Alexandria's Thirty-Ninth Festal Letter. *Harvard Theological Review*, v. 87, p. 395-420, 1994. Cf. Brakke corretamente observa: as preocupações de Atanásio não estavam restritas apenas à lista de livros, mas refletiam os conflitos mais fundamentais entre as visões e os paradigmas concorrentes da autoridade cristã e da organização eclesiástica.

[110] METZGER, Bruce M. *The Canon of the New Testament: Its Origin, Development, and Significance*. Oxford: Clarendon Press, 1997.

[111] Uma questão frequentemente levantada em relação a Prisciliano de Ávila (m. 385). Cf. *The Making of a Heretic: Gender, Authority, and the Priscillianist Controversy*, de Virginia, BURRUS Berkeley: Univ. of California Press, 1995, p. 19-21. Para uma explicação mais detalhada desse assunto, v. tb. "The Disorder of Books: Priscillian's Canonical Defense of Apocrypha", de Andrew S. JACOBS, *Harvard Theological Review*, v. 93, p. 135-159, 2000.

[Diversidade: O pano de fundo da heresia primitiva]

Embora esse seja um ponto fundamental, é importante considerar a possibilidade de encontrar um grau de diversidade até mesmo na gama limitada de textos afinal aceitos como canônicos. Devemos, portanto, considerar o significado da diversidade teológica do NT para qualquer explicação das origens da heresia.

A diversidade nos documentos do NT

A coleção de documentos que hoje conhecemos como NT faz pressupor, claramente, a existência de alguma unidade básica entre e através das comunidades cristãs. Contudo, ela apresenta uma gama sutilmente diversificada de modos de compreensão dos temas fundamentais da fé cristã e como eles são aplicados às questões de ordem prática. Enquanto alguns escritores oferecem uma harmonização um tanto superficial do NT, outros valorizam a importância de identificar e respeitar as ênfases e nuances discrepantes,[112] em particular devido às implicações do NT para a diversidade dentro do cristianismo contemporâneo.

O reconhecimento da polifonia do NT é, no final das contas, pouco mais que uma aceitação indireta da diversidade que existiu no seio do cristianismo primitivo. O termo "diversidade" deve ser usado com precaução e cercado de qualificativos. Em primeiro lugar, uma concessão à diversidade não implica a noção de uma unidade fundamental. Conforme Stephen Neill demonstrou muitos anos atrás, Jesus de Nazaré é um foco central do NT; não obstante, o seu significado é articulado em termos adaptados ao público e às comunidades servidas pelos autores dos livros do NT.[113] E, em segundo lugar, a diversidade em questão é, na verdade, totalmente limitada. Precisamos evitar falar de forma negligente, como a sugerir que o NT oferece

[112] Sobre uma crítica conhecida da ideia de "ortodoxia" cristã primitiva, v. *Unity and Diversity in the New Testament: An Inquiry into the Character of Earliest Christianity*, de James D. G. DUNN, 2. ed. London: SCM Press, 1990, p.1-7.

[113] NEILL, Stephen. *Jesus Through Many Eyes: Introduction to the Theology of the New Testament*. Philadelphia: Fortress Press, 1976.

[Heresia]

uma multiplicidade ilimitada de visões da fé cristã.[114] É perfeitamente possível identificar um conjunto "central" de ideias dentro do NT, como segue:

1. O Deus de Israel pode ser amado e crido como o criador de tudo.

2. Jesus é o enviado de Deus, para revelar o próprio Deus e redimir a humanidade.

3. Apesar do fracasso humano, podemos confiar que a obra redentora de Deus por meio de Cristo é o caminho para a salvação do homem, um processo iniciado nesta vida e que se completa na vida além.

4. Do salvo por Cristo, espera-se que ame o próximo, preocupe-se com ele e siga os padrões éticos estabelecidos por Jesus.

5. O corpo de crentes é uma grande comunhão.[115]

Embora criticando a ideia de uma primeira cristalização da ortodoxia cristã, James Dunn, escritor britânico estudioso do NT, também defende que se pode discernir um "fio unificador" dentro do NT. Dunn usa a palavra grega *kerygma*, mais bem traduzida por "proclamação", para se referir às interpretações do NT do significado de Jesus de Nazaré. Enquanto Rudolf Bultmann e outros falaram certa vez do *kerygma* do NT, no *singular*, Dunn sugere que a evidência aponta para um grupo de *kerygmata* do NT, no *plural*, unificado por alguns temas centrais.[116] Dunn argumenta que "não havia nenhum padrão unificado, nenhum plano estendido da proclamação cristã" no NT, mas uma gama de tais proclamações, adaptada às circunstâncias particulares. Por exemplo, a proclamação do evangelho por Paulo "tomou diversas formas como circunstâncias determinadas e desenvolveu-se ao longo dos anos alterando a ênfase do tom".[117]

---

[114] V., p. ex., as questões levantadas no clássico ensaio de Ernst Käsemann sobre os conceitos do NT a respeito da igreja. KÄSEMANN, Ernst. Unity. Unity and Multiplicity in the New Testament Doctrine of the Church. *New Testament Questions of Today*. Philadelphia: Fortress Press, 1969, p. 252-259.

[115] HULTGREN, Arland J. *The Rise of Normative Christianity*. Minneapolis: Fortress Press, 1994, p. 86.

[116] DUN. *Unitiy and Diversity*, p. 11-32.

[117] Ibidem, p. 2.

A questão é de interpretação e síntese: de permitir que a unidade inerente do NT seja percebida, respeitando a sua diversidade. Se o NT é percebido como uma cacofonia ou sinfonia, isso depende em parte de como ele é interpretado, especialmente como se permite que as suas diversas vozes se relacionem umas com as outras. Richard Hays, por exemplo, afirma que a visão multifacetada da fé cristã encontrada no NT pode ser sistematizada em termos de uma narrativa complexa com três focos: a comunidade, a cruz e a nova criação.[118] Contudo, a questão é clara: a diversidade intrínseca do NT é tal que ela praticamente dá origem a uma diversidade correspondente de interpretações. Vamos examinar esse ponto mais detalhadamente, adiante.

As interpretações divergentes do NT

A longa história de interpretação cristã do NT deixa muito claro que certos textos são interpretados de modo bastante diverso por indivíduos e grupos diferentes. Isso levanta uma questão de extrema importância. Quem está autorizado a arbitrar entre essas interpretações do NT? O desenvolvimento da ênfase na igreja católica como autoridade suprema na interpretação do NT começou a avançar rapidamente no século II, conforme é especialmente destacado nos escritos de Ireneu de Lyon.

Para entender a importância do apelo de Ireneu à instituição da igreja, como intérprete do NT, podemos considerar algumas dificuldades na interpretação bíblica que afeta o protestantismo — movimento religioso que não reconhece nenhuma autoridade sobre a Bíblia.[119]

Considere a questão: Os cristãos tinham a intenção de evangelizar? A interpretação predominante do imperativo evangélico

---

[118] HAYS, Richard B. *The Moral Vision of the New Testament: Community, Cross, New Creation, a Contemporary Introduction to New Testament Ethics* San Francisco: HarperSanFrancisco, 1996, p. 193-205.

[119] Sobre essas questões, v. *Christianity's Dangerous Idea: The Protestant Revolution*, de Alister MCGRATH, San Francisco: HarperOne, 2007, p. 199-241.

[Heresia]

para *faze*[r] *discípulos de todas as nações (*Mt 28.19), na primeira fase do protestantismo do século XVI, era que essa ordem tinha sido dirigida aos apóstolos, não às gerações posteriores. Assim, embora os primeiros apóstolos tivessem a obrigação de espalhar o evangelho, essa responsabilidade estaria restrita à época deles. Somente no tardio século XVIII essa visão começou a ser desafiada de forma bem-sucedida, em particular pela influência cada vez maior das sociedades missionárias na Inglaterra. No final do século XIX, a maioria dos protestantes considerava que o significado óbvio e claro da passagem era que todos os cristãos foram chamados para evangelizar e para apoiar missões. O modo predominante de interpretar um texto bíblico sofre uma mudança essencial. Mas qual das duas opções era a correta? E quem tinha autoridade para decidir?

Os problemas que o protestantismo enfrentou foram bem colocados por John Dryden (1631-1700) em seu poema satírico *"Religio Laici"* [Religião de leigos] (1682). Nele, Dryden argumenta que a grande ênfase protestante sobre a Bíblia só levava à proliferação da heresia devido à ausência de um intérprete autorizado e universalmente reconhecido. Dryden afirma que a atitude em relação à interpretação bíblica encontrada no protestantismo não apenas o torna impotente para resistir à heresia, como ainda encoraja o surgimento da heresia pela ingênua ideia protestante de que, ao percorrerem as páginas da Bíblia, os cristãos comuns serão conduzidos, de forma inequívoca e inevitável, à ortodoxia. O texto bíblico estaria aberto a todos. E quanto à regra pela qual ele deveria ser interpretado? Os protestantes concordavam sobre e respeitavam uma autoridade comum, mas não compartilhavam a noção de uma meta-autoridade.

Dryden nos convida a imaginar um protestante ortodoxo convencido de que a Bíblia ensina claramente a divindade de Cristo, mas confrontado, de maneira perturbadora, com outro protestante que interpreta essas mesmas passagens puramente em termos da humanidade

[Diversidade: O pano de fundo da heresia primitiva]

de Cristo — a heresia sociniana,[120] que surgiu no século XVI e afirmava que Cristo era um ser humano destituído de identidade divina. Assim, Dryden escreve em *"Religio Laici"*:

> *Afirmamos e provamos pela clara Escritura*
> *Que Cristo é Deus; o audaz sociniano*
> *A mesma Escritura diz ser ele mera criatura.*
> *Mas que sentença pode encerrar a importante causa;*
> *Ambas as partes falam ruidosamente, mas a Regra é muda?*
> [Trad. livre.]

A questão de Dryden é que a Bíblia não descobriu, de forma clara e sem ambiguidades, a regra pela qual seria interpretada. E como não existe autoridade maior que a Bíblia, como o protestantismo poderia discriminar entre ortodoxia e heresia? Se alguma norma ou instituição exterior ou à parte da Bíblia for reconhecida como autoritariamente determinante de seu significado, tal norma ou instituição seria, com efeito, superior à Bíblia. Essa era uma perigosa vulnerabilidade, que muitos acreditam continuar, na melhor das hipóteses, incompletamente resolvida dentro do protestantismo.

Ireneu parece ter antecipado essa dificuldade ao discutir o papel da igreja como intérprete autorizada da Bíblia. Para alguns estudiosos, Ireneu era movido principalmente por um desejo de uniformidade, o qual, de acordo com Elaine Pagels e Karen King, levava à sua indicação de que "todos os verdadeiros cristãos devem confessar as mesmas coisas, unindo-se na pregação de um credo comum que declare aquilo em que todos creem". A força motriz por trás do enfoque de Ireneu era uma agenda institucional que colocaria a igreja além dos indivíduos cristãos, destinada a "consolidar os grupos espalhados dos seguidores

---

[120] Existem óbvias continuidades históricas entre o socianismo e o arianismo. Mas o primeiro assumiu uma forma específica no século XVI, nos textos de Fausto Paolo Sozzini (1539-1604; mais conhecido pela forma latina de seu nome, *Faustus Socinus*), fixando a sua interpretação da identidade de Jesus de Nazaré dentro de uma visão unitária de Deus.

[Heresia]

de Jesus naquilo que ele e alguns outros bispos pressentiram como uma organização unida, única". A heresia poderia, então, ser entendida como aqueles ensinamentos "contrários à consolidação da igreja sob a autoridade dos bispos".[121]

No entanto, esse é apenas um modo de interpretar o ponto de vista de Ireneu. A maioria dos teólogos cristãos argumentaria que a preocupação de Ireneu não era nem com a uniformidade eclesiástica como um fim em si mesmo, nem com o fortalecimento do episcopado. Ireneu desejava manter a continuidade da era apostólica, assegurando que aquilo que foi ensinado naquele período formativo continuasse caracterizando a sua época. Por isso, ele enfatizava a importância da continuidade histórica entre a liderança da igreja presente e os apóstolos. A igreja representava uma comunidade de memória, capaz de alinhar a sua interpretação da Bíblia com a lembrança do testemunho e ensino apostólicos.

Mais tarde seria desenvolvida outra tentativa de limitar a diversidade. Vincent de Lérins (m. 450), cada vez mais interessado na inovação teológica, desenvolveu uma lista para limitar a expansão de ideias novas e potencialmente perigosas. Cada doutrina precisava conformar-se a três critérios. Ela deveria mostrar ter sido aceita 1) em todos os lugares, 2) sempre e 3) por todos os crentes. Desse modo, Vincent esperava limitar o ensino cristão àqueles ensinamentos que sempre tiveram assentimento universal.[122] Contudo, a evidência histórica sugere que os esforços de Vincent não tiveram êxito em controlar o crescimento da diversidade doutrinal na igreja da época.[123]

....

[121] PAGELS, Elaine H.; KING, Karen L. *Reading Judas: The Gospel of Judas and the Shaping of Christianity*. London: Allen Lane, 2007, p. 31.

[122] GUARINO, Thomas G. Tradition and Doctrinal Development: Can Vincent of Lérins Still Teach the Church? *Theological Studies*, v. 67, p. 34-72, 2006.

[123] Sobre algumas importantes áreas de dificuldade a esse respeito, v. "The Forging of Orthodoxy in Latin Christian Literature: A Case Study", de Mark VESSEY, *Journal of Early Christian Studies*, v. 4, p. 495-513, 1996.

[Diversidade: O pano de fundo da heresia primitiva]

Nesta seção, vamos enfatizar a diversidade de interpretações da Bíblia encontrada na tradição cristã. Enfim, quem decide qual interpretação da Bíblia é ortodoxa e qual delas é herética? Essa é uma questão importante. Toda grande heresia dentro da fé cristã tem se apresentado como capaz de oferecer uma interpretação legítima da Bíblia, criticando os seus oponentes ortodoxos como falhos na arte da hermenêutica bíblica.[124] Recorrer à Bíblia não era a salvaguarda exclusiva do ortodoxo. Na verdade, posteriormente, muitas visões consideradas heréticas tiveram suas origens numa leitura cerrada do texto bíblico.[125] A controvérsia ariana do século IV, que contrapôs o arqui-herege Ário ao seu oponente ortodoxo Atanásio, pode ser vista como fundamentalmente relacionada com a busca do melhor meio de interpretar as declarações encontradas no Evangelho de João referentes à identidade e ao significado de Jesus Cristo.[126]

Até este ponto, consideramos vários fatores relativos aos textos cristãos que parecem ter levado à diversidade de crença cada vez maior dentro da igreja. Entretanto, é importante considerar que a diversidade parece ter se desenvolvido, igualmente, em relação a outro aspecto da vida da igreja — sua adoração.

---

[124] Essa observação suscita a fascinante questão — complexa demais para ser discutida aqui — de saber se a crítica bíblica pode ser uma fonte para provocar e corrigir a heresia. Essa visão foi proposta com cautela por Ernst Käsemann (1906-1998). Sobre uma avaliação de tal possibilidade, v. "Docetism, Käsemann, and Christology: Why Historical Criticism Can't Protect Christological Orthodoxy", de A. K. M. ADAM, *Scottish Journal of Theology*, v. 49, p. 391-410, 1996.

[125] QUASH, Ben; WARD, Michael. *Heresies and How to Avoid Them: Why It Matters What Christians Believe*. London: SPCK, 2007, p. 2-3.

[126] V. a análise em *Johannine Christology and the Early Church*, de T. E. POLLARD, Cambridge: Cambridge Univ. Press, 2005. Uma questão semelhante aparece em relação a Marcião. Cf. "Marcion: Theologien biblique ou docteur gnostique?", de Ugo BIANCHI, *Vigiliae Christianae*, v. 21, p. 141-149, 1967.

[Heresia]

A diversidade nos primórdios da adoração cristã

A sabedoria litúrgica tradicional geralmente supõe que é possível traçar uma única e coerente linha de evolução da adoração cristã da época apostólica até o século IV. Mesmo antes do início do século II, a adoração cristã já havia se desenvolvido consideravelmente, além do que é descrito no NT, caracterizada por uma tendência a inventar um novo simbolismo não diretamente presente nas Escrituras. Em alguns casos, a continuidade entre as primeiras liturgias cristãs e a prática da igreja do NT é obscura.[127] Em anos recentes, tem havido uma percepção cada vez maior de que a adoração cristã inicial pode ter sido mais diversa e variada do que esse modelo simples sugere.[128]

Por que isso é tão importante? Porque o modo com que as comunidades cristãs adoram reflete e afeta ao mesmo tempo as suas crenças doutrinais.[129] De acordo com Próspero de Aquitânia (c. 390-c. 455), "a lei da oração determina a lei da crença [*legem credendi lex statuat supplicandi*]".[130] O lema latino *lex orandi, lex credendi* (o modo de orar determina o modo de crer) é frequentemente citado aqui para indicar o modo pelo qual doutrina e adoração são interligadas.[131] Seria, portanto, de esperar que as diferenças na adoração aumentassem ainda mais o grau de diversidade presente nas comunidades cristãs iniciais.

---

[127] V. a análise de uma série de textos bíblicos reunidos em *The Eucharist in the New Testament and in the Early Church*, de Eugene LaVerdiere, Collegeville: Liturgical Press, 1996, p. 29-126.

[128] O reconhecimento crescente do caráter essencialmente diversificado da adoração cristã primitiva é um bom exemplo. V. esp. *The Search for the Origins of Christian Worship: Sources and Methods for the Study of Early Liturgy*, de Paul F. Bradshaw, 2. ed, New York: Oxford Univ. Press, 2002. É particularmente significativa a diversidade das primeiras abordagens cristãs à iniciação (p. 144-170).

[129] Essa questão é enfatizada por alguns escritores, como em *Doxology: The Praise of God in Worship, Doctrine, and Life: A Systematic Theology*, de Geoffrey Wainwright, New York: Oxford Univ. Press, 1980.

[130] de Aquitânia, Próspero. *Capitula Coelestini* 8.

[131] Marshall, Paul V. Reconsidering "Liturgical Theology": Is There a *Lex Orandi* for All Christians? *Studia Liturgica*, v. 25, p. 129-151, 1995.

[Diversidade: O pano de fundo da heresia primitiva]

A ortodoxia cristã no século IV

A igreja primitiva era fragmentada socialmente, dissociada da influência e do poder dentro das estruturas imperiais. Não havia possibilidade de nenhuma autoridade centralizada da igreja "impor" as suas visões sobre outras congregações, na medida em que o acesso ao poder político ou militar era negado à igreja. Não existia nenhum mecanismo para evitar a diversificação ou impor a ortodoxia. O Estado romano era geralmente hostil ao cristianismo, vendo-o muitas vezes como subvertendo as visões religiosas tradicionais. De vez em quando surgiam períodos de repressão, como a perseguição de Décio (250-251). Até a conversão de Constantino e a emissão do Édito de Milão (313), as igrejas cristãs não tinham nenhum *status* social significante ou acesso ao poder. A convocação do Concílio de Niceia, por Constantino, em 325, pode ser vista como o primeiro passo na tentativa de criação de uma igreja imperial essencialmente uniforme, cujas doutrinas fossem definidas publicamente por credos. Nessa época, porém, já se havia estabelecido um considerável grau de diversidade dentro da igreja.

A comparação com o islamismo primitivo é didática. Após a morte de Maomé em 632, surgiu uma estrutura política para reger o novo Estado muçulmano. Conhecido como "o califado", cresceu tanto em poder quanto em território durante os séculos que se seguiram à morte de Maomé, conquistando as terras do Crescente Fértil, ao norte. Dentro dessa expansão territorial, muitas vezes referida como *ummah*, o islamismo foi imposto como a religião estatal oficial. Durante o período dos primeiros dois califas, Abu Bakr (632-634) e Omar (634-644), a codificação do *Alcorão* foi sendo concluída, enquanto o número de indivíduos que o tinham perpetrado na memória (os "Companheiros do Profeta") começou a diminuir. No entanto, o processo de registro do *Alcorão* na escrita levou a divergências textuais. De tal modo que o códice de Abdullah ibn Mas'ud tornou-se o texto padrão para os muçulmanos de Kufa, no Iraque, enquanto o códice de Ubayy ibn Ka'b foi extensamente usado em Damasco, na Síria. Ciente de que tal situação

[Heresia]

poderia levar à divisão e desunião dentro do Estado islâmico emergente, Omar ordenou a produção de um texto do *Alcorão* oficial, autorizado. Ordenou-se, por conseguinte, a destruição total ou parcial de todos os outros textos.[132] Vemos aqui uma estratégia inventada para alcançar a uniformidade dentro do islamismo — algo que não teve, nem poderia ter tido, paralelo dentro do cristianismo primitivo.

Esse assunto, que será tratado com mais detalhes no próximo capítulo, é suficientemente importante em relação ao argumento de Walter Bauer, segundo o qual a ortodoxia surgiu pela gradativa e crescente imposição das visões da igreja romana sobre os seus vizinhos no século II. Essa hipótese provou-se muito difícil de ser defendida, visto que a influência de Roma sobre as outras igrejas na região só começou a ser significativa no século III.[133] Bauer parece ter projetado no passado a influência que a igreja romana só teria mais tarde, quando, é perfeitamente claro, as comunidades cristãs em Roma não tinham o poder ou a autoridade depois alcançados.

Todos os fatores combinados revelam um grau significativo de diversidade doutrinal no seio do cristianismo primitivo, em particular na passagem do século I para o século II. Mesmo nos documentos do NT são expressas preocupações sobre alguns dos resultados de tal diversidade — de forma mais notável, a tendência de formar facções dentro das comunidades cristãs, que eram vistas como uma ameaça à unidade das igrejas. Liberdade teológica não é o mesmo que heresia; não obstante, pode-se argumentar que ela oferece um contexto no qual pode surgir a heresia. Tudo isso tende a confirmar a avaliação de H. E. W. Turner em seu marcante estudo, de 1954, da relação entre heresia e ortodoxia na igreja primitiva:

---

[132] Sobre a revisão do *Alcorão* por Omar, v. *Perfection Makes Practice: Learning, Emotion, and the Recited Qur'an in Indonesia*, de Anna M. GADE, Honolulu: Univ. of Hawaii Press, 2004, p. 25-27.

[133] V. análise em "The Interpretation of I Clement in Walter Bauer's *Rechtglaubigkeit und Ketzerei im ältesten Christentum*", de A. I. C. HERON, *Ekklesiastokos Pharos*, v. 55, p. 517-545, 1973.

[Diversidade: O pano de fundo da heresia primitiva]

Durante o período formativo da igreja cristã, a ortodoxia se asseme-lha a uma sinfonia composta de vários elementos, em vez de um úni-co tema melódico; ou a uma convergência de muitos afluentes numa única corrente, em vez de um rio que busca o seu curso em direção ao mar, sem misturar-se com outras águas. Já no interior do próprio NT existe uma variedade considerável de tradições teológicas.[134]

Entretanto, apesar dessa óbvia diversidade nos primórdios da expressão cristã, a evidência histórica aponta com nitidez para um sentimento compartilhado de identidade, expresso e mantido em face da considerável distância geográfica e diferenças culturais. Os cristãos primitivos consideravam-se claramente como pertencendo à mesma família estendida, caracterizada por um mínimo "*kit* básico" de crenças, valores e atitudes relativos à adoração.[135] Os rituais ou sacramentos cristãos nucleares de batismo e Eucaristia ofereciam um ponto de identidade, que era completada pelas emergentes declarações de credo.[136] A diversidade geralmente surgia em relação ao que seria acrescentado a esse "*kit* básico", ou como alguns de seus elementos fundamentais seriam interpretados ou aplicados. Essa identidade não era sustentada simplesmente por meios internos; agências externas, inclusive representativas do Estado romano, passaram a ver o cristianismo como uma entidade coerente — no caso do Estado romano, como uma ameaça potencial — e, ao tomar várias medidas repressivas, solidificavam seu sentido de identidade compartilhada.[137] Apesar de suas diversidades

....

[134] TURNER. *Pattern of Christian Truth*, p. 9.

[135] Sobre a importância da imagem familiar na formação de um sentido de identidade compartilhada pelas igrejas, v. *Christian Identity in the Jewish and Graeco-Roman World*, de Judith, LIEU, Oxford: Oxford Univ. Press, 2006, p. 164-9).

[136] V. a discussão em "Becoming Christian': Solidifying Christian Identity and Content", de David G. HORREL. In: BLASI, Anthony J.; TURCOTTE, Paul-André; DUHAIME, Jean (Orgs). *Handbook of Early Christianity*, Walnut Creek: AltaMira Press, 2002, p. 309-336.

[137] Para reflexões a respeito da importância do "outro" na formação do pensamento romano sobre a identidade cristã, v. *Christian Identity*, de LIEU, p. 269-297. Lieu observa como processos semelhantes levaram à classificação romana dos outros grupos étnicos e culturais — p. ex., o papel de Tácito na formação do pensamento romano sobre "os alemães".

[Heresia]

internas, o cristianismo era visto como uma entidade coerente pelos observadores que estavam de fora e que se sentiam ameaçados pela sua crescente força numérica. Dessa maneira, a identidade cristã pode ser vista como tendo sido aumentada pelos processos de negociação social, envolvendo, pelo menos até certo ponto, uma construção social que reforçava um sentimento cristão de identidade corporativa, que fora internamente gerado.

Essas reflexões sobre o caráter complexo do cristianismo primitivo estabeleceram o contexto para qualquer discussão sobre a heresia. É muito difícil falar sobre a "ordoxia cristã" do final do século I e do início do século II, como mais tarde seria entendida, isto é, como uma declaração de fé "autorizada" ou "oficial". A ortodoxia cristã era emergente naquela época, caracterizada por uma exploração de opções intelectuais, sem nenhum controle decisivo por pessoas ou instituições autorizadas. É perfeitamente possível falar do início de um processo de "cristalização" da ortodoxia, quando várias formulações teológicas de fé foram propostas e examinadas; algumas se afirmando e outras sendo rejeitadas. No primeiro caso, vemos o começo da ortodoxia; no segundo, o começo da heresia. Desde o princípio, a heresia teve as suas origens dentro da igreja, como parte de um processo contínuo de explorações do centro e fronteiras da fé.

É importante saber que muitos daqueles que chegaram a ser considerados hereges eram participantes ativos e comprometidos das comunidades cristãs que estavam de fato interessadas em deixar o evangelho ser entendido e apresentado de forma fiel e efetiva. A impressão criada por alguns escritores patrísticos é que os hereges eram estranhos que queriam subverter ou destruir a igreja. As origens desse equivocado estereótipo da heresia são agora razoavelmente bem entendidas. Nos últimos anos prestou-se cada vez mais atenção às estratégias inventadas por Ireneu de Lyon para excluir determinados indivíduos e ensinamentos da igreja.[138] Uma nova "heresiologia" surgiu no

---

[138] O exemplo histórico para isso é apresentado no estudo de referência de *La notion d'hérésie dans la littérature grecque, IIe-IIIe siècles*, de Alain LE BOULLUEC, 2v. Paris: Études Augustiniennes, 1985.

[Diversidade: O pano de fundo da heresia primitiva]

final do século II como um modo de retratar uma heresia que tentava mascarar o fato de que a heresia tinha suas origens dentro da igreja, em algumas ocasiões até mesmo permanecendo dentro dela.[139]

Fazendo uso de formas estabelecidas de "invectiva filosófica",[140] Ireneu e outros argumentaram que os hereges eram impostores, lobos em pele de ovelha, que fingiam ser membros da igreja, mas no final das contas estavam empenhados em sua destruição. Quando os hereges fundamentavam as suas visões numa interpretação bíblica, dizia-se que a exegese deles era somente um pretexto para desenvolver visões originadas fora da tradição de Cristo e de seus apóstolos, e que tinham a intenção de subverter a igreja. Tais estudos sugerem que Ireneu queria converter a diferença em exclusão, como um meio de isolar os hereges da comunidade de fé e de preservar a ideia de que a heresia era um contaminante da fé, com origem fora da igreja, contrabandeado por impostores ou traidores. Contudo, para entender a importância da heresia, precisamos encarar o fato de que toda grande heresia começou como uma exploração da dinâmica da fé dentro da igreja.

Então, por onde começaríamos a fazer tal exploração? O caminho mais evidente é considerar de que modo o fenômeno da heresia surgiu dentro da igreja primitiva, e o seu significado potencial. Veremos isso no próximo capítulo.

....

[139] Sobre a importância desse gênero, v. "How to Read Heresiology", de Averil CAMERON, *Journal of Medieval and Early Modern Studies*, v. 33, p. 471-492, 2003. V. tb. suas observações posteriores em "The Violence of Orthodoxy". In: IRICINSCHI, Eduard; ZELLENTIN, Holger M. (Orgs.). *Heresy and Identity in Late Antiquity*, Tübingen: Mohr Siebeck, 2008, p. 102-114.

[140] OWEN, G. E. L. Philosophical Invective, *Oxford Studies in Ancient Philosophy*, v. 1, p. 1-25, 1983.

4

A formação inicial da heresia

No verão de 144, um rico armador (proprietário ou comerciante de navios) cristão convocou uma reunião dos líderes da igreja em Roma. A essa altura, o cristianismo já havia conquistado um número significativo de seguidores na capital imperial.[141] Marcião de Sinope (c. 110-160) queria propor uma mudança fundamental do modo com que a igreja se posicionava em relação ao judaísmo, particularmente, em relação à forma com que fazia uso da Bíblia judaica.[142] Marcião acreditava que o cristianismo não deveria ser uma continuidade do judaísmo, apelando a textos bíblicos como Lucas 5.37: *E ninguém põe vinho novo em recipiente de couro velho; porque o vinho novo romperá o recipiente de couro e se derramará e o recipiente de couro se perderá...*

---

[141] Sobre esse desenvolvimento, v. *From Paul to Valentinus: Christians at Rome in the First Two Centuries*, de Peter LAMPE, Minneapolis: Fortress Press, 2003.

[142] V. *Marcion: Das Evangelium vom fremden Gott: Eine Monographie zur Geschichte der Grundlegung der katholischen Kirche*, de Adolf VON HARNACK, 2. ed. Leipzig: Hinrich, 1924, p. 16-28.

[Heresia]

O cristianismo, argumentava Marcião, não deveria ter nada a ver com o Deus, as crenças e os rituais do judaísmo. Uma clara ruptura era necessária.

Infelizmente, os detalhes das propostas teológicas de Marcião foram perdidos para a história; as suas visões, como tantas outras que foram enredadas em controvérsias eclesiásticas dessa época, são conhecidas somente por meio dos escritos de seus oponentes. O relato mais detalhado do que aconteceu em Roma está nos escritos de Epifânio de Salamina (c. 315-403).[143] Fica evidente que a proposta de Marcião representava uma fratura radical tanto na tradição estabelecida da igreja quanto nos escritos do NT. A posição da maioria dentro da igreja, em Roma e em outros lugares, era a de que o cristianismo representava o cumprimento da aliança entre Deus e Abraão, não a sua rejeição ou abolição. O Deus que os cristãos adoravam era o mesmo adorado por Abraão, Isaque e Jacó, o Deus cuja vontade foi revelada por meio da Lei e dos profetas.[144] Em contraste marcante, Marcião propôs romper completamente com o judaísmo, entendendo o cristianismo como uma nova fé que dizia respeito a um novo Deus.

Mais adiante consideraremos os pontos de vista de Marcião com mais detalhes. Nossa preocupação neste momento, porém, tem a ver com o que relata Epifânio sobre a reação que aqueles cristãos reunidos tiveram ante as propostas de Marcião. Eles se recusaram a seguir suas visões e devolveram o presente recebido antecipadamente de 200 mil sestércios, uma soma bastante significativa para os padrões da época.[145] Não existe evidência de que os líderes cristãos em Roma fossem particularmente hostis a Marcião. Eles certamente o consideravam

....

[143] Acredita-se largamente que neste ponto o *Panarion* de Epifânio bebeu na fonte do *Syntagma*, uma obra perdida de Hipólito de Roma de Einar THOMASSEN, *Harvard Theological Review*, v. 97, p. 241-256, esp. 242-243, 2004.

[144] Marcião também é representado frequentemente como um dualista, argumentando que a matéria era fundamentalmente má. Para uma avaliação desse aspecto de seu pensamento, v. *Rethinking "Gnosticism": An Argument for Dismantling a Dubious Category*, de Michael A. WILLIAMS, Princeton: Princeton Univ. Press, 1996, p. 23-26.

[145] EPIFÂNIO, *Panarion* 42.1-2.

[A formação inicial da heresia]

errado em suas crenças. No entanto, não o expulsaram da igreja. Epifânio deixa claro que Marcião afastou-se deles, acreditando que não eram propriamente cristãos em suas crenças, e decidiu fundar a própria organização. Marcião via-se como o defensor da verdadeira ortodoxia e chegou à conclusão de que o único modo de defendê-la era romper com a igreja de Roma, doutrinariamente suspeita, e encontrar a sua própria comunidade de crentes verdadeiros — uma *seita*, para usar a linguagem de uma era posterior.

Aqui, o importante é que, nesse contexto, Marcião sabia perfeitamente quem era ortodoxo e quem era herético. Ele estava bastante convencido de que as suas visões eram corretas e que, ao não endossá--las, a igreja romana havia comprometido a sua teologia e, desse modo, perdido o direito de reivindicar ser a verdadeira igreja. Naturalmente, os líderes da igreja romana tinham uma visão bastante diferente em relação ao grupo eclesiástico que poderia ser considerado herético. Todos queriam ser um campeão em ortodoxia, inclusive Marcião. Ele não se via como um herege, mas, sim, como um ferrenho defensor daquilo que o cristianismo deveria ser. Todavia, sua receita para o que deveria ser o cristianismo não encontrou apoio significativo.

Essa observação de que havia narrativas concorrentes sobre a ortodoxia nos ajuda a perceber que a heresia não é um conceito neutro, mas é determinada por interpretações anteriores sobre o que deveria ser o cristianismo. É uma questão de valoração, algo que não pode ser confirmado ou não confirmado através de exame histórico. É esse fator que torna o estudo histórico da heresia tão difícil, visto que o historiador é obrigado a descrever aquilo que outros prescreveram. O julgamento sobre o que é herético e o que é ortodoxo não é algo que o historiador pode fazer usando os instrumentos corretos do método histórico. Em vez disso, a história tenta compreender a natureza das crenças heréticas e dos processos, motivações e critérios que levaram a um julgamento prescritivo, por parte da igreja, de que tais crenças eram antes de tudo heréticas.

A explicação de Epifânio para a ruptura de Marcião com a igreja romana é compatível com muito do que sabemos a respeito da história

[Heresia]

da igreja e dos fatos por ela vivenciados por volta desse período. Havia, porém, outras maneiras de tecer essa história. Existe evidência do surgimento de uma narrativa "oficial" sobre as origens da heresia, localizando a sua gênese na rivalidade pessoal, na ambição e na desonestidade no final do século II e início do século III. Tertuliano, que desempenhou um papel importante na formulação dessa narrativa alternativa, afirma que a igreja romana expulsou Marcião em razão de seus pontos de vista.[146] Tertuliano retrata as origens da heresia de Marcião como repousando em ambições pessoais frustradas. De acordo com Tertuliano, Marcião era um eloquente e talentoso mestre cristão que desejava se tornar bispo de Roma. Quando outro candidato foi designado, Marcião reagiu deixando a igreja e firmando a sua heresia como um ato de petulância.[147] Tertuliano afirma que Marcião perdeu a fé e, por isso, voltou-se para a heresia. Ele "foi um desertor antes de se tornar um herege".[148]

Existe pouca evidência de que Tertuliano tivesse informação de primeira mão sobre a situação em Roma. Na verdade, a sua interpretação tem um significado teológico, e não histórico; com isso ele sinaliza uma narrativa "oficial" cristalizada das origens da heresia, que passou a dominar uma primeira heresiologia cristã. De um modo significativo, o caráter moral e as motivações dos hereges parecem muitas vezes assumir, no mínimo, uma importância tão grande nessas narrativas quanto os aspectos teológicos das heresias que eles defendiam. Logo, qual é a visão "oficial" ou "aceita" das origens da heresia? A seguir, analisaremos a interpretação da natureza e origem da heresia que predominou no cristianismo primitivo.

---

[146] Tertuliano. *De praescriptione haereticorum* 30.2.
[147] Idem, *Adversus valentinianos* 4.1.
[148] Idem, *De praescriptione haereticorum* 1.1.

[A formação inicial da heresia]

A "visão aceita" sobre a origem da heresia

Em meados do século III, uma narrativa da origem da heresia foi estabelecida dentro da igreja. Suas principais características podem ser resumidas do seguinte modo:[149]

1. A igreja fundada pelos apóstolos era "pura e imaculada", mantendo-se firme nos ensinamentos de Jesus de Nazaré e nas tradições dos apóstolos.

2. A ortodoxia precedia temporalmente a heresia. Esse argumento é desenvolvido com particular vigor por Tertuliano, que insistia em afirmar que o *primum* é o *verum*. Quanto mais antigo um ensinamento, mais autêntico ele é. Assim, a heresia é considera inovação.

3. Desse modo, a heresia será vista como um desvio deliberado de uma ortodoxia já existente. A ortodoxia veio primeiro; a decisão de rejeitá-la deliberadamente veio depois.

4. A heresia representa o cumprimento de profecias do NT sobre deserção e desvio dentro da igreja, e pode ser vista como um meio providencial pelo qual a fé dos crentes pode ser testada e confirmada.

5. A heresia surge por meio do gosto pelo novo, ou ciúme e inveja por parte dos hereges. A exemplo de Valentino, Tertuliano retrata regularmente os hereges como frustrados e ambiciosos, e relaciona as suas visões a um ressentimento por não terem alcançado o reconhecimento do alto comando eclesiástico.

6. Vista de modo geral, a heresia é internamente incompatível, faltando-lhe a coerência da ortodoxia.

---

[149] Aqui, eu recorro ao clássico estudo *The Pattern of Christian Truth: A Study in the Relations Between Orthodoxy and Heresy in the Early Church*, de H. E. TURNER, London: Mowbray, 1954, p. 3-8.

[Heresia]

7. As heresias individuais são geográfica e cronologicamente restritas, enquanto a ortodoxia se encontra espalhada pelo mundo.

8. A heresia é o resultado da "diluição da ortodoxia com a filosofia pagã". Mais uma vez, Tertuliano é um defensor ferrenho dessa posição, argumentando que as ideias de Valentino derivavam do platonismo e do estoicismo de Marcião. Ele pergunta: o que Atenas tem a ver com Jerusalém?[150]

Essa "visão aceita" sobre a origem da heresia foi amplamente admitida dentro do cristianismo até o início do século XIX. Apesar de suas muitas diferenças, os teólogos protestantes e católicos afirmaram que a ortodoxia cristã — à qual ambos os grupos aspiravam — deveria se conformar com o ensino da igreja primitiva. A heresia era um desvio posterior dessa doutrina original pura. Desse modo, o pioneiro e influente teólogo luterano Filipe Melâncton (1497-1560) argumentou que a Reforma Protestante era um retorno ao *primum et verum*, o "primeiro e o verdadeiro", que havia sido distorcido e desordenado pela igreja medieval. "Doutrina antiga, doutrina original e doutrina verdadeira são, portanto, a única e mesma coisa".[151] A ortodoxia teológica é idêntica aos ensinos mais remotos da igreja. Os adversários católicos de Melâncton concordavam com ele, afirmando que os ensinos mais antigos da igreja eram os mais autênticos, mas eles sustentavam a opinião de que o catolicismo preservava tais ensinos, enquanto o protestantismo introduzia inovações. E a inovação não era uma das características distintivas da heresia?

Essa teoria reinante começou a ser desafiada no século XIX, em grande parte devido ao crescente reconhecimento de que a doutrina cristã havia passado por desenvolvimento ou evolução. Em vez de terem permanecido estagnadas no período mais primitivo da história da igreja, as formulações doutrinais surgiram por um longo

---

[150] TERTULIANO. *De praescriptione haereticorum* 7.9.
[151] FRAENKEL, Peter. *Testimonia Patrum: The Function of the Patristic Argument in the Theology of Philip Melanchthon*. Genève: Droz, 1961, p. 162.

[A formação inicial da heresia]

período de tempo, através de um processo de reflexão e negociação. Ao que parece, o surgimento da heresia fez parte do grande processo de desenvolvimento da própria doutrina cristã, no qual as sementes do NT começaram a brotar numa visão mais sofisticada e extensa sobre a realidade, que é frequentemente designada de "ortodoxia". Se antes as heresias eram vistas como o desprezo deliberado de um conjunto bem estabelecido de crenças, elas agora passam a ser vistas mais como atalhos abertos para exploração pelo processo do desenvolvimento doutrinal.

A visão clássica das origens da heresia foi posta abaixo com uma força ainda maior no século XX, quando os historiadores sugeriram que a relação causal de heresia e ortodoxia não era exatamente tão direta quanto se imaginava. Vamos considerar, na sequência, esses desafios à "visão aceita" sobre a origem da heresia, analisando as suas implicações para a nossa compreensão do conceito.

O desenvolvimento da doutrina

Em seu importante estudo sobre a natureza da heresia, H. E. W. Turner identificou várias forças que levaram a resultados heréticos. Uma das mais intrigantes é o que Turner chama de *arcaísmo* — uma recusa em aceitar a necessidade de desenvolvimento do pensamento cristão.[152] A observação de Turner é importante, na medida em que chama a atenção para o fato de que a igreja gradualmente descobriu que a repetição de fórmulas mais primitivas era inadequada como meio de assegurar a continuidade, a não ser que se desse a um nível puramente formal, com a igreja apóstólica. Uma disposição para preservar a tradição por meio da reiteração foi gradualmente cedendo lugar à compreensão de que a igreja devia continuar a sua história pela reafirmação e interpretação dessas tradições. O dinamismo das tradições do NT

---

[152] Turener. *Pattern of Christian Truth*, p. 132-141.

[85]

[Heresia]

em relação a Jesus era simplesmente comprometido por esse processo de preservação, visto que isso implicava uma espécie de fossilização.[153] A repetição tosca de fórmulas bíblicas provou ser inadequada para salvaguardar e consolidar a fé cristã quando surgiram novos desafios à sua identidade e integridade.

A importância dessa questão pode ser vista numa leitura concentrada de Atanásio de Alexandria (c. 293-373). Um dos mais significantes pensamentos de Atanásio é que a lealdade à tradição cristã na verdade exige inovação. Quando ficou cada vez mais clara a insuficiência de conceitos e fórmulas tradicionais para se fazer justiça à autorrevelação de Deus, Atanásio defendeu a necessidade de explorar novos modos de expressar os temas fundamentais da fé. Para Atanásio, a questão central dizia respeito a formas específicas de inovação doutrinal que eram necessárias para preservar a integridade da fé cristã.[154] A repetição apática e sem imaginação de fórmulas doutrinais do passado não oferecia nenhuma garantia de que a tradição viva da fé cristã estava sendo adequada ou autenticamente transmitida.

No entanto, a questão sobre se a doutrina cristã deveria se "desenvolver" provocou um desconforto bastante considerável no século XIX. O assunto era particularmente sensível aos católicos. As gerações mais antigas de teólogos haviam afirmado, com total confiança, a invariabilidade dos fundamentos da fé. Assim, o importante teólogo católico Jacques-Benigne Bossuet (1627-1704) insistiu em que o "depósito da fé" católica continua o mesmo ontem, hoje e sempre.

---

[153] Para uma análise mais completa desse importante ponto, v. *The Genesis of Doctrine* de Alister McGrath, Oxford: Blackwell, 1990, p. 1-8.

[154] Esse ponto foi examinado completamente nos escritos de Rowan Williams. V., p. ex., de sua autoria, "Baptism and the Arian Controversy". In: Barnes, Michel; Williams Daniel (Orgs.). *Arianism After Arius: Essays on the Development of the Fourth-Century Trinitarian Conflict*. Edinburgh: T. & T. Clark, 1993, p. 149-80; *Arius: Heresy and Tradition*. 2. ed. London: SCM Press, 2001, p. 235-236. . Para uma discussão desse ponto, v. tb. "Disruptive History: Rowan Williams on Heresy and Orthodoxy" de Benjamin Myers. In: Russell, Matheson (Org.). *On Rowan Williams: Critical Essays*. Eugene: Cascade Books, 2008, p. 47-67.

[A formação inicial da heresia]

As inovações dos protestantes e hereges, afirmava Bossuet, poderiam ser facilmente identificadas, pois representavam a mudança em um corpo de ensinamentos até então estático e inalterado.[155]

Uma evidência, porém, cada vez maior, apontava para o desenvolvimento da doutrina — que o ensino da igreja passara por uma evolução ao longo de vários séculos antes de se cristalizar num sistema de fé maduro, expresso no Concílio de Calcedônia (451). Durante os anos de 1830 e 1840, um grupo de teólogos católicos reunidos na Universidade de Tübingen, inclusive Johann Sebastian Drey (1777-1853) e Johann Adam Möhler (1796-1838), desenvolveu uma perspectiva orgânica para o desenvolvimento doutrinal, que relacionava o processo ao crescimento natural de uma semente biológica.[156] Essa simples analogia biológica, cujas raízes estão no próprio NT, tornou-se cada vez mais popular nos círculos teológicos alemães. Ela deu margem ao desenvolvimento doutrinal, enquanto sugeria, ao mesmo tempo, que o padrão de crescimento era predeterminado, em vez de arbitrário ou fortuito. Admitir que a doutrina havia se desenvolvido não era, portanto, necessariamente motivo para preocupação teológica.[157]

Essa abordagem foi desenvolvida no mundo de língua inglesa por John Henry Newman (1801-1890). Num sermão universitário em Oxford em 1843, Newman usou o texto do dia — *Maria, porém, guardava todas essas coisas, meditando sobre elas no coração* (Lc 2.19) — para traçar uma clara distinção entre "novas verdades" e "outras perspectivas".[158]

---

[155] V. esp. "De la perpétuité de la foi dans la controverse Bossuet-Julien (1686-1691)", de Renate STRUMAN, *Revue d'histoire ecclésiastique*, v. 37, p. 145-189, 1941; "Bossuet and the Consensus of the Church", de Richard F. COSTIGAN, *Theological Studies*, v. 56, p. 652-672, 1995.

[156] A melhor análise pode ser vista em *Glaubenseinheit und Lehrentwicklung bei Johann Adam Möhler*, de Hans GEISSER, Göttingen: Vandenhoeck & Ruprecht, 1971.

[157] MAURER, Wilhem. Das Prinzip der Organischen in der evangelischen Kirchengeschichtsschreibung des 19. Jahrhunderts. *Kerygma und Dogma m*, v.8, p. 256-292, 1962.

[158] NEWMAN, John Henry. The Theory of Developments in Religious Doctrine. In: GAFFNEY, James (Org.). *Conscience, Consensus and the Development of Doctrine*. New York: Doubleday, 1992, p. 6-30.

[Heresia]

A igreja — afirmava ele —, estava envolvida em um processo de reflexão pelo qual surgiam novas perspectivas. Newman assegurava que esse processo não resultara em inovação; antes, levara a um aumento do entedimento da Igreja sobre aquilo em que ela acreditava.

Em 1845, Newman estabeleceu as suas ideias de maneira mais completa em seu célebre *Essay on the Development of Christian Doctrine* [Ensaio sobre o desenvolvimento da doutrina cristã]. Sua contribuição mais importante para o estudo do desenvolvimento da doutrina foi, possivelmente, não uma teoria de como a doutrina se desenvolve, mas o reconhecimento de que essa mudança de fato ocorreu.[159] Talvez a característica distintiva e a contribuição mais importante do trabalho seminal de Newman seja a insistência sobre o *fato* observável do desenvolvimento doutrinal, não alguma *teoria* ou modelo específico desse processo. Para Newman, "desenvolvimento" ou o sucesso de "outras perspectivas" em matéria de doutrina era uma ideia completamente ortodoxa.

> *Portanto, a partir da situação, da história de todas as seitas religosas e da analogia e exemplo bíblicos, podemos razoavelmente concluir que a doutrina cristã admite a possibilidade de desenvolvimentos formais, legítimos e verdadeiros, ou seja, desenvolvimentos contemplados por seu autor divino.*[160]

A ideia de Newman não foi bem recebida nos círculos católicos mais tradicionais, que ficaram alarmados com o sinal do crescimento da secularização na Europa e consideraram anátema qualquer diluição ou diminuição dos pontos de vista tradicionais num contexto tão perigoso. O Concílio Vaticano I (1869-1870) teve pouco tempo para deliberar sobre a ideia de desenvolvimento doutrinal, reafirmando a noção da

---

[159] Cf. *Change in Focus: A Study of Doctrinal Change and Continuity*, de Nicholas LASH, London: Sheed & Ward, 1973, p. 88; "Newman on Revelation and Doctrinal Development", de Hugo MEYNELL *Journal of Theological Studies*, v. 30, p. 138-152, 1979.

[160] NEWMAN, John Henry. *An Essay on the Development of Christian Doctrine*. London: Longmans, Green & Co., 1909, p. 74.

"imutabilidade da doutrina"[161] ao lado do conceito da infabilidade papal. Mas a evidência histórica para esse processo de desenvolvimento aumentava inexoravelmente, estabelecendo a base para uma reconsideração da noção tradicional de uma herança doutrinal estática. Talvez a *fé entregue aos santos de uma vez por todas...* (Jd 3) não fosse um conjunto completo de dogmas, mas o *kit* básico para a construção desses dogmas sob a direção providencial de Deus.[162]

A ideia do "desenvolvimento da doutrina" recebeu uma nova injeção de energia intelectual com a publicação de *Origin of Species* [A origem das espécies] (1859), de Charles Darwin. Se alguém podia falar de evolução dentro do mundo biológico, o mesmo processo — ou pelo menos algo parecido — não poderia ser discernido dentro do mundo das ideias? Dado o impacto crescente do darwinismo por todo o mundo ocidental no final do século XIX e além dele, talvez fosse inevitável que o fenômeno do desenvolvimento doutrinal começasse a ser pensado em termos darwinianos.

Assim, a "fé entregue aos santos de uma vez por todas" era em si mesma um sistema de doutrina completamente desenvolvido, ou, ao contrário, a semente da qual cresceria um tal sistema?[163] Hoje, muitos escritores cristãos dariam amplo consentimento, com inevitáveis qualificativos à posição geral traçada por Charles Gore, em 1891. Lidando com o tema sobre a relação do testemunho dado a Cristo no NT e a elaboração e consolidação subsequente dessas ideias nas doutrinas da Igreja, Gore defende um aparecimento natural, orgânico, da definição calcedônica.[164] Todo o processo é regido pelo surgimento gradual daquilo

....

[161] GARRIGOU-LAGRANGE, Reginald. L'immutabilité du dogme selon le Concile du Vatican, et le relativisme. *Angelicum*, v. 26, p. 309-322, 1949.

[162] GUARINO, Thomas G. Tradition and Doctrinal Development: Can Vincent of Lérins Still Teach the Church? *Theological Studies*, v. 67, p. 34-72, 2006.

[163] Embora Tomás de Aquino não use a expressão "desenvolvimento doutrinal", pode-se falar, com cautela, de "desenvolvimento doutrinal" num sentido mais profundo dentro dos textos de Aquino, como em "Thomas Aquinas on the Development of Doctrine", de Christopher KACZOR, *Theological Studies*, v. 62, p. 283-302, 2001.

[164] GORE, Charles. *The Incarnation of the Son of God*. London: John Murray, 1892, p. 85-87.

[Heresia]

que Gore denominou de "uma consciência comum" que está em um processo contínuo de "adquirir uma expressão mais clara", usando a linguagem e o conjunto de conceitos do seu entorno.

A ideia de um desenvolvimento doutrinal é amplamente aceita pela maioria dos teólogos e vista, agora, como conceito que não faz desencadear nenhum problema em particular. A maioria dos teólogos argumentaria, hoje, que a igreja cristã esteve cada vez mais engajada em um processo de autocrítica e autoavaliação, na medida em que interroga a si mesma sobre estarem seus modos de pensamento a respeito da revelação divina adequadamente fundamentados na realidade dessa revelação, ou, na verdade, serem eles as melhores representações de uma autorrevelação divina, que, no final das contas, não se deixa reduzir a palavras e conceitos humanos.[165]

Não é difícil perceber como a exigência de constante vigilância teológica está estreitamente ligada à noção de desenvolvimento da doutrina, em que o diálogo interno e a autocrítica da igreja levam inevitavelmente (mesmo que de forma lenta) a uma percepção de que, em alguns casos, as tentativas de ontem para conceituar a essência da fé precisam de aprimoramento; essa necessidade talvez tenha surgido pela existência demasiadamente próxima das suposições prevalentes da época, ou por estar excessivamente focalizada em um único aspecto de uma questão complexa. O desenvolvimento doutrinal é o resultado inevitável e adequado da vigilância teológica exigida pela igreja. Há, portanto, um sentimento no qual a ortodoxia cristã é alguma coisa que é *feita* quando sucessivas gerações herdam os modos de falar sobre Deus e Cristo, os quais acertadamente elas respeitam, embora, de forma correta, desejem submeter a exame. De modo oposto, pode acontecer de certas abordagens, mesmo aquelas outrora consideradas positivas e úteis, terem de ser deixadas de lado como inaceitáveis ou até mesmo heréticas.

....

[165] V. a importante contribuição em "La 'réception' comme réalité ecclésiologique", de Yves CONGAR, *Revue des sciences philosophiques et théologiques*, v. 56, p. 369-403, 1972.

[A formação inicial da heresia]

Em vez de aceitar passivamente a maneira pela qual as gerações anteriores interpretaram uma passagem bíblica específica ou um conceito dogmático, a igreja é chamada a *examinar tudo, e conservar o que é bom* (1Ts 5.21). De forma muito enfática, isso não está sendo desrespeitoso com o passado; ao contrário, trata-se de manter o diálogo então iniciado, que continua hoje, e não terminará até o fim da história. Será esse realmente o melhor modo de dizer a verdade da fé? Essa é realmente a narrativa mais abrangente sobre quem é Deus e o que Deus fez? Esse é de fato o modo menos conceitualmente extravagante de representar a identidade de Cristo? Essas perguntas devem ser feitas e respondidas como parte do "discipulado da mente" da igreja.

A aceitação da ideia do desenvolvimento da doutrina tem implicações importantes para o modelo clássico das origens da heresia. Para Tertuliano, a heresia tinha a ver com inovação, mudança ou modificação da verdade doutrinal pura de antigamente. No entanto, se levarmos em conta que a doutrina ortodoxa se desenvolve com o passar do tempo, o modo de Tertuliano identificar e explicar a heresia perde o sentido. Isso apresenta claramente as dificuldades que existem para a interpretação tradicional — dificuldades originadas de uma percepção cada vez maior da complexidade da inter-relação ortodoxia e heresia, como veremos agora.

De fora ou de dentro? As origens da heresia

As explicações cristãs tradicionais das origens da heresia geralmente descrevem a heresia como uma invasora ou contaminadora externa. A heresia surge quando ideias "de fora" se tornam influentes dentro da igreja. Tertuliano, por exemplo, afirmava que uma tola vontade cristã de fazer uso das ideias da Academia Platônica na reflexão teológica levou a igreja a se tornar vítima de uma série de heresias. O que Jerusalém tem a ver com Atenas? O que a igreja cristã tem a ver com a Academia

[Heresia]

Platônica?[166] A heresia é o resultado inevitável da contaminação da pureza da fé cristã por influências externas.

Essa explicação aceita sobre a origem da heresia é hoje, geralmente, considerada incorreta. Embora certas formas de heresia possam representar respostas para amplos movimentos culturais e intelectuais na sociedade, a heresia parece originar-se dentro da igreja. O estímulo para o desenvolvimento da heresia pode vir de fora da igreja; o desenvolvimento da heresia ocorre dentro da comunidade de fé. Tertuliano e outros estão corretos ao sugerir que as influências culturais e intelectuais mais abrangentes podem desempenhar um papel catalisador no aparecimento de uma heresia. É importante, porém, considerar que as heresias em questão parecem ter sido desenvolvidas por cristãos, em particular aqueles que sentiam a necessidade de assegurar que a igreja permanecesse culturalmente empenhada.

Como ilustração desse ponto, podemos considerar o montanismo, um movimento que se originou na Frígia, Ásia Menor, no final do século II. O montanismo era notável pelo seu rigor moral, e desenvolveu ideias a respeito da profecia extática, as quais são vistas muitas vezes como antecipações do pentecostalismo.[167] Durante algum tempo, discutiu-se que existem importantes pontos de contato entre o montanismo e o paganismo da Frígia, sugerindo que o movimento foi influenciado, pelo menos até certo ponto, pelo seu contexto imediato.[168] Contudo, embora se possa muito bem argumentar que, desde o seu início, o montanismo exibia caracterísicas que, na época, eram mais compatíveis com aspectos das religiões pagãs que

---

[166] Tertuliano, *De praescriptione haereticorum* 7.9. "Quid ergo Athenis et Hierosolymis? quid academiae et ecclesiae? quid haereticis et christianis?"

[167] Trevett, Christine. *Montanism: Gender, Authority, and the New Prophecy.* Cambridge: Cambridge Univ. Press, 1996, p. 77-150.

[168] V. esp. *Horrenda Secta: Untersuchungen zum frühchristlichen Montanismus und seinen Verbindungen zur paganen Religion Phrygiens*, de Vera-Elisabeth Hirschmann, Stuttgart: Franz Steiner Verlag, 2005. Sobre um estudo anterior desse assunto, v. *Der Montanismus und die phrygischen Kulte: Eine Religionsgeschichtliche Untersuchung*, de Wilhelm E. Schepelern, Tübingen: J. C. B. Mohr, 1929.

[A formação inicial da heresia]

predominavam na Frígia do que com o cristianismo convencional contemporâneo, isso não significa que o montanismo deva ser visto como uma corrupção essencialmente pagã do cristianismo. Outros pensadores enfatizaram como o montanismo, apesar de suas ênfases distintivas, continua um movimento essencialmente cristão.[169]

O montanismo talvez seja mais bem entendido como uma forma particular de cristianismo que se adaptou ao seu ambiente cultural local, desenvolvendo ênfases que podem ser vistas como representando adaptações da cultura frígia. Embora as influências que moldaram o seu surgimento tenham se originado fora da igreja, o montanismo não deve ser considerado um controle pagão do cristianismo. Ele surgiu claramente dentro de uma igreja, ou grupo de igrejas, quando alguns membros dessa igreja procuraram desenvolver o que consideravam uma forma autêntica de cristianismo, capaz de se comprometer com a cultura pagã de seu tempo.

Narrativas semelhantes podem ser apresentadas no caso da maioria das outras heresias clássicas da cristandade. O padrão comum é o desenvolvimento, *dentro das igrejas*, de movimentos que foram mais tarde considerados heréticos, mas que eram tratados pelos seus precursores como formas autênticas de cristianismo, superiores às suas alternativas, por serem mais bem adaptadas ao ambiente cultural, ou mais eficazes em evitar certas fraquezas vistas em seus oponentes. O futuro destino de tais abordagens dependia fortemente da capacidade desse julgamento em longo prazo.

---

[169] Sobre uma forte declaração dessa posição, v. "Der Montanismus und die kleinasiatische Theologie", de Kurt ALAND, *Zeitschrift für die Neutestamentliche Wissenschaft*, v. 46, p. 109-116, 1955.

[Heresia]

Relação entre ortodoxia e heresia: a tese de Bauer

O século XX testemunhou a descoberta de importantes documentos em Nag Hammadi e outros locais, os quais deram início a novos debates sobre a interação da ortodoxia e heresia. A biblioteca de Nag Hammadi consistia numa coleção de 13 códices antigos com mais de 50 textos dentro de um jarro de vidro selado, descoberta por trabalhadores agrícolas no Alto Egito, em dezembro de 1945. A descoberta desses documentos levou à reabertura de muitas questões sobre o contexto no qual o cristianismo primitivo se desenvolveu. Uma das mais significativas dessas discussões envolveu uma revisitação às discussões levantadas por Walter Bauer, em seu *Orthodoxy and Heresy in Earliest Cristianity* [Ortodoxia e heresia no cristianismo primitivo] (1934).[170] Nessa obra, publicada antes da descoberta da biblioteca de Nag Hammadi, Bauer estabeleceu duas importantes teses que definem a relação entre ortodoxia e heresia no século II.

Em primeiro lugar, Bauer afirmava que o cristianismo foi, desde o seu início, uma coalizão frouxa de diferentes grupos que divergiam consideravelmente sobre a interpretação do significado de Jesus de Nazaré e de sua história de proveniência religiosa. O que mais tarde passaria a ser chamado de heresias não deveria ser visto como desvios espúrios de uma corrente que em sua origem era unificada e ortodoxa, mas como herdeiras diretas das primeiras formas de cristianismo, as quais diferiam daquelas que deram origem à ortodoxia do século II. Em outras palavras, o que passaria a ser intitulado de "heresia" e "ortodoxia" já estava presente na igreja desde o tempo mais remoto.

Em segundo lugar, Bauer defendia que, na maioria dos lugares e até o fim do século II, a forma predominante de cristianismo era herética, não ortodoxa. O cristianismo primitivo foi, assim, dominado pelo

---

[170] Bauer, Walter. *Rechtgläubigkeit und Ketzerei im ältesten Christentum*. Tübingen: Mohr, 1934. Uma tradução inglesa foi publicada uma geração depois, sob o título *Orthodoxy and Heresy in Earliest Christianity*, Philadelphia: Fortress Press, 1971.

[A formação inicial da heresia]

que posteriormente seria chamado pelo ortodoxo de "heresia", mas que naquela época não era considerado como tal. Bauer faz uma importante exceção no caso de Roma, que ele admite ter sido dominada pela ortodoxia. Do final do século I em diante, Roma estendeu, gradualmente, a sua influência ortodoxa para o leste, até o seu domínio no final do século III. A afirmação de Bauer — é preciso dizer — tem confundido a maioria dos historiadores desse período que, de modo correto, observam que as primeiras comunidades cristãs simplesmente não estavam em condição de coagir ninguém. (V. a discussão anterior nas páginas 75-77).

Bauer prosseguiu defendendo que inúmeras visões que eram toleradas na igreja primitiva aos poucos se tornaram suspeitas pela igreja posterior. Ensinos que foram aceitos nas décadas iniciais da existência da igreja foram depois condenados, particularmente do final do século II em diante, quando começou a surgir um consenso ortodoxo. A hostilidade de Bauer à ideia de normas doutrinais pode ser vista de forma particularmente clara na sua crença de que tais normas foram um desenvolvimento tardio dentro do cristianismo. Opiniões que outrora haviam sido toleradas eram agora descartadas como inadequadas.

Como se fazia essa distinção entre heresia e ortodoxia? Bauer afirmava que, inicialmente, o sentido de comunhão, compartilhado dentro das igrejas cristãs primitivas, não se situava no nível das doutrinas. Em lugar de ser visto como qualquer declaração formal de doutrina — como a "ortodoxia" tende a ser definida —, encontrava-se principalmente na adoração do mesmo Senhor. Bauer ainda sugere que a noção de ortodoxia foi um resultado direto do crescente poder político de Roma, que passou a impor cada vez mais as sua visões, usando o termo "heresia" para designar e tornar desacreditadas as visões que rejeitava ou achava ameaçadoras. A retórica da igreja romana criou um clima de hostilidade e suspeita em relação às formas iniciais de ortodoxia que a igreja considerava ameaçadoras ou incompatíveis.

Para Bauer, a distinção entre ortodoxia e heresia era, portanto, essencialmente arbitrária, refletindo a predominância sociológica e política de grupos de poder, em vez de alguma coisa intrínseca às ideias

[Heresia]

em si. As ideias de Bauer foram adotadas e desenvolvidas nos textos do acadêmico de Harvard Helmut Koester,[171] e aproveitadas, pelo menos admitidas em certo grau, dentro da comunidade erudita até por volta do final dos anos 1960.[172] Koester louvou a realização de Bauer, declarando que ele havia "demonstrado de forma convincente" que:

> *Os grupos cristãos mais tarde chamados de heréticos predominaram, na verdade, nos primeiros dois ou três séculos, tanto geográfica quanto teologicamente. Recentes descobertas, especialmente as de Nag Hammadi, no Alto Egito, têm deixado mais claro que Bauer estava essencialmente correto, e que é necessário uma reavaliação ampla e completa da história cristã primitiva.*[173]

Hoje, decididamente, a tese de Bauer parece frágil.[174] Embora aceitando de um modo geral a demonstração de Bauer de que a ortodoxia nasceu de uma noção mais fluida e menos rigidamente definida do que alguns haviam suposto, seus críticos colocaram em dúvida a maior parte de suas conclusões, demonstrando uma particular preocupação,

----

[171] V., p. ex., "Gnomai Diaphorai: The Origin and Nature of Diversification in the History of Early Christianity". de KOESTER, Helmut. In: ROBINSON, James M.; KOESTER, Helmut (Orgs.). *Trajectories Through Early Christianity*. Philadelphia: Fortress Press, 1971, p. 114-157.

[172] A mudança de humor pode ser verificada no excelente ensaio "Orthodoxy and Heresy in Primitive Christianity: Some Critical Remarks on Georg Strecker's Republication of Walter Bauer's *Rechtgläubigkeit und Ketzerei im ältesten Christentum*", de Hans Dieter BETZ, *Interpretation*, v. 19, p. 299-311,1965.

[173] KOESTER. Gnomai Diaphorai, p. 114.

[174] Sobre pesquisas magistrais dessa questão, v. *Heresy and Criticism: The Search for Authenticity in Early Christian Literature*, de Robert M. GRANT, Louisville: Westminster John Knox Press, 1993; *The Rise of Normative Christianity*, de Arland J. HULTGREN, Minneapolis: Fortress Press, 1994. v. *Heresy and Criticism: The Search for Authenticity in Early Christian Literature*, de Robert M. GRANT, Louisville: Westminster John Knox Press, 1993; *The Rise of Normative Christianity*, de Arland J. HULTGREN, Minneapolis: Fortress Press, 1994. Para comentários sobre questões mais específicas, v. "The Reception of Walter Bauer's *Orthodoxy and Heresy in Earliest Christianity* During the Last Decade", de Daniel J. HARRINGTON, *Harvard Theological Review*, v. 73, p. 289-298, 1980.

por exemplo, sobre a sua longa argumentação do silêncio.[175] O argumento de Bauer de que o cristianismo primitivo não entendia a sua unidade em termos doutrinais logo recebeu apoio de alguns escritores, como por exemplo, Martin Elze.[176] Contudo, outros argumentavam que uma interpretação fundamentalmente doutrinal da unidade cristã já estava presente nos escritos de Clemente de Roma, Inácio de Antioquia e Justino Mártir.[177]

Além disso, a afirmação de Bauer de que, em muitas regiões geográficas, aquilo que mais tarde seria estigmatizado de "heresia" era, na verdade, uma representação mais primitiva de cristianismo, foi rebatida firmemente com base em evidências literárias e arqueológicas.[178] Uma consciência cada vez maior da facilidade de comunicação dentro do Império Romano levou a um crescente entendimento do quanto era relativamente fácil uma fé amplamente difundida sustentar uma rede de comunidades interligadas e inter-relacionadas com um sentimento de identidade e propósito.[179]

A precisão de Bauer na interpretação de certas heresias também tem sido contestada. Por exemplo, Bauer afirmou que o valentianismo era uma forma de cristianismo essencialmente independente da ortodoxia quanto a suas origens. Entretanto, num cuidadoso estudo das fontes valentianas, James McCue sugeriu que as origens do valentianismo eram mais bem compreendidas como recaindo dentro da ortodoxia do século II. Em particular, McCue notou o seguinte:

1. O papel da ortodoxia no valentianismo é tal que parece fazer parte da autointerpretação do momento em vez de sua antítese.

---

[175] HULTGREN. *Rise of Normative Christianity*, p.10.

[176] ELZE, Martin. Häresie und Einheit der Kirche im 2. Jahrhundert. ZEITSCHRIFT für *Theologie und Kirche*, v. 71, p. 389-409, 1974.

[177] DAVIDS, Adelbert. Irrtum und Häresie: 1 Clem.-Ignatius von Antiochien-Justinus, *Kairos*, v. 15 p. 165-187, 1973.

[178] V esp. *The Bauer Thesis Examined: The Geography of Heresy in the Early Christian Church*, de Thomas A. ROBINSON, Lewiston: Edwin Mellen Press, 1988, p. 35-91.

[179] WILKEN, Robert. Diversity and Unity in Early Christianity. *Second Century*, v. 1, p. 101-110, 1981.

[Heresia]

2. Em vários pontos, as fontes valentinianas identificam os ortodoxos, explícita e claramente, como um grupo grande, comparado com um número relativamente pequeno de valentianos.

3. Os valentianos das décadas anteriores a Ireneu e Clemente de Alexandria usavam os livros do NT ortodoxo de um modo que é mais bem explicado supondo que o valentianismo se desenvolveu dentro de uma matriz ortodoxa em meados do século II.[180]

Uma conclusão semelhante foi extraída por Birger Pearson, que observou que o gnosticismo pré-valentiniano na Alexandria parecia ter surgido num contexto em que a fé e a prática ortodoxa já estavam estabelecidas.[181] O valentianismo aqui se conforma ao padrão geral que observamos anteriormente, no qual a heresia tem suas origens dentro da comunidade de fé, em vez de fora da igreja.

Em seu importante estudo da relação do cristianismo com o paganismo nesse período formativo, Robin Lane Fox mostra que o enfoque histórico de Bauer à heresia é falho precisamente por não possuir aqueles critérios históricos que ele quer enfatizar como subsídio. Embora seja difícil fazer julgamentos históricos consistentes sobre muitas questões relativas à história do cristianismo primitivo, numa questão é possível um claro veredicto:

Não há nada que comprove uma antiga visão de que os tipos de cristianismos heréticos chegaram em muitos lugares antes da fé ortodoxa, exceto, talvez, na cidade síria de Edessa. Em Lyon e no norte da África, não há nenhuma evidência dessa primeira fase herética, e todas as origens mais prováveis contrariam essa visão. No Egito, o argumento foi refutado decisivamente por meio da evidência dos papiros. Os detalhes

---

[180] McCUE, James F. Orthodoxy and Heresy: Walter Bauer and the Valentinians. *Vigiliae Christianae*, v. 33, p. 118-130, esp. 119-121, 1979.

[181] PEARSON, Birger A. Pre-Valentinian Gnosticism in Alexandria. In: _____, (Org.). *The Future of Early Christianity*. Minneapolis: Fortress Press, 1991, p. 455-466. Essa obra foi posteriormente expandida. Cf. *Gnosticism and Christianity in Roman and Coptic Egypt*, de Birger A. PEARSON, London: T. & T. Clark, 2004.

[A formação inicial da heresia]

de prática e liderança, com efeito, diferem bastante, mas a existência posterior de tantas heresias não deve ofuscar o núcleo comum da história e ensino básico ao longo do mundo cristão.[182]

Ao contrário disso, houve uma avaliação renovada dos méritos de uma visão mais tradicional que afirma que o cristianismo do século II deve ser visto essencialmente como um núcleo ortodoxo cercado por uma penumbra dentro da qual o limite entre ortodoxia e heresia ainda era um tanto obscuro e aberto a outros esclarecimentos por meio da controvérsia e do debate.[183] Pode-se falar de uma "combinação de diversidade aceitável" sem suscitar nenhum problema teológico ou histórico fundamental.[184] Em todo caso, a observação histórica de que, em determinado local, a heresia existiu antes da ortodoxia não equivale a dizer que a heresia existe em condições historicamente iguais à ortodoxia.[185]

Para a maioria dos estudiosos, a tese de Bauer deve ser vista hoje como relativamente de pouco valor histórico. Ela repousa numa série de suposições que a crítica posterior considerou insustentável. No entanto, há um ponto no qual Bauer está inquestionavelmente correto: o cristianismo primitivo era muito mais complexo e diverso do que alguns de seus principais representantes da época parecem querer nos fazer crer. Isso, porém, é agora amplamente aceito e já não é visto como controverso — ou problemático.

O legado mais significativo da tese de Bauer é a perspectiva de que as visões heréticas do cristianismo reivindicam legitimidade tanto

....

[182] Fox, Robin Lane. *Pagans and Christians in the Mediterranean World from the Second Century a.D. to the Conversion of Constantine.* London: Penguin, 1988, p. 276. Fox chama a atenção particularmente para a evidência crítica reunida nas Schweich Lectures of the British Academy [Conferências Schweich da Academia Britânica] de 1977. V. *Manuscript, Society and Belief in Early Christian Egypt*, de Colin H. Roberts, London: Oxford Univ. Press, 1979.

[183] Essa é a posição desenvolvida no estudo clássico *The Pattern of Christian Truth: A Study in the Relations Between Orthodoxy and Heresy in the Early Church*, de H. E. W. Turner, London: Mowbray, 1954, p. 81-94. Observe esp. a referência de Turner a uma "margem ou penumbra entre ortodoxia e heresia" (p. 79).

[184] Robinson. *Bauer Thesis Examined*, p. 36

[185] Hultgren. *Rise of Normative Christianity*, p. 11.

[Heresia]

quanto as suas alternativas ortodoxas. Um exemplo dessa perspectiva é encontrado nos textos de Elaine Pagels, a começar pelo *The Gnostic Gospels* [Os evangelhos gnósticos].[186] Pagels é uma importante testemunha não somente da longa influência da tese de Bauer dentro dos grupos acadêmicos, mas da curiosa crença de que o gnosticismo oferece uma visão da realidade mais libertadora, especialmente para as mulheres.[187]

A interpretação revisionista da heresia por Pagels, especialmente a sua defesa do gnosticismo como um movimento igualitário que encorajava a participação das mulheres nos ritos sagrados,[188] só pode ser sustentada por uma política de atenção seletiva às fontes, filtrando ou marginalizando aqueles aspectos da heresia que, inconvenientemente, são incompatíveis com a sua abordagem. Um exemplo óbvio tornará mais claro esse ponto. Consideremos o final do evangelho gnóstico de Tomé, o qual Pagels parece considerar um manifesto feminista pioneiro. Claramente ele não é nada disso. A conclusão dramática dessa obra estabelece a sua perspectiva de forma vigorosa e poderosa sobre as mulheres. Vale a pena citá-lo em sua totalidade.

De acordo com esse documento gnóstico, Jesus termina o seu ministério com uma proclamação de que o "reino do Pai" está espalhado por todo o mundo. Assim, quem entrará nesse reino? Quais são as condições prévias para se pertencer a tal grupo?

---

[186] PAGELS, *Elaine H. The Gnostic Gospels*. New York: Random House, 1979.

[187] Sobre uma primeira crítica à sua obra nesse sentido, v. "Gnosticism, Feminism, and Elaine Pagels", de Kathleen McVey, *Theology Today*, v. 37, p. 498-501, 1981. Observe a visão de McVey de que Pagels faz um "retrato atraente dos cristãos gnósticos como uma minoria de pessoas criativas cerceada, privada de seu papel histórico legítimo, por uma porção de bem organizados, mas ignorantes, literalistas" (p. 499).

[188] Uma perspectiva próxima, igualmente dependente do problemático modelo de Bauer das origens e natureza da heresia, pode ser encontrada em *Heretics: The Other Side of Early Christianity*, de Gerd LÜDEMANN, London: SCM Press, 1996; *Lost Christianities: The Battle for Scripture and the Faiths We Never Knew*, de Bart D. EHRMAN, New York: Oxford Univ. Press, 2003. Infelizmente, o trabalho de Lüdemann é marcado por um preconceito tão óbvio contra a ortodoxia que possui um valor restrito tanto como uma análise histórica quanto como uma contribuição séria para a discussão da natureza e do significado da heresia.

[A formação inicial da heresia]

Simão Pedro disse a eles: "Maria deveria deixar-nos, pois as mulheres não são dignas da Vida".

Jesus disse: "Veja, eu a guiarei para fazer dela homem, de modo que também ela possa tornar-se um espírito vivo semelhante a vocês, homens. Pois toda mulher que se torna homem entrará no reino do céu".[189]

O *Evangelho de Tomé* proclama que a entrada para o reino do céu é restrita aos homens e a umas poucas mulheres seletas que estão dispostas a sacrificar a sua identidade de gênero. Igualitário? Claro que não. Como a estudiosa feminista Kathryn Greene-McCreight corretamente observa: "Os textos gnósticos estão cheios de declarações antifeministas, as quais empalidecem as passagens problemáticas do NT sobre as mulheres quando comparadas com a própria misoginia".[190]

É preciso deixar claro desde o início que é historicamente indefensável comparar uma heresia liberal, frouxa, generosa e neutra em termos de gênero com uma ortodoxia redutora, dogmática, patriarcal e rígida. Isso leva a uma clara e fascinante antítese, idealmente afinada com o humor cultural contemporâneo. No entanto, ela não é compatível com os dados históricos. Apenas para mencionar algumas dificuldades óbvias: o montanismo e o pelagianismo eram firmemente heresias disciplinadoras, enquanto o marcionismo era desagradavelmente antissemita. Se quisermos tratar seriamente a heresia como um fenômeno histórico, precisamos abandonar a curiosa presunção de que ela é vítima de algum tipo de opressão teológica. Designar um movimento como herético não significa que ele tenha sido igualitário ou libertário numa época patriarcal e autoritária. As heresias poderiam ser até mesmo mais patriarcais e autoritárias do que as ortodoxias. Às vezes, as heresias foram rejeitadas porque precisavam ser rejeitadas.

---

[189] GUILLAUMONT, Antoine et al (orgs.). *The Gospel According to Thomas*. Leiden: Brill, 2001, p. 57. Corrigi a tradução em um ponto, traduzindo o termo grego *hina* em seu sentido correto: "para que", em vez de "que".

[190] GREENE-MCCREIGHT, Kathryn. *Feminist Reconstructions of Christian Doctrine: Narrative Analysis and Appraisal*. New York: Oxford Univ. Press, 2000, p. 90.

[Heresia]

Então, para onde essas reflexões nos levam? O ponto fundamental é que foi estabelecido pela sabedoria moderna que a ortodoxia é um *fenômeno emergente*. Ela não foi apresentada como um pacote pronto, mas cresceu, como uma semente, durante um longo período de tempo. Todos os temas fundamentais que seriam costurados no tecido da ortodoxia já estavam lá desde o princípio; mas, com o passar do tempo, eles foram sendo expressos de um modo que às vezes envolvia uma mudança além da linguagem e das imagens nos documentos que mais tarde seriam incorporados ao cânon do NT.[191] Uma ortodoxia central surgiria e seria transmitida no seio de uma cultura acostumada à transmissão oral. Mesmo sem o NT funcional e autorizado, os padrões de ensino e adoração que sabemos terem sido operacionais no cristianismo primitivo teriam sido suficientes para criar o que alguns estão agora chamando de *proto-ortodoxia*. Larry Hurtado define essa noção como segue:

> *Por "proto-ortodoxo", quero dizer os primeiros exemplos e as primeiras fases dos tipos de crenças e práticas que, nos séculos seguintes, tiveram êxito em se tornar característicos de um cristianismo clássico, "ortodoxo", e passaram a ser amplamente afirmados nos círculos cristãos acima de e contra as alternativas.[192]*

Hurtado mostra que um estudo do cristianismo do século II revela a sua tendência para afirmar, preservar, promover e desenvolver o que, até então, estavam se tornando expressões tradicionais de crenças que haviam se originado nos primeiros anos da igreja cristã.[193]

A cristalização de formulações doutrinais e daquilo que deve ser o cânon do NT é visto, portanto, como processos relacionados, dois

---

[191] Para uma reflexão sobre esse assunto, v. "Does It Make Sense to Speak of Pre-Nicene Orthodoxy?", de Rowan WILLIAMS. In: _____ (Org.), *The Making of Orthodoxy*, Cambridge: Cambridge Univ. Press, 1989, p. 1-23.

[192] HURTADO, Larry W. *Lord Jesus Christ: Devotion to Jesus in Earliest Christianity*. Grand Rapids: Eerdmans, 2003, p. 494.

[193] Ibidem, p. 495.

[A formação inicial da heresia]

lados da mesma moeda na solidificação de uma comunidade cristã que estava cada vez mais confiante de sua identidade, perspectiva e lugar. Assim como as comunidades cristãs estavam sob uma crescente pressão, interna e externa, para se definir e se defender contra as alternativas a elas, também havia um interesse cada vez maior em esclarecer quais eram as expressões da fé aceitáveis e inaceitáveis — sem obrigar a uma visão rígida, restritiva e monocromática da essência do cristianismo.[194] E esse programa envolvia *doutrinas* — tentativas de expressar em palavras os temas centrais da visão cristã sobre a realidade.

Esse foi um acontecimento altamente significativo, algo que poderia estabilizar e salvaguardar a verdade central da fé cristã. As doutrinas eram como uma proteção, casulos intelectuais envolventes girados ao redor da larva de fé. Quando construídas adequadamente, elas tinham o potencial de dar uma resiliência e estabilidade a mais na vida e no pensamento cristãos. Porém, um casulo defeituoso tinha o potencial de desfigurar, distorcer e danificar a vida de fé. A heresia pode ser considerada como uma conceitualização de fé inadequada, distorcida ou prejudicial — um casulo defeituoso que danifica, em vez de proteger a sua larva.

Essas reflexões sobre como a heresia deve ser naturalmente entendida nos leva a perguntar se é possível identificar a "essência" da heresia e, nesse caso, o que poderia ser isso.

---

[194] HULTGREN. *Rise of Normative Christianity*, p. 97-101.

5

Existe uma "essência" da heresia?

Se é possível identificá-la, qual é a característica essencial da heresia? O que define uma heresia e a distingue de algo que é tão somente errado ou questionável? Já vimos que o cristianismo primitivo era caracterizado por uma diversidade de pontos de vista sobre certos assuntos. Essa diversidade, porém, não era vista em si mesma como uma ameaça intelectual à ideia fundamental de unidade cristã, ainda que ela possa ter ocasionalmente gerado um grau de dissensão e divisão dentro ou entre as congregações cristãs. Igualmente refletimos sobre a visão de Walter Bauer de que existiram muitas visões do cristianismo em suas primeiras fases, não raro associadas a regiões geográficas específicas, sendo cada qual considerada ortodoxa por seus seguidores. Bauer argumenta que algumas versões iniciais do cristianismo que, na ocasião, eram aceitas como ortodoxas,

[Heresia]

foram posteriormente demonizadas como heresias, à medida que a igreja romana tentava impor sua versão de cristianismo a outras cidades da região.

Nessa perspectiva, uma heresia é basicamente uma antiga ortodoxia que caiu em desgraça entre aqueles que tinham poder e influência no mundo cristão. O que determina se um conjunto de ideias é herético ou não é se essas ideias são aprovadas e adotadas por aqueles que por acaso estão no poder. A ortodoxia é meramente o conjunto de ideias vencedor; as heresias são as ideias perdedoras.[195] Embora essa ideia de cristianismos perdidos ou suprimidos tenha um profundo apelo para alguns, historicamente ela é muito difícil de ser sustentada. O processo de marginalização ou negligência desses "cristianismos perdidos" geralmente tem mais a ver com um consenso emergente dentro da igreja de que eles são inadequados do que com qualquer tentativa de impor uma ortodoxia impopular num corpo involuntário de crentes.

Outros mostraram de forma correta que é impossível oferecer uma explicação da "essência" da heresia, visto que, necessariamente, ela representaria uma entidade construída e negada dentro da sociedade. Tais explicações da heresia muitas vezes são escritas com base em alguma presumida posição de verdade histórica objetiva que se supõe existir à parte e independentemente da avaliação e interpretação cristãs. Essa "visão de lugar nenhum" do fenômeno da heresia nem mesmo pode começar a abarcar a identidade distinta ou o significado da heresia. A crescente ênfase dentro das primeiras críticas cristãs sobre como as identidades sociais são construídas e mantidas tem chamado a atenção para o modo pelo qual certos movimentos são designados ao mesmo tempo como heréticos e como um meio de proteger a identidade de uma comunidade. A heresia não é, portanto, uma realidade observável ou empírica, mas uma entidade

---

[195] Essas ideias são desenvolvidas em testos como *Lost Christianities: The Battles for Scripture and the Faiths We Never Knew*, de Bart D. EHRMAN, New York: Oxford Univ. Press, 2003.

socialmente construída.[196] Falar de uma "essência" da heresia é, dessa maneira, cometer um erro fundamental de categorização. O que faz uma heresia não é tanto as suas ideias, mas como ela é caracterizada e categorizada pelos outros.[197] Subjacente a essa abordagem está uma retórica de separação semelhante àquela que serviu para enfatizar a distinção emergente, em pouco tempo transformada em fissura, entre o judeu e o cristão.[198]

Há, sem dúvida, mérito em reconhecer a importância das estratégias e dos mecanismos pelos quais certos grupos foram designados como ou determinados a serem heréticos. A ortodoxia é de fato uma "instituição discursiva",[199] interessada em "designar" o outro, o estranho e as ameaças potenciais. Todavia, esse julgamento não é baseado apenas na vontade daquele que designa, mas também nas características do que é designado. Trata-se da avaliação que determinado grupo faz da importância de outro grupo para a sua indentidade e segurança. Isso implica diretamente que *herético* não é uma característica empírica; ela é negociada ou construída. Mas não se segue daí que essa é uma conclusão arbitrária ou inventada. Representa um ato de discernimento por parte da igreja, estabelecendo que determinado conjunto de ideias é, no final das contas, desestabilizador ou destrutivo. É então completamente apropriado indagar sobre que padrões ou características gerais são compartilhados pelos movimentos ou conjunto de ideias designadas como heréticas. Esse é especialmente o caso quando o assunto é enfocado de uma perspectiva cristã, como no caso desta obra.

---

[196] Cf. enfatizado em "Repentent Heretics in Fifth Century Lydia: Identity and Literacy", de Fergus MILLER, (*Scripta Classica Israelica*, v. 23, p. 113-30, 2004).

[197] V. a análise feita em *Making Christians: Clement of Alexandria and the Rhetoric of Legitimacy*, de Denise Kimber BUELL, Princeton: Princeton Univ. Press, 1999. Há também alguns comentários úteis em *The Making of a Heretic: Gender, Authority, and the Priscillianist Controversy*, de Virginia BURRUS, Berkeley: Univ. of California Press, 1995; "The Forging of Christian Identity", de Judith M. LIEU, *Mediterranean Archaeology*, v. 11, p. 71-82, 1998.

[198] V. argumento detalhado em *Neither Jew nor Greek? Constructing Early Christianity*, de Judith LIEU, London: T. & T. Clark, 2002.

[199] Tomei emprestada essa frase de *A Radical Jew: Paul and the Politics of Identity*, de Daniel BOYARIN, Berkeley: Univ. of California Press, 1994, p. 29.

[Heresia]

Qual o aspecto característico da heresia que a distingue de outras variantes do cristianismo? Por volta do século IV, o termo "heresia" era usado regularmente e de modo geral para designar determinado ensino que, mesmo tendo surgido dentro da comunidade de fé, poderia, no final das contas, destruir a fé desenvolvida nessa comunidade. O paradoxo central definitivo da heresia é que ela *não é falta de fé*; antes, trata-se de uma forma vulnerável e frágil de cristianismo que prova ser incapaz de se sustentar no longo prazo. Tampouco a heresia pode ser caracterizada em termos de práticas ou éticas questionáveis.[200] Os escritores cristãos ortodoxos estavam perfeitamente cientes de que ambivalência e fracasso moral eram problemas humanos comuns e não podiam, de modo defensável, ser atribuídos exclusivamente aos hereges nem, ao mesmo tempo, ser considerados desconhecidos entre os ortodoxos.

A heresia deve, assim, ser entendida como uma visão intelectualmente defeituosa da fé cristã, tendo suas origens dentro da igreja.[201] Essa afirmação pode causar angústia em muitos cristãos, para os quais parece inaceitável a ideia de a heresia ter se originado dentro da própria igreja. Essa é uma reação perfeitamente compreensível. No entanto, para entender por que a heresia é uma noção tão perigosa para as igrejas cristãs, a sua relação com a igreja deve ser tratada de modo sério e correto. As sementes da heresia podem vir de fora da igreja, mas elas criam raízes

---

[200] O montanismo, um movimento cristão do século II notabilizado por seu ascetismo, põe uma ênfase particular na importância da disciplina. Suas inovações não diziam respeito às "questões centrais da salvação, mas, sim, na forma disciplinada de viver cotidianamente a vida cristã" (TREVETT, Christine. *Montanism: Gender, Authority, and the New Prophecy.* Cambridge: Cambridge Univ. Press, 1996, p. 215.) Conforme Trevett corretamente observou, as tendências teológicas não ortodoxas que até então não existiam, começaram a se desenvolver no interior do montanismo no início do século III, principalmente em relação à doutrina da Trindade. A preocupação com as tendências heréticas nos movimentos ascéticos continuou nos séculos seguintes. V. esp. *Marriage, Celibacy and Heresy in Ancient Christianity*, de David G. HUNTER, Oxford: Oxford Univ. Press, 2007, p. 88-129.

[201] É, desse modo, importante observar que o termo "heresia" é corretamente usado para se referir a ideias, não a práticas. As ideias heréticas podem às vezes dar origem a práticas questionáveis; não obstante, essas práticas não podem, por si mesmas, ser decritas como "heréticas".

[Existe uma "essência" da heresia?]

em seu jardim. A heresia não é falta de fé. Também não é o termo usado para se referir a um sistema de crença não cristão. Nem o ateísmo nem o aristotelismo são heresias. Para usar uma analogia biológica, a heresia compartilha muito do DNA teológico da ortodoxia. Ou, para usar as categorias sociológicas de Pierre Bourdieu (1930-2002), a heresia e a ortodoxia compartilham uma *doxa* comum — as suposições de uma época ou comunidade "tidas como verdadeiras".[202] Mas elas divergem em pontos de importância crucial, apesar de possuírem tanto em comum. De uma perspectiva ortodoxa, a divergência cria incoerência e instabilidade dentro da *doxa* como um todo.

A igreja primitiva considerava a heresia muito perigosa, não por causa de qualquer desafio que ela representava às figuras ou estruturas de autoridade da igreja daquela época, mas pelas suas implicações para o futuro do próprio cristianismo. Quando os teólogos cristãos ortodoxos usavam, frequentemente, uma linguagem extravagante e inflamada para se referir à heresia, sem dúvida o tom estridente e o vocabulário agressivo refletiam as suas preocupações com o potencial de sobrevivência do próprio cristianismo se ele fosse contaminado ou deteriorado por aquilo que consideravam ser versões empobrecidas e flácidas do cristianismo. A heresia era uma forma falha, deficiente, anêmica e inautêntica de fé cristã, que estava inevitavelmente condenada à extinção no mundo pluralista e intensamente competitivo do final da Antiguidade clássica. A ortodoxia tinha um potencial maior de sobrevivência, incitando uma "busca pela autenticidade" como um meio de proteger o seu futuro.[203] Para se compreender esse ponto, devemos considerar as ameaças à fé cristã em seu primeiro período, que despertaram o interesse por parte dos teólogos em marginalizar o que consideravam variantes deficientes do cristianismo.

------

[202] Para uma introdução acessível a essa ideia, v. "*Doxa* and Common Life: In Conversation", de Pierre BOURDIEU; Terry EAGLETON, *New Left Review*, v. 191, p. 111-11, 1992.

[203] V. *Heresy and Criticism: The Search for Authenticity in Early Christian Literature*, de Robert M. GRANT, Louisville, Westminster John Knox Press, 1993.

[Heresia]

Ameaças ao cristianismo primitivo

O cristianismo enfrentou três ameaças principais durante os seus primeiros séculos. A primeira foi uma ameaça física — a constante possibilidade de perseguição, com suas implicações na opressão de comunidades cristãs, e a ameaça de violência contra os seus líderes.[204] Uma vez que as autoridades romanas geralmente tinham pouco interesse em fazer distinções teológicas precisas entre as várias formas de cristianismo, as noções de heresia e ortodoxia se mostraram relativamente de pouca importância para confrontar esse desafio. Da perspectiva de um observador romano no século II, a heresia cristã e a ortodoxia cristã eram apenas formas diferentes do cristianismo; ambas eram desautorizadas.

A segunda ameaça foi o perigo de assimilação intelectual ou religiosa.[205] Por exemplo, o cristianismo havia surgido de dentro do judaísmo; havia um risco durante as suas fases iniciais de que ele poderia simplesmente voltar às suas raízes, tornando-se, com efeito, um novo grupo judaico (uma *hairesis*, no sentido neutro do termo). De maneira mais significativa, quando o cristianismo se tornou uma presença crescente dentro da cultura greco-romana, havia um perigo correspondente de que ele pudesse ser absorvido por grupos culturais ou religiosos que já estavam bem estabelecidos,

----

[204] Sobre alguns aspectos dessas tendências, v. "From the Great Persecution to the Peace of Galerius", de Paul KERESZTES, *Vigiliae Christianae*, v. 37, p. 379-399, 1983; "Two Notes on the Great Persecution", de David WOODS, *Journal of Theological Studies*, v. 43, p. 128-134, 1992; "Eusebius' Theology of Persecution as Seen in the Various Editions of His Church History", de William TABBERNEE, *Journal of Early Christian Studies*, v. 5, p. 319-334, 1997. Pode-se, é claro, argumentar que a perseguição serviu para aumentar um sentimento compartilhado de identidade cristã, levando a uma crescente tendência a identificar possíveis ameaças a essa identidade. V. "Martyrdom and the Making of Christianity and Judaism", de Daniel BOYARIN, *Journal of Early Christian Studies*, v. 6. p. 577-627, 1998.

[205] A importância desse assunto pode ser vista ao se considerar aspectos da história judaica na Europa, onde a perda de uma identidade cultural e religiosa distinta era uma ameaça constante. Um ótimo exemplo disso são as dificuldades encaradas pela comunidade judaica em Viena, no começo do século XX, quando enfrentava constante pressão para assimilar a cultura vienense. V. "Big-City Jews: Jewish Big-City: The Dialectics of Jewish Assimilation in Vienna c. 1900", de Stephen BELLER. In: GEE, Malcolm; KIRK, Tim; STEWARD, Jill (Orgs.). *The City in Central Europe: Culture and Society from 1800 to the Present*. Ashgate: Aldershot, 1999, p. 145-158.

[Existe uma "essência" da heresia?]

perdendo, desse modo, a sua identidade distintiva. A assimilação cultural é muito frequentemente o primeiro passo para a extinção eclesiástica.

Embora muitos teólogos da igreja primitiva possam ter exagerado ao sugerir que a heresia representava uma forma de cristianismo que fora diluído por ideias seculares, o perigo potencial que tal processo representava era claro. Se o sal da fé cristã perdesse a sua salinidade, o que permaneceria? A igreja precisava manter a sua identidade protegendo a sua distinção. Tertuliano (c. 160-c. 220) foi um escritor que expressou uma profunda preocupação de que uma importação não crítica de ideias seculares poderia, no final das contas, levar à secularização da igreja e à perda de sua identidade e integridade.

Pois a filosofia oferece uma fonte de sabedoria mundana, audaciosamente afirmando ser a intérprete da natureza e revelação divinas. As próprias heresias recebem suas armas da filosofia. Foi dessa fonte que Valentino, que era um discípulo de Platão, extraiu suas ideias sobre os "éons" e a "trindade da humanidade". E foi daí que veio o deus de Marcião (muito preferido, pela sua tranquilidade); Marcião veio dos estoicos.[206]

Tertuliano aqui interpreta a filosofia não num sentido neutro, como uma busca de sabedoria, mas no sentido de uma "sabedoria *mundana*", criando assim as condições para a secularização inevitável de ideias e valores cristãos. Para Tertuliano, a heresia tornou a igreja permeável às ideias que roubariam a estabilidade da igreja, levando a uma situação comparável a um navio que estava afundando lentamente por carregar água do mar (secular). De modo muito semelhante, Hipólito de Roma (c. 170-c. 236) comparou a igreja a um barco: "O mundo é um mar no qual a igreja, como um navio, é atacada pelas ondas, mas não submergida".[207]

....

[206] TERTULIANO. *De praescriptione haereticorum* 7.9.
[207] HIPÓLITO. *De Christo et Antichristo*, 59. A imagem também foi corretamente usada pelo evangelista do século XIX D. L. Moody (1837-1899): "O lugar do navio é no mar; mas Deus ajuda o navio se o mar entrar dentro dele".

[Heresia]

O terceiro perigo foi a fragmentação do cristianismo por meio da incoerência intelectual. À medida que o cristianismo tornava-se mais profundamente imerso na cultura clássica tardia, era submetido a elevada crítica por parte de seus oponentes intelectuais e culturais. Algumas das mais formidáveis dessas críticas diziam respeito à coerência das ideias do cristianismo. Críticos expoentes do cristianismo, como Celso [séc. II, quase nada se sabe de sua biografia] e Galeno de Pérgamo (129-200), argumentaram que as suas doutrinas principais não podiam ser levadas a sério pelas pessoas cultas.[208] Qualquer forma de cristianismo intelectualmente falho seria vulnerável nesse ambiente crítico. As concepções heréticas de fé, dizia-se, careciam do rigor de suas equivalentes ortodoxas.

Pode-se perceber que o segundo e terceiro desses fatores são importantes a qualquer tentativa para entender a noção de heresia. É óbvio, também, que esses fatores agiam sob tensão entre si. Por exemplo, Tertuliano afirmava que qualquer tentativa por parte dos teólogos cristãos de serem intelectualmente respeitáveis, segundo os padrões da época, simplesmente os fazia ser contaminados e seduzidos pela filosofia pagã. Embora o argumento de Tertuliano de que o vínculo com a filosofia secular leva a uma interpretação herética do cristianismo seja, de modo geral, considerado um exagero, há um grão de verdade em suas preocupações.

De modo semelhante, no século IV, Ário (256-336) interpretou a relação entre Deus e a criação de forma considerada filosoficamente rigorosa, pelos padrões da época. Mas, para os seus oponentes, como Atanásio de Alexandria (c. 293-373), a interpretação da identidade de Jesus Cristo resultante dessa abordagem, filosoficamente dirigida, era incapaz de se harmonizar com a fé ortodoxa, em especial no que dizia respeito à adoração. Ário introduziu uma inconsistência radical no entendimento cristão de sua identidade central, deixando-o, por um lado, seriamente vulnerável à crítica intelectual e, por outro, sujeito à erosão cultural. Como Thomas Carlyle comentou certa vez: "Se os arianos

---

[208] GRANT. *Heresy and Cristicism*, p. 49-73. V. tb. *Jesus Now and Then* de Richard A. BURRIDGE; Graham GOULD, Grand Rapids: Eerdmans, 2004, p. 129-131.

[Existe uma "essência" da heresia?]

tivessem vencido, [o cristianismo] teria sido reduzido a uma lenda".[209] A precisão desse juízo pode, é claro, ser contestada. No entanto, é razoável sugerir que, se tivessem certas formas de arianismo levado vantagem, o cristianismo poderia ter se transformado em algo semelhante ao islamismo. Isto não é dito para criticar o islamismo; simplesmente é para mostrar a importância de certas ideias fundamentais para moldar a vida, a adoração e o testemunho de comunidades de fé. A visão de fé apresentada pelo arianismo é muito diferente da apresentada por escritores ortodoxos como Atanásio de Alexandria.

Heresia e ortodoxia como conceitos doutrinais

Embora o cristianismo tenha surgido do interior do judaísmo, logo desenvolveu a própria identidade distintiva. Uma das diferenças mais notáveis entre as duas formas de fé, evidente no início do século II, é que o judaísmo tendia a se definir pela prática correta, enquanto o cristianismo apelava a doutrinas corretas. Muitos escritores judeus continuam defendendo que a essência do judaísmo é a Halaca, uma tentativa de organizar a vida humana em torno dos princípios fundamentais da *Torá*.[210] A tendência de o judaísmo ser definido pela prática correta poderia, então, ser chamada de *ortopraxia* judaica, em vez de *ortodoxia*.

Enquanto o NT é crítico de certos aspectos da ortopraxia judaica, como a circuncisão, a emergente resposta cristã ao judaísmo toma a forma de uma mudança em direção à ortodoxia tanto quanto de uma rejeição da ortopraxia existente. Os cristãos se recusavam a adotar os rituais de cultos do judaísmo (como leis alimentares, a observância do sábado sagrado e a circuncisão) que serviam para identificar os

[209.] FROUDE, *James A. Thomas Carlyle: A History of His Life in London, 1834-1881*, 2v, p. 462,1984.
[210] Para a visão oponente, baseada em Maimônides (1135-1204), de que se pode falar legitimamente de dogma judaico, v. "Flexibility with a Firm Foundation: On Maintaining Jewish Dogma", de Yitzchak BLAU, *Torah u-Madda Journal*, v. 12, p. 179-191, 2004.

[113]

[Heresia]

judeus dentro de uma comunidade pagã; por outro lado, a proposta de Marcião de que o cristianismo deveria ser declarado totalmente distinto do judaísmo não conquistava apoio.[211] Havia uma polaridade óbvia na relação do cristianismo com o judaísmo. Como resultado, a autodefinição cristã foi inicialmente dedicada ao esclarecimento da relação do cristianismo com o judaísmo, centrando-se na identidade de Jesus e, mais tarde, no papel da Lei no AT.[212] É, dessa maneira, perfeitamente aceitável sugerir que a doutrina paulina da justificação pela fé representa uma justificação teórica para a separação das comunidades cristãs não judaicas do judaísmo.[213]

Não obstante, as comunidades cristãs emergentes viram-se obrigadas a se distinguir, do mesmo modo, de outras comunidades. A igreja não seria identificada com o judaísmo, por um lado, nem com "o mundo", por outro. Até mesmo no NT, pode-se ver o surgimento de uma clara distinção entre a igreja e "o mundo". A distinção era inicialmente compreendida, pelo menos em parte, em termos de separação do mundo. Talvez encorajados por uma expectativa de um fim precoce de todas as coisas, os primeiros cristãos parecem ter formado as comunidades com base em lealdades e compromissos específicos compartilhados, em lugar de noções explicitamente teóricas.

As primeiras comunidades cristãs não parecem ter considerado as formulações doutrinais precisas e elaboradas como essenciais para a sua autodefinição, visto que elas já eram distintas do mundo pela participação em suas assembleias e pela adoração. Nas palavras de R. A. Markus, "a sua distinção doutrinal, embora definida, era reforçada,

---

[211] SCHMID, Ulrich. *Marcion und sein Apostolos: Rekonstruktion und historische Einordnung der marcionitischen Paulusbriefausgabe.* Berlin: de Gruyter, 1995. Isso corrige o altamente influente estudo anterior *Marcion - das Evangelium vom fremden Gott: Eine Monographie zur Geschichte der Grundlegung der katholischen Kirche*, de Adolf VON HARNACK, Leipzig: Hinrichs, 1921.

[212] V., p. ex., *Paul, Judaism and the Gentiles: A Sociological Approac*, de Francis WATSON, Cambridge: Cambridge Univ. Press, 1986, p. 49-87.

[213] V. *Paul, Judaism and the Gentiles*, de WATSON, p. 178. Para uma perspectiva mais variada, v. *The Climax of the Covenant: Christ and the Law in Pauline Theology*, de N. T. WRIGHT, Edinburgh: T. & T. Clark, 1991.

[Existe uma "essência" da heresia?]

sustentada, talvez até eclipsada, pela sua distinção sociológica como grupos isolados, literalmente, à parte do mundo".[214] Assim, com base numa compreensão da comunidade joanina, esse grupo considerava a sua situação de afastamento do mundo como sendo explicada e legitimada pelas interpretações das palavras de Jesus Cristo e das ações transmitidas no quarto Evangelho.[215]

As comunidades cristãs mais antigas, embora guardassem claramente uma "similaridade familiar" por conta de suas crenças em relação a Jesus de Nazaré e aos seus modos de adoração, não exigiam formulações doutrinais para se distinguirem do mundo: essa distinção já estava impressa nelas pelo mundo, que já as isolava como grupos sociais visíveis e prontamente identificáveis.[216] Tornar-se um cristão era (pelo menos potencialmente) ser responsável por uma mudança visível no local social, que em si mesmo era adequado ao propósito de marcar um limite dentro da sociedade.

No entanto, havia limites nos acessos sociais e físicos à demarcação. Os cristãos primitivos, diferentemente dos essênios, não se retiraram para o deserto; eles permaneceram no mundo das cidades e de suas instituições, desenvolvendo, gradualmente, meios de viver no mundo sem ser do mundo.[217] "Nós, cristãos", Tertuliano escreveu ao seu público pagão, "vivemos com vocês, desfrutamos a mesma

---

[214] MARKUS, E. A. The Problem of Self-Definition: From Sect to Church. In: SANDERS, E. P. (Org.). *Jewish and Christian Self-Definition*, 2v. London: SCM Press, v. 1, p. 1-15, 1982.

[215] MEEKS, Wayne A. The Stranger from Heaven in Johannine Sectarianism. *Journal of Biblical Literature*, v. 91, p. 44-72, 1972. V. ainda *The Social History of the Matthean Community: Cross-Disciplinary Approaches*, de David L. BALCH. Minneapolis: Fortress Press, 1991. Sobre uma crítica da noção de tais comunidades, v. *The Gospels for All Christians: Rethinking the Gospel Audiences*, Richard BAUCKHAM (Ed.), Grand Rapids: Eerdmans, 1998.

[216] MEEKS, Wayne A. *The First Urban Christians: The Social World of the Apostle Paul.* New Haven: Yale Univ. Press, 1983, p. 84-107.

[217] Exceções importantes devem, é claro, ser observadas, como o movimento monástico egípcio. Cf. *The Desert a City: An Introduction to the Study of Egyptian and Palestinian Monasticism Under the Christian Empire*, de Derwas J. CHITTY, Crestwood: St. Vladimir's Seminary Press, 1995.

[Heresia]

comida, temos o mesmo modo de viver e de vestir, e as mesmas exigências da vida, como vocês".[218] Então, como eles se distinguiam de outras comunidades da época?

A doutrina passou cada vez mais a representar um meio pelo qual os indivíduos e comunidades cristãos poderiam ser distinguidos do mundo ao redor deles — especialmente quando as crenças, os valores e as ações da comunidade cristã passaram a convergir. A controvérsia com os gnósticos e outras comunidades forçou as comunidades cristãs a desenvolverem a sua interpretação de autodefinição e levou ao aumento da pressão por credos e outras declarações autorizadas de fé.[219] Embora a contribuição de Ireneu de Lyon para esse processo durante o final do século II tenha sido essencial, não se deve menosprezar a importância de Tertuliano ao encorajar a autodefinição e a manutenção de uma identidade própria dentro das comunidades cristãs. Parâmetros — como o cânon do NT e a adesão à regra de fé apostólica — foram estabelecidos, e por eles as reivindicações das comunidades religiosas para serem igrejas cristãs podiam ser avaliadas.[220] A doutrina passou a ser de extrema importância para distinguir a igreja da cultura secular, de modo geral, e para aumentar um sentimento de identidade e coesão dentro de suas fileiras.

A doutrina, então, passou a ser um fator significativo para moldar a identidade cristã. Então, como as primeiras comunidades cristãs se definiam e se identificavam? Na primeira fase do cristianismo, não existia nenhuma das formulações doutrinais normativas precisas — tal como o *Credo niceno* — que se tornaram tão dominantes e influentes no final do século IV. É certamente verdadeiro que alguns escritos posteriores no NT, especialmente as Epístolas

---

[218] TERTULIANO. *Apologia* 42.

[219] BLUM, Georg Günter. *Tradition und Sukzession: Studien zum Normbegriff des Apostolischen von Paulus bis Irenaeus.* Berlin: Lutherisches Verlagshaus, 1963. Sobre credos em geral, v. *Early Christian Creeds*, de J. N. D. KELLY, 3. ed. New York: Longman, 1981.

[220] GREENSLADE, S. L. Heresy and Schism in the Later Roman Empire. In: BAKER, Derek (Org.). *Schism, Heresy and Religious Protest.* Cambridge: Cambridge Univ. Press, 1972, p. 1-20.

[Existe uma "essência" da heresia?]

Pastorais, revelam uma preocupação explícita com o perigo do "falso ensinamento"[221] e reconhecem a importância de desenvolver estruturas institucionais capazes de responder a essas ameaças. Contudo, embora tais textos enfatizem a importância de um "ensino sólido",[222] isso não é definido ou ilustrado extensivamente usando-se declarações de credais.[223]

A evidência histórica sugere que tanto o NT quanto os primeiros escritores cristãos tendiam a enfatizar o centro da fé cristã, em vez de focalizar a vigilância de sua periferia. Jesus Cristo era amplamente considerado como definindo e marcando o núcleo do cristianismo. Paulo prepara o que parece ter sido um credo cristão prototípico, quando faz a afirmação de que *Jesus é o Senhor* (Rm 10.9) no cerne da confissão cristã.[224] Paulo une a confissão de que "Jesus é o Senhor" com o chamado para crer que Deus ressuscitou Jesus dos mortos (Rm 10.9,10). Aqui, como ao longo do NT, "Jesus é o Senhor" está inseparavelmente associado à ressurreição de Jesus e, assim, o identifica como "o que vive"; ele não é um morto, embora venerado, uma figura do passado, tampouco a atração por ele está somente em seus ideais ou em sua vida inspiradora. Quando Paulo fala de Cristo como a cabeça do corpo,[225] sua linguagem claramente aponta para um papel central de Cristo na experiência cristã, quer na esfera comunal quer na esfera

---

[221] KNIGHT, George W. *The Pastoral Epistles: A Commentary on the Greek Text*. Grand Rapids: Eerdmans, 1992, p. 11-12. Sobre o significado das cartas paulinas em nossa compreensão do surgimento da ortodoxia e da heresia, v. tb. "*Doxa* Heresy, and Self-Construction: The Pauline Ekklesiai and the Boundaries of Urban Identities", de William E. ARNAL. In: IRICINSCHI Eduard; ZELLENTIN, Holger M (Orgs.). *Heresy and Identity in Late Antiquity*. Tübingen: Mohr Siebeck, 2008, p. 50-101.

[222] KNIGHT. *Pastoral Epistles*, p. 88-89.

[223] Para um argumento típico de que o conceito de heresia é encontrado no NT e contrariado pelo ensino da ortodoxia, v. o importante artigo "The New Testament Definition of Heresy (Or When Do Jesus and the Apostles Really Get Mad?)", de Craig L. BLOMBERG, *Journal of the Evangelical Theological Society*, v. 45, p. 59-72, 2002.

[224] HURTADO, Larry W. *Lord Jesus Christ: Devotion to Jesus in Earliest Christianity*. Grand Rapids: Eerdmans, 2003, p. 108-118.

[225] RIDDERBOS, Herman N. *Paul: An Outline of His Theology*. Grand Rapids: Eerdmans, 1997, p. 369-395.

[Heresia]

pessoal. Isso fica evidente, por exemplo, na oração e adoração. Jesus Cristo permanece no centro da adoração cristã primitiva como seu agente e objeto.[226] De fato, a adoração de uma comunidade cristã pode ser considerada sustentáculo de sua capacidade de ser uma igreja local, enquanto ao mesmo tempo participa de uma realidade mais universal.[227]

Contudo, o foco de uma comunidade cristã não determina os seus limites.[228] Os eventos históricos logo tornaram necessário perguntar se, de fato, havia limites para a igreja cristã; e, na medida em que essa pergunta passou a ser respondida cada vez mais de modo afirmativo, ela foi seguida por duas outras igualmente prementes: Quem tinha o direito de fixar tais limites? Como eles deveriam ser determinados? Cercas vivas tiveram de ser colocadas ao redor do pasto para proteger aqueles que tinham encontrado ali um santuário.[229] Essas "cercas vivas" parecem ter tomado três formas: ritual, ética e teológica.

Em primeiro lugar, o cristianismo procurou se distanciar daqueles que insistiram em práticas rituais que poderiam equivaler a um retrocesso ao judaísmo — como a necessidade de circuncisão para os crentes do sexo masculino e os rituais que diziam respeito aos alimentos impuros. Segundo, cristãos que se comportavam de certos modos inaceitáveis eram considerados como tendo transgredido certos limites. Terceiro, e mais importante para nossa explicação, o cristianismo voltou a dar uma ênfase crescente a algumas ideias teológicas que foram defendidas como essenciais à fé. No entanto, apesar desse reconhecimento cada vez maior da importância das demarcações do cristianismo, as comunidades cristãs

---

[226] HURTADO. *Lord Jesus Christ*, p. 605-614.

[227] Uma questão enfatizada por John Zizioulas. V., p. ex., *After Our Likeness: The Church as the Image of the Trinity* de Misroslav VOLF, Grand Rapids: Eerdmans, 1998, p. 73-107.

[228] V. o cuidadoso estudo "The City: Beyond Secular Parodies", de William T. CAVENAUGH. In: MILBANK, John; PICKSTOCK, Catherine; WARD, Graham (Orgs.). *Radical Orthodoxy: A New Theology*. London: Routledge, 1998, p. 182-200, esp. 196. esp. 196).

[229] Deve-se a imagem a *The Incarnation of the Son of God*, de Charles GORE, 2. ed. London: John Murray, 1892, p. 96-97.

[Existe uma "essência" da heresia?]

parecem ter considerado o seu centro como o de maior importância para o bem no século II. Parece ter havido relativamente pouco interesse em vigiar o perímetro da fé; as igrejas parecem ter preferido acentuar a importância do seu foco central, especialmente na adoração. No entanto, a partir da metade do século II, manter a ordem do perímetro parece ter sido considerado cada vez mais importante para que fossem mantidas a identidade e a autenticidade da fé cristã.

À medida que as igrejas progressivamente se definiam usando termos doutrinais, elas também identificavam as ameaças à sua integridade usando as mesmas categorias. Ortodoxia e heresia eram ambas as correntes doutrinais concebidas em termos de "pensamento correto", com outros possíveis meios de definição sendo deixados à margem. Modos de preservar a autenticidade cristã, bem como as ameaças a essa autenticidade, eram agora concebidos de forma doutrinária. Uma doutrina "sólida" era edificante para a igreja, da mesma forma que a doutrina corrupta ou deformada era destrutiva.

Então, como devemos entender a ameaça representada pela heresia? Um modelo teórico, desenvolvido no início do século XIX, tem algum potencial de nos ajudar a avaliar, por um lado, o caráter distintivo da heresia e, por outro, a sua ameaça à fé. Na sequência, vamos abordar a teoria da heresia desenvolvida pelo notável teólogo protestante Friedrich Daniel Ernst Schleiermacher (1768-1834).

Um modelo de heresia

Schleiermacher é amplamente considerado um dos mais importantes teólogos protestantes liberais. Escrevendo em resposta à ascensão do iluminismo, Schleiermacher subverteu qualquer tentativa de reduzir a teologia às platitudes racionalistas. Há mais na fé cristã, e por conseguinte na teologia cristã, do que o exercício da mente. A religião não é um corpo particular de conhecimento nem uma variedade específica de ação; antes, é uma forma de consciência. Há uma profunda dimensão

[Heresia]

experimental da fé que a razão não pode apreender completamente. As doutrinas, os credos e as outras declarações de fé devem, portanto, ser vistas como uma forma de reflexão de segunda ordem sobre a experiência imediata da fé, que é de importância primordial. Embora a especial abordagem da teologia por Schleiermacher seja interessante por si só, é o seu modelo de heresia que vamos levar em consideração aqui.

O que é heresia? Para Schleiermacher, a heresia é qualquer coisa que contradiz a identidade essencial do cristianismo, ainda que guarde a aparência exterior da doutrina cristã. Assim, a heresia deve ser pensada como uma forma deficiente de fé cristã que guarda a aparência do cristianismo enquanto contradiz a sua essência.[230] Isso faz com que a esfera da heresia seja imediatamente identificada como estando dentro da igreja, e não fora dela. Essa definição, porém, exige que seja definida também a "essência" da fé cristã. Sem um entendimento da "essência" do cristianismo, mostra-se impossível definir o que é de fato a heresia. A definição de Schleiermacher põe Jesus de Nazaré no centro de todas as coisas:

> O cristianismo é uma fé monoteísta, pertencendo ao tipo teleológico de religião, e é essencialmente distinta de outros tipos de fé pelo fato de que nele tudo está relacionado com a redenção consumada por Jesus de Nazaré.[231]

Para Schleiermacher, a rejeição ou negação do princípio de que Deus nos redimiu por meio de Cristo equivale à rejeição do próprio cristianismo. Negar que Deus nos redimiu por meio de Jesus Cristo é negar a afirmação da verdade mais fundamental que a fé cristã pode fazer, e, portanto, significa

---

[230] Sobre isso, v. *Der Begriff der Häresie bei Schleiermacher*, de Klaus M. BECKMANN, München: Kaiser Verlag, 1959, p. 36-62.

[231] SCHLEIERMACHER, F. D. E. *The Christian Faith*. 2. ed. Edinburgh: T. & T. Clark, 1928, p. 52. Para um comentário sobre essa ênfase, esp. em relação à tensão que ela aparentemente estabelece entre o papel da igreja e Cristo na redenção, v. "The Mediation of Redemption in Schleiermacher's Glaubenslehre", de Paul T. NIMMO. *International Journal of Systematic Theology*, v. 5, p. 187-199, 2003.

[Existe uma "essência" da heresia?]

descrença. A distinção entre o que é *cristão* e o que não é, entre fé e falta de fé, encontra-se em *se* esse princípio é aceito; a distinção entre o que é *ortodoxo* e o que é *herético*, porém, encontra-se em *como* esse princípio, uma vez concedido e aceito, é interpretado. Em outras palavras, para reiterar o ponto que abordamos anteriormente, a heresia não é uma forma de descrença; é algo que surge dentro do contexto da própria fé.

A heresia, então, ocorre, Schleiermacher declara, quando se afirma que "tudo está relacionado com a redenção consumada por Jesus de Nazaré", mas essa afirmação é interpretada de tal modo que ela é reduzida à incoerência. Se o lugar central e fundamental de Jesus de Nazaré é afirmado e, no entanto, interpretado de modo tal que é negado implicitamente ou tornado estéril, o resultado é a heresia.

Essa abordagem pode ser encontrada no período mais remoto da história do pensamento cristão. Por exemplo, o grande teólogo anglicano Richard Hooker (1554-1600) notou como uma série de heresias básicas surgiu em virtude do desentendimento sobre a identidade de Cristo. Em seu livro *Laws of Ecclesiastical Polity* [Leis do regime eclesiástico] (1593-1597), Hooker escreveu o seguinte:

> *Há apenas quatro coisas que contribuem para tornar completa toda a condição de nosso Senhor Jesus Cristo: a sua divindade, a sua humanidade, a conjunção de ambas, e a distinção entre elas como sendo parte de uma única coisa.*[232]

De acordo com Hooker, não afirmar cada uma dessas coisas, de forma coerente e com responsabilidade, leva a uma distorção dos ensinamentos fundamentais da fé cristã: o arianismo, por negar a

---

[232] HOOKER, Richard. *Laws of Ecclesiastical Polity* 5.54.10. Sobre o ponto de vista de Hooker sobre a heresia, v. "The Role of Sin in the Theology of Richard Hooker", de Egil GRISLIS. *Anglican Theological Review*, v. 84, p. 881-896, 2002. Note que Schleiermacher difere de Hooker, identificando duas "heresias naturais" relativas à pessoa de Cristo e duas relativas à sua obra. Hooker considera todas as quatro heresias naturais relativas à pessoa de Cristo.

[Heresia]

divindade de Cristo; o apolinarianismo por "injuriar e interpretar mal" a sua humanidade; o nestorianismo, por "dividir Cristo em partes" e dividi-lo em duas pessoas; e o eutiquianismo, por "confundir aquilo que deveria diferenciar".

Schleiermacher seguindo Hooker, identifica quatro "tipos naturais" de heresia, os quais surgem de uma interpretação incoerente de Jesus de Nazaré.

> *Se a essência distintiva do cristianismo consiste no fato de que nele todas as emoções religiosas são relacionadas à redenção elaborada por Jesus Cristo, haverá dois modos pelos quais a heresia pode surgir. Isto é, essa fórmula fundamental será retida em geral [...] mas ou a natureza humana será tão limitada que uma redenção no caso estrito não pode ser operada, ou o Redentor será limitado de tal modo que ele não pode realizar a redenção.*[233]

Schleiermacher dessa forma observa como é possível afirmar que "todas as emoções religiosas estão relacionadas à redenção realizada por Jesus Cristo" e ao mesmo tempo negar que a humanidade precisa de redenção (como no pelagianismo) ou que a humanidade pode ser resgatada (como no maniqueísmo). Ou se poderia fazer essa afirmação enquanto se entende Jesus de Nazaré como sendo tão diferente de nós (docetismo) ou, ainda, tão semelhante a nós (ebionismo) que ele não nos pode trazer verdadeiramente a redenção.[234]

O modelo de heresia de Schleiermacher é um importante instrumento para explicar o sentido tanto da natureza da heresia quanto

----

[233] SCHLEIERMACHER. *Christian Faith*, p. 98. V. ainda, *Zur Literatur und Geschichte des frühen Christentums: Gesammelte Aufsätze*, de Henning PAULSEN. Tübingen: Mohn Siebeck, 1997, p. 73-74.

[234] É instrutivo comparar as visões de Schleiermacher sobre essas duas heresias com aquelas de Karl Barth. Sobre a avaliação de Barth, v. "Some Dogmatic Implications of Barth's Understanding of Ebionite and Docetic Christology", de Paul D. MOLNAR, *International Journal of Systematic Theology*, v. 2, p. 151-174, 2000.

[Existe uma "essência" da heresia?]

de sua ameaça potencial à fé cristã. Ele postula que a heresia é fundamentalmente uma teologia que preserva a aparência externa de fé enquanto contradiz ou torna incoerente a sua identidade interna. Isso situa a heresia como surgindo dentro da comunidade de fé e, ao mesmo tempo, identifica o seu potencial perigo à identidade dessa comunidade. A heresia equivale a uma fé falsificada, à qual falta a coerência intelectual da ortodoxia.

Existem, no entanto, alguns problemas com a perspectiva de Schleiermacher. Em primeiro lugar, ela restringe a heresia a áreas da doutrina que estão estreitamente ligadas à identidade e ao significado de Jesus de Nazaré. Conforme veremos no próximo capítulo, as heresias podem surgir em várias áreas da doutrina cristã. Então, o que acontece com as heresias trinitárias como o sabelianismo? Ou as heresias eclesiológicas como o donatismo? Embora essa seja uma crítica legítima de Schleiermacher, sua força poderia ser ofuscada pelo argumento de que tanto o sabelianismo quanto o donatismo devem ser ambos reconhecidos, no final das contas, como visões heréticas que pelo menos se aproximam da identidade de Jesus de Nazaré. Por exemplo, a doutrina da Trindade é interpretada, não raro, como um meio de expressar a importância de Jesus tanto quanto a natureza de Deus. De modo semelhante, se poderia argumentar que ao donatismo interessa a questão das condições sob as quais os "benefícios de Cristo" são transferidos aos crentes.

Segundo, e talvez o mais importante, Schleiermacher tende a tratar a heresia como um fenômeno puramente intelectual, não levando em conta as suas dimensões históricas e sociais. A sua análise das quatro "heresias naturais" afasta-se de qualquer explicação de suas origens e formas históricas específicas. Sabe-se muito bem que muitas heresias surgiram no interior de determinadas comunidades, muitas vezes em respostas a pressões culturais específicas.[235] Por exemplo, o donatismo pode ser interpretado como um movimento cultural representando

---

[235] V., p. ex., "Toward a Sociology of Heresy", de George V. Vito, 44, p. 123-130, 1983. V. ainda "Toward a Sociology of Heresy, Orthodoxy, and Doxa", de Jacques Berlinerblau, *History Religions*, v. 40, p. 327-351, 2001.

[Heresia]

uma reação dos nativos berberes contra a presença imperial romana no norte da África.[236] A abordagem um tanto abstrata e a-histórica de Schleiermacher não se dá conta dos fatores sociais que podem estar na origem de certas heresias, surgidas sob condições bastante específicas, tendendo, em vez disso, a apresentar a heresia como uma questão atemporal de incoerência intelectual. De modo mais significativo, as tensões entre indivíduos poderosos ou centros eclesiásticos de poder poderiam levar facilmente a uma luta de poder, sendo, por sua vez, conceituada como um conflito entre heresia e ortodoxia. A visão de Schleiermacher das heresias individuais parece desatenta aos, e desinteressada dos, verdadeiros movimentos históricos dos quais ele oferece um esboço teológico no lugar de uma imagem histórica plena.

Terceiro, a interpretação que Schleiermacher faz da heresia sugere que esta deve ser identificada principalmente pela sua incoerência intelectual. No entanto, uma acusação de incoerência levanta questões que não são corretamente respondidas pelo modelo de Schleiermacher. Em que ponto a incoerência se torna herética? Quem decide que um ponto de vista é herético? A decisão de que determinada teologia será considerada herética é corporativa, não individual, refletindo o julgamento da igreja. A heresia é uma realidade social que reflete os julgamentos de redes de indivíduos.[237] À medida que os estudos da controvérsia ariana se tornaram claros, o século IV em particular testemunhou importantes mudanças nas estruturas eclesiásticas e nos processos pelos quais a "fé correta" era avaliada.[238]

Então, quem decide o que é heresia? Schleiermacher parece supor que isso fica muito claro com base na incoerência das ideias

----

[236] Sobre a questão geral, v. "Were Ancient Heresies National or Social Movements in Disguise?", de A. H. M. JONES, *Journal of Theological Studies*, v. 10, p. 280-286, 1959. V. ainda "Heresy and Schism as Social and National Movements", de W. H. C. FREND. In: BAKER Derek (Org.). *Schism, Heresy and Protest*, Cambridge: Cambridge Univ. Press, 1972, p. 37-49. V. tb p. 155-156 do presente estudo.

[237] V. "Elite Networks and Heresy Accusations: Towards a Social Description of the Origenist Controversy", de Elizabeth A. CLARK, *Semeia*, v. 56, p. 81-107, 1991.

[238] AYRES, Lewis. *Nicaea and Its Legacy: An Approach to Fourth-Century Trinitarian Theology*. Oxford: Oxford Univ. Press, 2004, p. 78-84.

heréticas. No entanto, isso ainda não faz justiça à evidência histórica, a qual aponta para a importância da comunidade de fé no julgamento e declaração de certos pontos de vista para se constituir uma heresia. Como Malcolm Lambert corretamente observou: "É preciso dois para criar uma heresia: o herege, com as suas crenças e práticas dissidentes, e a igreja, para condenar as suas visões e definir o que é a doutrina ortodoxa".[239] A heresia significa um julgamento por parte da igreja de que certo conjunto de ideias é inaceitável. Qualquer explicação da heresia precisa, desse modo, levar em conta tanto as ideias centrais de uma heresia quanto as razões e os procedimentos pelos quais elas foram consideradas perigosas e destrutivas.

Desenvolvendo ainda mais essa questão, pode-se mostrar que a igreja primitiva via a heresia como perigosa e potencialmente destrutiva para a fé. Apesar de uma ameaça à coerência da fé ter sido uma importante causa que contribuiu para essa questão, existem problemas mais fundamentais em jogo. O modelo de heresia de Schleiermacher não se parece muito adequado para lidar com a ideia de heresia como um "cavalo de Troia" que secretamente contrabandeia os elementos de visões de mundo alternativas para dentro da igreja. A desestabilização teológica pode de fato surgir das inconsistências internas; contudo, existem outras causas potenciais para tal instabilidade, inclusive a intromissão de ideias estrangeiras, que, de forma pontual, fazem surgir a incoerência dentro da visão cristã de mundo.

As questões levantadas neste capítulo sugerem que é difícil e possivelmente até mesmo inútil tentar desenvolver uma abordagem teórica geral à heresia sem olhar com algum detalhe para as heresias históricas individuais, dando a devida atenção ao seu aparecimento histórico. Nos dois capítulos que se seguem, consideraremos algumas das grandes heresias clássicas do cristianismo e tentaremos compreender as suas origens, as preocupações daqueles que as desenvolveram, por que a igreja as considerava perigosas, e os processos pelos quais elas foram declaradas heréticas.

---

[239] LAMBERT, Malcolm. *Medieval Heresy: Popular Movements from the Gregorian Reform to the Reformation*. Oxford: Blackwell, 2002, p. 4-5.

Parte III

As heresias clássicas do cristianismo

6

As primeiras heresias clássicas: ebionismo, docetismo, valentianismo

O cristianismo teve suas origens na região da Judeia, especialmente na cidade de Jerusalém. De início, os cristãos consideravam o cristianismio como uma continuação e desenvolvimento do judaísmo. Desse modo, a doutrina floresceu em regiões com as quais o judaísmo já estava tradicionalmente ligado, principalmente a Palestina. Contudo, o cristianismo espalhou-se rapidamente pelas áreas vizinhas, em parte devido aos esforços dos primeiros evangelistas cristãos, como Paulo de Tarso. Parece mesmo que, no final do século I, o cristianismo firmou-se por todo o mundo

[Heresia]

oriental, lançando significativa influência até na cidade de Roma, a capital do Império Romano.[240]

No entanto, essa expansão foi tanto intelectual quanto geográfica. Embora também oferecesse oportunidade para a proclamação do evangelho, quando se desenvolveu ao longo do mundo civilizado do último período clássico, o cristianismo encontrou maneiras de pensar que impunham desafio a essa proclamação. Embora, no início, o cristianismo tenha precisado defender a sua identidade em relação ao judaísmo, seus seguidores, os cristãos, logo perceberam que se defrontavam com outros movimentos culturais e intelectuais na região, como as diversas tradições gregas, firmemente enraizadas em cidades como Antioquia e Alexandria. O resultado foi uma crescente pressão intelectual que levou à identificação de maneiras mais autênticas e seguras de articular e explicar a fé cristã. Essa "busca de autenticidade" envolvia a exploração de formas que levassem à compreensão e à expressão do evangelho, algumas das quais mostravam ser vigorosas e elásticas. Outras, porém, revelavam-se "becos sem saída"; suas desvantagens eram excessivamente maiores que suas vantagens. O processo para desenvolver e avaliar essas abordagens era lento, muitas vezes estendendo-se por décadas, justamente por ser exaustivo e extenso. Portanto, a cristalização das noções de ortodoxia e heresia era, em geral, mensurada e cautelosa.

Os primeiros cinco séculos testemunharam a cristalização das noções de ortodoxia e heresia por esse processo de exploração intelectual. Logo ficou claro que a tarefa da teologia cristã não poderia limitar-se simplesmente à repetição fiel e não crítica de fórmulas derivadas do passado — como os versículos bíblicos. A mera repetição de fórmulas e ideias cristãs primitivas foi considerada inadequada para satisfazer a demanda da igreja por declarações ponderadas,

---

[240] Para excelentes explicações recentes, v. *The Early Christian World*, ed. Philip F. Esler (2v. London: Routledge, 2000); *The Church in Ancient Society from Galilee to Gregory the Great*, de Henry Chadwick (Oxford: Oxford Univ. Press, 2001); *From Paul to Valentinus: Christians at Rome in the First Two Centuries*, de Peter Lampe (Minneapolis: Fortress Press, 2003).

[As primeiras heresias clássicas: ebionismo, docetismo, valentianismo]

confiáveis, de fé. Essas declarações, que às vezes estavam em tensão umas com as outras, precisavam ser entrelaçadas numa tapeçaria coerente de fé. Mas que padrão elas revelariam?

Nos últimos anos tem havido um crescente interesse na interpretação patrística da Bíblia, refletindo a elevação da consciência de que, de modo significativo, as formulações doutrinais dependem dos fundamentos bíblicos.[241] Esse conhecimento iluminou muitos pontos — como o modo pelo qual os autores da patrística utilizam cada um dos livros bíblicos.[242] Contudo, para os nossos objetivos, o ponto mais importante diz respeito a como as passagens bíblicas foram tecidas em declarações dogmáticas mais complexas, solucionando (ou pelo menos contendo a tensão de) o complexo testemunho do NT aos temas centrais do evangelho.[243] Esse processo de interpretação foi contestado, levando a resultados múltiplos, cada qual exigindo um teste cuidadoso diante do sentimento emergente do que constituía o "autêntico" cristianismo.[244] O que parecia representar o "melhor ajuste" entre as formulações teológicas e a experiência cristã de então?

É preciso enfatizar que essa viagem de exploração conceitual foi empreendida com os melhores motivos e intenções. Enquanto

----

[241] V. esp. o importante corpo de material reunido em *Handbook of Patristic Exegesis: The Bible in Ancient Christianity*, KANNENGIESSER Charles (Ed.), 2v. Leiden: Brill, 2003. Embora excelente de muitas formas, essa coletânea está aberta a críticas pontuais. Cf. "Biblical Interpretation in the Patristic Era: A 'Handbook of Patristic Exegesis' and Some Other Recent Books and Related Projects" de Joahannes VAN OORT, *Vigiliae Christianae*, v. 60, p. 80-103, 2006.

[242] V., p. ex., *The Bible in Athanasius of Alexandria* de James D. ERNEST, Leiden: Brill, 2004; *The Soul and Spirit of Scripture Within Origen's Exegesis*, de Elizabeth Dively LAURO, Leiden: Brill, 2005; *"What Did Ezekiel See?": Christian Exegesis of Ezekiel's Vision of the Chariot from Irenaeus to Gregory the Great*, de Angela Russell CHRISTMAN, Leiden: Brill, 2005; *Reading the Old Testament in Antioch*, de Robert C. HILL, Leiden: Brill, 2005.

[243] McGRATH, Alister E. *The Genesis of Doctrine*. Oxford: Blackwell, 1990. VANHOOZER, Kevin J. *The Drama of Doctrine: A Canonical-Linguistic Approach to Christian Theology*. Louisville: Westminster John Knox Press, 2005, p. 115-237.

[244] GRANT, Robert M. *Heresy and Criticism: The Search for Authenticity in Early Christian Literature*. Louisville: Westminster John Knox Press, 1993.

[Heresia]

alguns dos primeiros heresiólogos cristãos retratavam escritores como Valentino em cores escuras e sombrias, a evidência sugere que a maioria daqueles que mais tarde seriam considerados hereges empreenderam suas buscas teológicas sem uma preocupação genuína de garantir que a fé cristã fosse representada e articulada nas formas mais autênticas e robustas. A consequência inevitável da busca coletiva da comunidade cristã primitiva pela excelência teológica foi que uma variedade de formas de o evangelho ser concebido foi inicialmente proposta e, na sequência, submetida a um exame rigoroso; isso fez com que algumas dessas formas fossem rejeitadas. Os problemas realmente começaram quando movimentos que, em algum momento, tinham sido considerados inadequados ou teologicamente deficientes recusaram-se a aceitar essa condição e, em vez disso, passaram a se considerar como ortodoxias suprimidas.

Como já foi enfatizado, quase todas as heresias clássicas da fé cristã surgiram nos primeiros cinco séculos de fé, chamado muitas vezes de *período patrístico*. Embora o termo "heresia" tenha sido aplicado a muitos movimentos na Idade Média, ele era claramente usado num sentido legal ou jurídico para estigmatizar um movimento visto como um desafio à autoridade do papa. Vamos retomar esse ponto mais tarde (p. 253-257), quando examinaremos as heresias medievais de maneira muito mais detalhada. No entanto, é apropriado ampliar um pouco mais esses comentários nesta fase inicial.

Está claro que os movimentos medievais como os hussitas, valdenses e lolardos não eram vistos como uma ameaça para a igreja, tanto por causa de suas ideias quanto por causa de seu apelo popular.[245] Eles tinham potencial para se tornar centros alternativos de poder e influenciar, evitando ou desafiando as estruturas

---

[245] LAMBERT, Malcolm. *Medieval Heresy: Popular Movements from the Gregorian Reform to the Reformation*. Oxford: Blackwell, 2002: "Eu escrevi como historiador, não teólogo. Tratei a 'heresia' como significando qualquer coisa que o papado condenou, explícita ou implicitamente, no período" (xi).

[As primeiras heresias clássicas: ebionismo, docetismo, valentianismo]

centralizadas da igreja. Percebeu-se por algum tempo que não era apropriado usar o termo "heresia" para se referir a tais movimentos. Essa observação foi feita primeiro em 1935 por Herbert Grundmann,[246] para quem a noção de heresia estava aqui sendo definida de uma perspectiva inquisitorial, em vez de teológica. A *heresia* estava sendo definida em termos de desafios postulados à autoridade política da igreja, não em termos das verdadeiras ideias desses movimentos.

Uma explicação puramente histórica da noção de heresia na Idade Média é obrigada a definir a *ortodoxia* em termos de ensino papal e a *heresia*, em termos de dissidência desse ensino. Devido a esse contexto, a heresia seria, de modo inevitável, entendida principalmente como uma noção legal ou jurídica.[247] No ponto em que o período patrístico concebeu a heresia em termos de divergência da fé católica, os defensores da igreja dos séculos XII e XIII foram bem-sucedidos em redefinir a noção em termos de rejeição da autoridade eclesiástica, em especial a autoridade papal. Como afirmou Robert Moore, a extensão da categoria de heresia tornou-se um instrumento cada vez mais importante de controle social,[248] por meio do qual o papado pôde reivindicar a justificação religiosa para suprimir o que eram movimentos essencialmente políticos e sociais. Essa redefinição medieval de heresia situa a sua essência no desafio do poder papal, em lugar de divergir da ortodoxia cristã. A heresia tornou-se o meio pelo qual uma sociedade englobava as

---

[246] GRUNDMANN, Herbert. *Religiöse Bewegungen im Mittelalter: Untersuchungen über die geschichtlichen Zusammenhänge zwischen der Ketzerei, den Bettelorden und der religiösen Frauenbewegung um 12. und 13. Jahrhundert und über die geschichtlichen Grundlagen der deutschen Mystik.* Berlin: Emil Ebering, 1935. Sobre essas últimas reflexões sobre o tema, v. *Ketzergeschichte des Mittelalter* de Herbert GRUNDMANN Göttingen: Vandenhoeck & Ruprecht, 1963.

[247] Cf. "Der Häresiebegriff bei den Juristen des 12. und 13. Jahrhunderts", de Othmar HAGENEDER. In: LOURDAUX, W.; VERHELST, D. (Orgs.). *The Concept of Heresy in the Middle Ages.* Louvain: Louvain Univ. Press, 1978, p. 42-103.

[248] MOORE, Robert I. *The Formation of a Persecuting Society: Power and Deviance in Western Europe, 950-1250.* Oxford: Basil Blackwell, 1990.

[Heresia]

suas tensões endêmicas sob uma categoria conceitualmente religiosa. Ela deixou de ser uma noção teológica, e era agora definida de modo legal ou sociológico. Voltaremos a considerar as heresias medievais no capítulo 9.

Nossa preocupação neste capítulo e no que se segue, porém, é com as heresias que surgiram durante as grandes viagens teológicas de descoberta e exploração que ocorreram durante a era patrística. Embora cada uma das heresias a serem consideradas tenha os próprios pontos especiais de interesse, em cada caso analisaremos como a heresia surgiu, identificaremos as suas características distintivas e levaremos em consideração como e por que elas passaram a ser consideradas inadequadas. No capítulo a seguir, abordaremos três das heresias tardias que voltaram a ser de importância para a cristianização do Império Romano: o arianismo, o donatismo e o pelagianismo. No presente capítulo, veremos três heresias primitivas, todas as quais se desenvolveram ao longo do século II. Iniciamos nossa discussão considerando o ebionismo.

Ebionismo: um modelo judaico para Jesus de Nazaré

Em sua maioria, as heresias descritas neste capítulo e no capítulo seguinte recebem o nome de acordo com os personagens especialmente relacionados com elas: Ário, Marcião, Pelágio e Valentino. Contudo, a primeira heresia que veremos não é associada a nenhuma pessoa específica, mas representa a tendência geral que, no século I e início II, alguns círculos cristãos apresentavam de limitar a interpretação da identidade de Jesus de Nazaré a categorias herdadas do judaísmo. Os termos "ebionita" e "ebionismo" são usados com referência a esse tipo de modelo de Jesus, que tipicamente o interpreta como um

[As primeiras heresias clássicas: ebionismo, docetismo, valentianismo]

profeta.[249] É frustrante que pouco se conheça a respeito desse movimento, apesar do fato de ele representar um marco teológico tão significativo.[250] Embora permaneçam incertezas em relação à origem do nome do movimento, e algumas importantes perguntas históricas ainda aguardem esclarecimentos à luz dos documentos de Qumran,[251] é amplamente aceito que as crenças dos ebionitas estejam firmemente situadas na matriz do judaísmo daquela época.

A igreja primitiva reconhecia a importância de pronunciar com toda a ênfase o valor de Jesus Cristo para a mente, imaginação, emoções e comportamento humanos. No curso de seu desenvolvimento, a igreja teve de lidar com várias interpretações da identidade de Jesus Cristo, o que foi considerado como falta de justiça ao seu significado. Uma localização indevida de Jesus Cristo em um mapa conceitual seria fatal ao evangelismo cristão e ao discipulado. Estava claro porém, que esse processo de determinar a melhor estrutura conceitual para, dentro dela, localizar Jesus Cristo, era profundamente difícil. A tendência inicial era tomar as categorias existentes e herdadas das

---

[249] Acredita-se que o termo "ebionita" derive-se do termo hebraico *Ebyonim* ("o pobre"), talvez em sua origem aplicado aos cristãos, porque eles vieram de extratos sociais mais baixos e em geral eram pobres (At 11.28-30; 24.17; 1Co 1.26-29; 16.1,2). Talvez ainda possa ser extraído da oração de Jesus de Nazaré: Bem-aventurados sois vós, os pobres (Lc 6.20). Paulo parece usar o termo "pobres [*hoi ptochoi*]" para se referir especificamente às igrejas de Jerusalém e da Judeia (Gl 2.10). Aparentemente baseados na suposição de que todas as heresias foram designadas segundo os seus fundadores, muitos heresiólogos da igreja primitiva, pouco familiarizados com a língua hebraica, V. *Theology und Geschichte des Judenchristentums*, de Hans Joachim SCHOEPS, Tübingen: J. C. B. Mohr, 1949, p. 8-9.

[250] Sobre a melhor explicação, v. "The Origin of the Ebionites", de Richard BAUCKHAM. In: TOMSON, Peter J.; LAMBERS-PETRY, Doris (Orgs.). *The Image of the Judaeo-Christians in Ancient Jewish and Christian Literature*. Tübingen: Mohr Siebeck, 2003, p. 162-181, que complementa e corrige o estudo anterior "Ebionite Christianity", de Hans Joachim SCHOEPS. *Journal of Theological Studies*, v. 4, p. 219-224, 1953, baseado em seu trabalho prévio *Theologie und Geschichte des Judenchristentums*.

[251] Para uma breve análise dessa questão, v. "The Qumran Scrolls, the Ebionites, and Their Literature", de Joseph A. FITZMYER, *Theological Studies*, v. 16, p. 335-372, 1955.

[Heresia]

matrizes sociais a que tinham pertencido os cristãos primitivos e tratá-las como apropriadas à tarefa de conceitualizar o significado de Jesus Cristo. As origens dessa tendência podem ser vistas dentro do próprio NT, em que o registro dos Evangelhos tenta dar um sentido de Jesus que é extraído do judaísmo da época — como interpretar Jesus de Nazaré como um segundo Elias, um novo profeta judeu ou um sumo sacerdote de Israel.[252]

A crítica atual, embora afirme que o ebionismo represente um modo essencialmente judaico de pensar em Jesus de Nazaré, tem levantado algumas questões sobre o uso histórico do termo. O problema surge em parte devido ao nosso conhecimento indireto do movimento que, não raro, deriva de seus críticos, como Ireneu de Lyon e Hipólito de Roma.[253] A maioria dos estudiosos considera que o ebionismo do início do século II caracterizava-se por uma "baixa cristologia" — isto é, uma compreensão de Jesus de Nazaré que o interpreta como espiritualmente superior aos seres humanos comuns, mas não distinto de nenhuma outra forma.[254] Nessa perspectiva, Jesus de Nazaré era um ser humano que foi separado para o favor divino, sendo possuído pelo Espírito Santo de um modo semelhante ao (embora mais intenso que) o chamado de um profeta hebreu. É possível ainda que, mais tarde, de algum modo diferente e influenciado em vários níveis pelo gnosticismo, o termo tenha passado a ser usado em referência a um conjunto de crenças (sobre isso retomaremos mais adiante).[255] Por essa razão, focalizaremos

....

[252] Para uma ótima investigação recente das questões contestadas dentro do cristianismo primitivo judaico na Judeia, v. God Crucified: Monotheism and Christology in the New Testament, de Richard BAUCKHAM, Grand Rapids: Eerdmans, 1998; Lord Jesus Christ: Devotion to Jesus in Earliest Christianity, de Larry W. HURTADO, Grand Rapids: Eerdmans, 2003, p.155-216.

[253] BAUCKHAM, Ricard. Origin of the Ebionites, p. 162-171.

[254] GOULDER Michael. A Poor Man`s Christology, New Testament Studies, v. 45, p. 332-348, 1999.

[255] V. os pontos levantados em Michael and Christ: Michael Traditions and Angel Christology in Early Christianity, de Darrell D. Hannah, Tübingen: Mohr Siebeck, 1999, p. 173-175; Messiah and the Throne: Jewish Merkabah Mysticism and Early Christian Exaltation Discourse, de Timo ESKOLA, Tübingen: Mohr Siebeck, 2001, p. 307-309.

[As primeiras heresias clássicas: ebionismo, docetismo, valentianismo]

a fase inicial do ebionismo, naquilo que ele possui de aspectos claros de uma cristologia essencialmente judaica.

Então, que problema pode ser detectado no ebionismo? Por que foi o movimento rejeitado e considerado inadequado pela igreja? Uma resposta simples seria ter-se percebido ser essa corrente de pensamento inadequada para tratar, com toda a justiça, o pleno ministério de Jesus de Nazaré. Um evento do Evangelho que narra o ministério de Jesus lança alguma luz sobre esse ponto: a cura de um paralítico (Mc 2.1-12).[256] Ao ouvir que Jesus estava na vizinhança, quatro pessoas trazem o amigo paralítico para ser curado por ele. Todas as evidências a que temos acesso sugerem que, inicialmente, aqueles que testemunharam a atuação de Jesus tentaram interpretá-lo em termos de modelos e categorias existentes — como, por exemplo, alguém que curava.[257] Era completamente natural que fosse assim. Afinal de contas, o Antigo Testamento continha muitas referências ao modo pelo qual Deus agia no mundo. Assim, era totalmente lógico que os estudiosos tentassem aproximar Jesus de um dos padrões então conhecidos. Logo, por que não considerar Jesus como um novo Elias que pôde curar o doente?

Contudo, ao prosseguir, a narrativa sucumbe e, no final das contas, subverte a tentativa de aproximar Jesus dos modelos judaicos predominantes de confirmação ou morada divina.

Quando Jesus viu a fé daqueles homens, disse ao paralítico: *Filho, os teus pecados estão perdoados. Ora, alguns dos escribas estavam sentados ali, questionando em seu coração: Por que esse homem fala dessa maneira? Ele está blasfemando! Quem pode perdoar pecados senão um só, que é Deus?*

....

[256] Sobre a interpretação feita por Marcos do significado de Jesus de Nazaré, v. o excelente estudo "Who Can This Be?' The Christology of Mark's Gospel", de Morna D. HOOKER. In: LONGENECKER, Richard G. (Org.). *Contours of Christology in the New Testament.* Grand Rapids: Eerdmans, 2005, p.79-98.

[257] DAVIES, Stevan L. *Jesus the Healer: Possession, Trance, and the Origins of Christianity.* Continuum, 1995, p. 66-77. De maneira mais geral, v. "Jesus from the Jewish Point of View", de W. D. DAVIER; E. P. SNADERS. In: HORBURY, William; DAVIES, W. D.; STURDY, John. *The Cambridge History of Judaism: The Early Roman Period.* Cambridge: Cambridge Univ. Press, 1999, p. 618-676.

[Heresia]

Seguindo a ortodoxia judaica, aqueles escribas declaram que Jesus reclamava para si o poder de perdoar pecados, o que deve ser considerado uma prerrogativa exclusivamente divina.[258] Contudo, a narrativa do Evangelho comprime os modos tradicionais de refletir sobre a presença de Deus no mundo aos seus limites absolutos, conclamando o resultado da intervenção de Jesus de Nazaré:

> *Mas, para que saibais que o Filho do homem tem autoridade para perdoar pecados na terra (disse ao paralítico), eu te digo: Levanta--te, toma a tua maca e vai para casa. Então ele se levantou e, pegando logo a maca, saiu à vista de todos; de modo que todos ficaram maravilhados e glorificavam a Deus, dizendo: Nunca vimos coisa igual! (Mc 2.10-12)*

A cura do paralítico pode ser dramaticamente primária dentro da narrativa; não obstante, ela é teologicamente secundária. O assombro das multidões resultou principalmente da percepção que tiveram das implicações teológicas daquilo que tinham acabado de ver e ouvir. Alguém, implicitamente, reivindicara autoridade para agir como Deus, e por Deus. O resultado dessa intervenção parecia supor que Deus aceitara — e até mesmo endossara — a assombrosa atitude de Jesus. Os modos tradicionais judaicos de refletir sobre a presença e atividade de Deus no mundo parecem subvertidos quando confrontados com o ministério de Jesus de Nazaré.

É importante perceber que os Evangelhos prosseguem a narrativa desse notável evento citando as palavras de Jesus de Nazaré sobre odres velhos não poderem conter vinho novo (Mc 2.22). A vinda de Jesus na história humana é entendida como tendo introduzido algo novo, algo dinâmico, que os modos tradicionais de pensar dentro das tradições proféticas e sapienciais de Israel do mesmo modo eram incapazes de captar. Esse tema aparece com especial importância no Evangelho de Mateus, o

---

[258] Para um comentário, v. *The Gospel According to Mark*, de James R. EDWARDS. Grand Rapids: Eerdman, 2002, p. 75-79.

[As primeiras heresias clássicas: ebionismo, docetismo, valentianismo]

qual é, em geral, considerado o mais preocupado em estabelecer um paralelo entre Israel e a igreja.[259] O fracasso inevitável dos tradicionais modos lógicos de fé em que Israel tentava envolver Jesus de Nazaré forçou a busca de uma revisão dos modelos existentes da presença de Deus e da ação divina especificamente sobre Jesus. O ebionismo pode ser considerado uma tentativa de conter a inovação, insistindo em que Jesus de Nazaré deveria ser entendido apenas dentro dos paradigmas tradicionais da racionalidade teológica herdada de Israel. No fim, estes se mostraram inadequados ao desafio que enfrentaram. A inovação era claramente necessária.

O ebionismo tem sido muito criticado por importantes teólogos ortodoxos. Por exemplo, o teólogo protestante suíço Karl Barth debateu contra qualquer explicação ebionita da identidade de Jesus que o trate essencialmente como um ser humano heroico ou como um ser humano que foi "adotado" por Deus.[260] O ponto de vista de Barth corresponde à tendência difundida para interpretar o ebionismo como uma abordagem de Jesus de Nazaré caracterizada por uma recusa em reconhecer sua divindade intrínseca, afirmando apenas a sua humanidade. Embora isso seja em parte verdadeiro, está longe de representar uma explicação plena do ebionismo como um movimento histórico. Além disso, ela torna difícil distinguir o ebionismo do arianismo, que também pode ser caracterizado como uma negação da divindade de Cristo. O historiador do pensamento cristão concordará que o ebionismo e o arianismo negaram a divindade essencial e intrínseca de Jesus de Nazaré; contudo, mostrará que existiam motivos significativamente diferentes para que essas correntes de pensamento assumissem essa posição.

Isso revela a importância de estudar as heresias nos seus contextos históricos, em vez de reduzi-las a um resumo teológico. Apesar de uma similaridade teológica superficial, o arianismo e o ebionismo são

[259] V., p. ex., "Matthew: Apostate, Reformer, Revolutionary?", de Donald A. HAGNER, New Testament Studies, v. 49, p. 193-209, esp. 200,201, 2003.
[260] BARTH, Karl. *Church Dogmatics*, 14 v. Edinburgh: T. & T. Clark, v. 1, p. 402-403, 1957-1975. V. tb. "Some Dogmatic Implications of Barth's Understanding of Ebionite and Docetic Christology", de Paul D. MOLNAR, (*International Journal of Systematic Theology*, v. 2, p. 151-174, esp. 156-158, 2000.

[Heresia]

histórica e sociologicamente distintos. Um tem origem dentro do mundo da filosofia alexandrina helenística, e o outro, dentro do mundo do judaísmo. De fato, é verdade que o arianismo e o ebionismo negam a divindade de Jesus Cristo. Mas eles o fazem por motivos muito diferentes. Como veremos, o arianismo insiste em afirmar que, por conta de um compromisso filosófico com a unidade absoluta de Deus, Cristo deve ser visto como um ser humano. Deus é totalmente distinto da ordem criada, e é inconcebível que qualquer ser híbrido ou intermediário possa existir. Jesus Cristo deve, portanto, ser visto como uma criatura, na medida em que as alternativas são filosoficamente incoerentes.

Em comparação, o ebionismo em comparação, não surgiu como consequência de preocupações filosóficas. Na verdade, poderia ser dito que de fato essa corrente de pensamento *negou* a divindade de Cristo; os ebionitas simplesmente não viam razão para afirmá-la. O ebionismo optou por situar Jesus de Nazaré dentro do contexto do judaísmo e interpretar a sua importância usando categorias judaicas. Dessa maneria, Jesus seria entendido como análogo aos grandes profetas de Israel — seres humanos a quem o Espírito Santo concedia, de algum modo, um especial discernimento ou sabedoria. Por causa do contexto judaico dentro do qual o ebionismo surgiu, a sugestão de que Jesus de Nazaré *era* divino não era realmente levada em conta.

Então, por que a igreja rejeitou o ebionismo como uma heresia? O processo pelo qual ocorreu essa rejeição não é claro, embora seja certo que, por volta do ano 135, o sentimento de que o ebionismo não fosse aceitável estivesse cristalizado nos círculos cristãos romanos. As razões para esse sentimento não podem ser estabelecidas com total certeza, em parte porque os primeiros relatos patrísticos referentes ao ebionismo — como aquele oferecido por Ireneu — podem combinar vários grupos distintos.[261] Todavia, é possível identificar as principais preocupações que parecem ter levado à exclusão do ebionismo.

---

[261] V., p. ex., *Heretics: The Other Side of Early Christianity*, de Gerd LÜDEMANN, London: SCM Press, 1996, p. 52-53.

[As primeiras heresias clássicas: ebionismo, docetismo, valentianismo]

A mais importante delas era a percepção de que o ebionismo constituía uma forma de cristianismo judaico.[262] Com o passar do tempo, a posição do cristianismo dentro de uma igreja crescentemente gentílica tornou-se cada vez mais difícil, de modo especial em relação a questões de potencial contencioso, como circuncisão, as leis alimentares e a observação do sábado.[263] Os cristãos gentios se consideravam liberados dessas regras e citavam Paulo em defesa de sua posição.[264] Embora algumas explicações do desenvolvimento do cristianismo sugiram que esses assuntos estivessem essencialmente resolvidos em favor dos gentios no final do século I, existe evidência de que eles se estenderam até o século II. Por exemplo, Diálogo com Trifão, de Justino Mártir, datado por volta do ano 150, refere-se explicitamente a essas tensões.[265]

O problema que os cristãos gentios experimentaram com o ebionismo foi que o movimento interpretava Jesus de Nazaré dentro de um contexto judaico, reforçando a noção de que o cristianismo era essencialmente uma nova forma de judaísmo. Essa abordagem à cristologia não se ajustou muito bem ao sentimento crescente de que o cristianismo era diferente do judaísmo, mas que a relação que existia entre eles deveria ser compreendida. Os ebionitas viam Jesus de Nazaré como um profeta hebreu reformador. Embora a visão de Marcião de que o cristianismo deveria se dissociar totalmente de suas origens judaicas tenha conquistado poucos partidários, ela era agora uma indicação reveladora de como o cristianismo via a si próprio — como uma nova fé universal que reconhecia as suas origens dentro do judaísmo,[266] mas que também transcendia as suas limitações étnicas, culturais e religiosas. O ebionismo capturou a nova fé dentro de uma matriz judaica, tornando-a

----

[262] Sobre alguns aspectos disso, v. *Heretics*, de LÜDEMANN, p. 27-60.

[263] SKARSAUNE, Oskar. *In the Shadow of the Temple: Jewish Influences on Early Christianity*. Downers Grove: InterVarsity Press, 2002, p. 147-162, 259-274.

[264] Isso leva Lüdemann a sugerir que, na prática e nos círculos cristãos judaicos, Paulo era considerado um herege; cf. *Heretics*, de LÜDEMANN, p. 61-103, que desenvolve um ponto originariamente levantado por Walter Bauer (p. 60).

[265] LÜDERMANN. *Heretics*, p. 53-56.

[266] HURTADO. *Lord Jesus Christ*, p. 155-214.

[Heresia]

prisioneira de sua história. O futuro do cristianismo como uma fé independente — não uma seita judaica — dependia do desenvolvimento das novas categorias da igreja para dar sentido à figura de Jesus de Nazaré. Essas categorias reconheceriam, até mesmo valorizariam, as origens de Cristo dentro do judaísmo, mas ao mesmo tempo articulariam o seu significado em termos que destacassem seu sentido global, até mesmo cósmico. No final, o ebionismo tornou-se herético porque era um símbolo de paroquialismo dentro de uma fé que se mostrava clara sobre o seu significado e chamado universal. Ainda que, em várias formas, o ebionismo se tenha prolongado, no final, o movimento simplesmente dissipou-se.

Contudo, não de modo permanente. Um dos desenvolvimentos religiosos mais intrigantes dos últimos cem anos, em geral negligenciado pelos jornalistas[267] e também pelos estudiosos, é um fluxo importante de conversões do judaísmo para o cristianismo. Embora alguns convertidos judeus tenham assimilado completamente o cristianismo, abandonando a cultura judaica, outros se viram de um modo muito diferente. Como o antropólogo Juliene Lipson mostrou, o termo "cristão hebreu" é usado amplamente nos dias de hoje para se referir a "um judeu que aceitou Cristo como o Messias e seu Salvador, mas que, no entanto, prefere preservar a sua identidade como judeu".[268] Essa identidade judaica é expressa de vários modos, incluindo a observação do sábado, mas particularmente pelo uso do termo hebraico *Yeshua* para se referir a Jesus.

O ressurgimento do cristianismo judaico nos últimos anos tem levado a um novo interesse dentro do movimento de articulação do significado de Jesus em termos essencialmente judaicos. Assim como o nome *Jesus* é evitado por causa de suas raízes gregas, também se considerou que muitas formas tradicionais cristãs de explicar o significado de Jesus refletiam ideias metafísicas gregas e, portanto, exigiam uma reafirmação em formas mais autenticamente

....

[267] ROSEN, Moishe. *Y'shua: The Jewish Way to Say Jesus.* San Francisco: Purple Pomegranate Production, 1982.
[268] LIPSON, Juliene G. Jews for *Jews for Jesus: An Anthropological Study.* New York: AMS Press, 1990, p. 15. V., tb, *Messianic Judaism: Its History, Theology, and Polity*, de David A. RAUSCH, Lewiston: Edwin Mellen Pres, 1982.

[As primeiras heresias clássicas: ebionismo, docetismo, valentianismo]

judaicas — como ver Jesus como um profeta. Isso tem suscitado o ressurgimento de uma cristologia ebionita dentro dos círculos cristãos judeus.

Passemos agora ao exame de outra heresia primitiva referente à identidade de Jesus de Nazaré, que é geralmente chamada de docetismo.

Docetismo: a humanidade de Jesus de Nazaré

As três cartas de João são consideradas por alguns estudiosos como pertencentes aos últimos trabalhos do NT, datando possivelmente por volta do ano 90. De acordo com essas cartas, uma ideia nova e potencialmente perigosa estava circulando em algumas igrejas cristãs — a de que Jesus de Nazaré não era de fato um ser humano.[269] Jesus apenas aparentava ser humano; na realidade, ele era divino. A sua humanidade era um espectro, uma ilusão. O termo "docetismo", derivado do verbo grego *dokein* ("parecer"), logo passou a ser usado em referência a esse ensino. Considera-se que a primeira pessoa a usar a palavra "docetismo" nesse sentido foi Serapião, bispo de Antioquia (190-203).

De acordo com Ireneu de Lyon, escrevendo perto do final do século II, essas ideias estavam associadas a Cerinto, que viveu na cidade de Éfeso pela época em que as cartas de João estavam sendo escritas.

> *Cerinto, um homem que foi educado na sabedoria dos egípcios, pregava que o mundo não foi feito pelo Deus primeiro, mas por certo poder bem separado dele, distante daquele Principado que é supremo sobre o Universo e ignorante daquele que está acima de tudo.*

[269] STRECKER, Georg. *The Johannine Letters: A Commentary on 1, 2, and 3 John.* Menneapolis: Fortress Press, 1996, p. 66-77. TREBILCO, Paul R. *The Early Christians in Ephesus from Paul to Ignatius.* Tübingen: Mohr Siebeck, 2004, p. 694-696.Observe esp. 1João 4.1-3: *[...] todo espírito que confessa que Jesus veio em corpo é de Deus.* Essa passagem sugere que aqueles que negaram que Jesus Cristo veio em carne, mas somente "pareceu" tomar-se carne, deveria ser rejeitado.

[143]

[Heresia   ]

Ele representou Jesus como não nascido de uma virgem, mas como filho de José e Maria, segundo o curso comum da geração humana, embora ele fosse, não obstante, mais justo, prudente e sábio que outros homens. Além disso, depois do seu batismo, Cristo desceu sobre ele na forma de uma pomba do Governante Supremo, e que ele proclamou o Pai desconhecido e operou milagres. Mas, no final, Cristo partiu de Jesus, e que então Jesus padeceu e ressuscitou, enquanto Cristo permaneceu impassível, já que ele era um ser espiritual.[270]

Dessa forma, Cerinto fez distinção entre um "Jesus" humano e um "Cristo" divino. Jesus só se diferenciara do restante da humanidade pelo fato de possuir certas virtudes, e uma vez que o Cristo divino descera sobre ele no batismo e o deixara na cruz.

As primeiras referências explícitas àquilo que se reconhece como uma forma de docetismo são encontradas em algumas das cartas de Inácio de Antioquia (c. 35-c. 107), bispo da Antioquia, na Síria, que foi martirizado em Roma. Inácio é lembrado principalmente devido a sete cartas, as quais tanto exerceram uma influência considerável sobre a igreja primitiva quanto deram um importante testemunho de algumas de suas controvérsias. Essas cartas mostram-no preocupado com os ensinamentos de dois grupos, cada um dos quais claramente teve influência dentro de algumas igrejas cristãs: os judaizantes, que desejavam que o cristianismo permanecesse dentro da órbita do judaísmo;[271] e os docetas, que afirmavam que o sofrimento de Jesus era ilusório. As suas cartas às igrejas em Trália e Esmirna indicam claramente que alguns estavam afirmando que Cristo apenas *parecia* ter sofrido. Cristo, Inácio sustenta em sua *Carta aos tralianos*, "realmente e verdadeiramente sofreu, da

---

[270] IRENEU DE LYON. *Ireneu de. Adversus haereses* 1.26.1.

[271] Inácio foi um dos mais antigos escritores cristãos conhecidos por defender que a igreja deveria guardar o "Dia do Senhor" (domingo), em vez do tradicional sábado judaico, como o dia de descanso.

[As primeiras heresias clássicas: ebionismo, docetismo, valentianismo]

mesma maneira que ele realmente e verdadeiramente ressuscitou. A sua paixão não foi uma ilusão imaginária".[272]

A recusa docética em aceitar a humanidade fundamental de Jesus de Nazaré é expressa de várias maneiras intrigantes. Valentino adotou uma visão fortemente docetista de Cristo e a ampliou para incluir o sistema digestivo dele. A ideia de que Jesus de Nazaré pudesse urinar ou defecar era simplesmente inconcebível para Valentino. Esses eram aspectos degradantes do ser humano, algo que, de forma nenhuma, poderia ser aplicado a Jesus. De acordo com Clemente de Alexandria, Valentino pregava que Jesus de Nazaré "era continente", visto que "ele comia e bebia de um modo especial, sem excretar".[273]

Apesar dessas claras indicações da influência de ideias docéticas na igreja primitiva, é difícil encontrar evidência de um movimento coerente que pudesse ser chamado de docetismo.[274] As fontes mais antigas que chegaram até nós indicam que algumas facções defendiam que Jesus só tinha parecido sofrer; mas essas fontes nunca são explicitamente consideradas "docetistas". Por exemplo, Ireneu cita vários escritores não ortodoxos como tendo afirmado que Jesus de Nazaré "era um homem somente na aparência"; contudo, ele não se refere a isso como docetismo. Escrevendo no início do século III, Hipólito de Roma faz menção a um grupo chamado "doceta", que ele associa a uma recusa de fato em aceitar que Jesus Cristo tenha sofrido. Contudo, as formas de docetismo que ele encontrou muitas vezes misturavam essas ideias com alguns dos conceitos de várias fontes gnósticas, tornando difícil compreender o que é especificamente característico do docetismo.

Mais uma vez somos confrontados com um quadro histórico complexo daquilo que o cristianismo primitivo entendeu pelo termo "docetismo". Alguns estudiosos sugeriram que o melhor modo de definir

---

[272] INÁCIO. *Carta aos tralianos*, 9 — 10; *Carta aos esmirneus*, 2 — 3.

[273] Clemente de Alexandria, *Stromateis* 3.69.3, citando a partir da correspondência perdida de Valentino a Agathapous.

[274] Cf. indicado em "'Doketismus' — eine Problemanzeige", de Norbert BROX, *Zeitschrift für Kirchengeschichte*, v. 95, p. 301-314, 1984.

[Heresia]

historicamente o docetismo seja limitá-lo à crença de que, nas palavras do estudioso da patrística Norbert Brox, "Jesus era diferente daquilo que parecia ser".[275] É possível identificar dois tipos de docetismo, os quais são claramente relacionados, mas não idênticos.[276] O primeiro diz respeito à encarnação de Cristo. De fato, Jesus não poderia ser propriamente humano, pois não haveria nenhum meio pelo qual o divino e o humano pudessem coexistir em um único ser. Cristo teria de ser então de natureza totalmente espiritual. O segundo diz respeito ao seu sofrimento na cruz: mesmo que Cristo fosse verdadeiramente humano, a realidade é que ele não sofreu na cruz. Dessas duas visões, a primeira parece ter sido a mais difundida dentro da igreja primitiva.

Compreender as origens do docetismo é tão problemático quanto dar sentido às suas ideias essenciais. Alguns argumentaram que o pensamento docético tenha surgido como consequência de influências filosóficas gregas, em particular da dificuldade de se entender como Deus poderia coexistir ao lado da "matéria". Outros sugeriram que o docetismo era consequência de influências judaicas ou que o pensamento refletia a influência crescente de certas formas de gnosticismo no interior do cristianismo primitivo.[277] Recentemente, porém, surgiu outra perpectiva, que talvez possa esclarecer por que, naquele momento, o docetismo mostrou-se tão atraente para tantas pessoas.

Em seu estudo das origens históricas do docetismo, Ronnie Goldstein e Guy Stroumsa observaram como a mitologia grega clássica faz referência aos heróis e heroínas que são substituídos por um "duplo" quando a sua morte é iminente.[278] Esse dispositivo é comum na tragédia grega e pode ser visto na narrativa de Helena de Troia, de Eurípides,

---

[275] BROX, Doketismus, p. 309. V. tb. "Docetism: A Historical Definition", de Michael SLUSSER, Second Century, v. 1, p. 163-172, 1981.

[276] Seguindo a excelente análise feita em "Christ's Laughter: Docetic Origins Reconsidered", de Guy STROUMSA, Journal of Early Christian Studies, v. 12, p. 267-288, esp. 268, 2004.

[277] Ronnie GOLDSTEIN & Guy G. STROUMSA, The Greek and Jewish Origins of Docetism: A New Proposal, Zeitschrift für Antikes Christentum, v. 10, p. 423-41, 2007.

[278] GOLDSTEIN; STROUMSA. Origins of Docetismo, p. 430.

[As primeiras heresias clássicas: ebionismo, docetismo, valentianismo]

que data por volta do século V a.C.[279] A figura de Helena de Troia representava um desafio considerável aos dramaturgos da idade clássica, visto que ela precisava ser reconhecida como alguém que seria ao mesmo tempo valorizada e menosprezada. Por um lado, ela era um prêmio pelo qual um número incontável de homens estavam dispostos a lutar e morrer — a "face que lançou mil naves";[280] por outro lado, ela era uma adúltera e foi, por conseguinte, fonte e objeto de profunda vergonha. Alguns dramaturgos a retrataram como cruelmente má; outros, como complacentemente punida; e outros, ainda, como sujeita a forças além do seu controle. Ainda houve uma quarta abordagem, elaborada por autores tão diversos e ilustres quanto Estesícoro, Heródoto e Eurípides. Um novo mito foi construído, deslocando a narrativa histórica mais severa: Contrariando Homero, a própria Helena jamais foi a Troia. Um espectro (*eidolon*) tomou o seu lugar.

Para aqueles que não a conhecem, vale a pena repetir a história. De acordo com Platão, o poeta Estesícoro perdeu sua visão como castigo por caluniar Helena num poema no qual ele então a acusou de ter um comportamento lascivo.[281] Estesícoro arrependeu-se e escreveu uma segunda versão revisada de seu poema (*Palinodia*), segundo o qual Helena realmente não foi para Troia. Isso resolvia um problema teológico — como proteger a virtude da Helena, divinizada em lugares onde ela já era objeto de culto, enquanto o comportamento dela em Troia causava tamanha ofensa e arruinava as reivindicações de divindade. Como Helena de Troia poderia ser adorada como divina, se ela possuía uma reputação tão questionável? De acordo com Goldstein e Stroumsa:

---

[279] V., esp., *Helen of Troy and Her Shameless Phantom*, de Norman AUSTIN, Ithaca: Cornell Univ. Press, 1994. A obra tem tido significativo impacto sobre como Goldstein e Strousma desenvolveram sua tese.

[280] Essa frase não data da era clássica, mas encontra-se no drama de Christopher Marlowe, *Doutor Fausto*, escrito por volta de 1600: *Foi esta a face que lançou mil naves ao mar / e queimou de Troia as altas torres?*

[281] PLATÃO. *Fedro* 243a-b.

[Heresia]

> *O eidolon é sistematicamente usado na literatura grega para resolver problemas teológicos relacionados ao mito e sua interpretação. Esse dispositivo simples do duplo do herói resolve o problema de um comportamento desmerecedor por parte do (normalmente divino) herói, ou do destino intolerável dele (ou dela), sem suprimir a história mítica completamente.*[282]

Esse tipo de enfoque era encontrado no início da heresia cristã? Pode-se tomar como exemplo para sugerir que grupos cristãos judeus poderiam ter sido tentados a associar a narrativa da crucificação de Cristo à história de Abraão e Isaque (Gn 22), na qual a morte de Isaque exigida como sacrifício é evitada na última hora, quando é providenciada uma vítima substituta.[283] Ireneu de Lyon relata que essa visão não ortodoxa esteve em circulação e a atribui aos basilidianos.

> *[Jesus Cristo] não sofreu. Em vez disso, certo Simão de Cirene foi forçado a carregar a cruz por ele, e foi ele quem, involuntariamente e por acaso, foi crucificado, sendo transformado pelo outro, de forma que ele se passou por Jesus.*[284]

Essa é claramente uma forma de docetismo, originado dentro de uma estrutura gnóstica.

A influência dessa perspectiva dentro do gnosticismo provou ser considerável, como fica evidente do corpo da literatura recuperada de Nag Hammadi. Considere este excerto do manuscrito gnóstico do *Segundo tratado do grande Sete*, o qual traz uma explicação alternativa da crucificação de Cristo, narrada em primeira pessoa:

---

[282] GOLDSTEIN; STROUMSA. *Origins of Docetismo*, p. 429.

[283] v. *Bound by the Bible: Jews, Christians and the Sacrifice of Isaac*, de Edward KESSLER, Cambridge: Cambridge Univ. Press, 2004.

[284] IRENEU DE LYON, *Adversus haereses* 1.26.4. Para uma análise, IRENEU DE LYON, *Adversus haereses* 1.26.4. v., de DANIEL WANKE, *Das Kreuz Christi bei*, LYON Irenaeus von (Berlin: de Gruyter, 2000, p. 75-82).

[As primeiras heresias clássicas: ebionismo, docetismo, valentianismo]

Eu não sucumbi a eles como planejaram. Mas de modo nenhum sofri. Aqueles que estavam lá me castigaram. E eu não morri na realidade, mas em aparência. [...] Pois minha morte, a qual eles pensam ter acontecido, [aconteceu] a eles em seu erro e cegueira, uma vez que eles pregaram o homem deles na morte deles. Pois suas Enoias não me viram, pois estavam surdas e cegas. Mas, ao fazer tais coisas, eles condenaram a si próprios. Sim, eles me viram; eles me castigaram. Foi outro, o pai deles, que bebeu a bile e o vinagre; não eu. Eles me atingiram com a lança; foi outro, Simão, que carregou a cruz nos ombros. Foi outro sobre quem eles colocaram a coroa de espinhos.[285]

Vemos aqui uma relutância esmerada em admitir que Jesus de Nazaré tenha sofrido a indignidade da morte, especialmente uma morte tão humilhante. As tendências cristológicas docéticas, tão características desse tipo de gnosticismo, aqui conduzem a certo intrigante revisionismo histórico.

Em vários pontos em nossa discussão, referimo-nos ao gnosticismo sem explicar o que deve ser entendido por esse termo. Então, o que foi exatamente o gnosticismo? E por que teve um impacto tão grande na igreja primitiva? Vamos começar a responder a essas perguntas, levando em conta o caso de Valentino, uma figura importante na luta da igreja para definir o seu centro e seus limites.

---

[285] *Second Treatise of the Great Seth* [Segundo tratado do grande Sete] 55:16-35. V. tb., *The Suffering of the Impassible God: The Dialectics of Patristic Thought*, de Paul GAVRILYUK, Oxford: Oxford Univ. Press, 2004, p. 80-83. Sobre outros textos gnósticos que adotam postura similar, v. *Suffering of the Impassible God* de GAVRILYUK, p. 79-90. Essa escola "setiana" de gnosticismo se diferencia de vários modos do valentianismo.

[Heresia]

Valentianismo: gnosticismo e cristianismo

No final do século I, a cidade de Roma era o centro de um vasto império. Ainda que Roma tenha dominado grande parte do mundo de sua época, uma forma sutil de colonialismo inverso criou raízes. Movimentos religiosos que tinham suas origens na Grécia, Palestina e além desses lugares começaram a ganhar seguidores em Roma. Naturalmente, um desses movimentos foi o cristianismo, que logo encontrou o seu caminho no centro do Império Romano. A evidência sugere claramente que a igreja para a qual o apóstolo Paulo escreveu era de fato um conjunto de congregações individuais que se reuniam em casas, em vez de ser uma única igreja romana. Nessa fase, a igreja romana possuía pouco do modo das autoridades ou organizações centralizadas,[286] sendo talvez mais bem comparada a clubes ou sociedades (a *collegia*) romanos seculares, ou a sinagogas judaicas. Em cada caso, as igrejas eram essencialmente associações independentes sem nenhum controle centralizado.

Outras igrejas derivaram-se de outras regiões do Império Romano. Os mistérios eleusinos, que tiveram as suas origens na Grécia, conquistaram muitos adeptos em Roma. Baseavam-se nos cultos a Demétrio e Perséfone, acreditando-se que, através desses cultos, os adoradores eram unidos aos deuses, recebendo recompensas na vida futura.[287] Os mistérios mitraicos também passaram a surgir por volta desse tempo, mostrando-se particularmente populares dentro do exército romano. As origens desse culto e a identidade de sua figura central, Mitra, permanecem incertos,[288] embora seja provável que ele represente uma adaptação local de um culto da Anatólia de um culto iraniano.

---

[286] LAMPE, Peter. *From Paul to Valentinus: Christians at Rome in the First Two Centuries.* Minneapolis: Fortress Press, 2003, p. 301-345. Nesse texto, Lampe aborda o "fracionamento" da igreja romana.

[287] TRIPOLITIS, Antonia. *Religions of the Hellenistic-Roman Age.* Grand Rapids: Eerdmans, 2002, p. 16-21.

[288] Para uma explicação recente, v. "Ritual, Myth, Doctrine, and Initiation in the Mysteries of Mithras: New Evidence from a Cult Vessel", de Roger BECK, *Journal of Roman Studies*, v. 90, p. 145-180, 2000.

[As primeiras heresias clássicas: ebionismo, docetismo, valentianismo]

No entanto, a maior parte do interesse dos estudiosos centrou-se em uma tradição amplamente conhecida como gnosticismo (termo derivado da palavra grega *gnosis:* "conhecimento"). Se alguma tradição religiosa antiga pode ecoar particularmente bem nos modismos sociais e religiosos na América do Norte de hoje, é o gnosticismo. O que sabemos das crenças gnósticas nos sugere que elas estão em sintonia com os ideais contemporâneos de autodescoberta, autoconsciência, autoatualização e salvação do "eu", sem mencionar uma antipatia a qualquer tipo de autoridade, especialmente a eclesiástica. A fascinação atual com o gnosticismo por parte de segmentos da intelectualidade americana moderna revela muito mais sobre os anseios e aspirações culturais de nossos dias do que desse movimento religioso.[289]

Com frequência, esses movimentos usam o termo em um sentido lasso para designar uma ênfase ao lado espiritual da vida e uma preocupação em buscar a verdade nos recônditos da natureza humana, em vez de se dizer o que está correto nas figuras de autoridade. Embora esses temas sejam, de fato, encontrados no gnosticismo, eles estiveram de tal modo difundidos no final da Antiguidade clássica que não podem ser considerados diferentes do movimento. Há uma necessidade de precisão histórica sobre essa questão, em particular uma tentativa de entender por que a igreja passou a ver o gnosticismo como constituindo uma ameaça, em vez de — como o platonismo — vê-lo como um parceiro de diálogo possível.

Então, o que é esse gnosticismo? Tradicionalmente, considera-se que o movimento diz respeito àqueles grupos no Império Romano, especialmente nos séculos I e II, que afirmavam conhecer Deus por experiência, não pelas doutrinas formais.[290] Isso cria a impressão de que

---

[289] V. a interessante coletânea de ensaios em *The Allure of Gnosticism: The Gnostic Experience in Jungian Psychology and Contemporary Culture*, ed. Robert A. SEGAL, Chicago: Open Court, 1995.

[290] Hans Jonas, cuja influência na moderna interpretação desse movimento foi decisiva, define a essência do gnosticismo como "certo dualismo, uma alienação entre o homem e o mundo". Hans JONAS, Hans. The Gnostic Religion: *The Message of the Alien God and the Beginnings of Christianity*. 3. ed. Boston: Beacon Press, 2001, p. 325. Uma posição similar é adotada em *Gnosis: The Nature and History of Gnosticism*, de Kurt RUDOLPH, San Francisco: Harper & Row, 1983.

[Heresia]

o gnosticismo é um movimento bem definido, com um conjunto bem formado de crenças.

Na verdade, essa tradição religiosa tem revelado ser algo como uma igreja ampla — tão ampla, de fato, que muitos estão questionando se ela pode ser realmente considerada uma escola bem definida de pensamento com alguma identidade específica.[291] Há um crescente consenso de que o termo "gnosticismo" seja equivocado, uma vez que ele reúne vários grupos bastante discrepantes e os apresenta como se representassem um único sistema de crença religiosa. Existe cada vez mais simpatia pela visão de que a ideia de gnosticismo como uma entidade coerente é em grande parte invenção dos estudiosos modernos da religião,[292] que foram influenciados, talvez de forma indevida, pelos antigos escritores cristãos, como Ireneu de Lyon, que tinham as próprias razões para querer retratar o movimento como um grupo homogêneo — um império do mal que representava uma ameaça real à incipiente igreja cristã.[293]

Existe agora um claro consenso de que é muito difícil usar a categoria do gnosticismo de algum modo significativo.[294] Segundo Karen King, "A variedade de fenômenos classificados como 'gnósticos' simplesmente não dá apoio para uma definição única, monolítica, e, de fato, nenhum dos principais documentos estabelece uma definição tipológica padrão".[295] Então, devemos desistir de usar os termos "gnosticismo" e "gnóstico"? Não. Eles apenas devem ser usados com cautela. Um bom exemplo disso

---

[291] V., esp., *Rethinking "Gnosticism": An Argument for Dismantling a Dubious Category*, de Michael A. WILLIAMS, Princeton: Princeton Univ. Press, 1996, p. 43-44. Há também uma discussão um tanto útil em *Gnosticism, Judaism, and Egyptian Christianity*, de Birger A. PEARSON, Menneapolis: Fortress Press, 1990.

[292] Para uma discussão detalhada, v. "Categorical Designations and Methodological Reductionism: Gnosticism as Case Study", *Method and Theory in the Study of Religions*, de Phillip A. TITE, v. 13, p. 269-292, 2001.

[293] V., p. ex., as conclusões em *What Is Gnosticism?* de Karen L. KING, Cambridge: Belknap Press, 2003.

[294] KING, *What Is Gnosticism?*: "Porque o problema central é a reificação de uma entidade retórica (heresia) num fenômeno por si mesmo real (gnosticismo), toda a questão da origem é um não assunto, cuja suposta urgência surge apenas por causa de sua função retórica no discurso da ortodoxia e heresia" (p. 190).

[295] Ibidem, p. 224.

[As primeiras heresias clássicas: ebionismo, docetismo, valentianismo]

é o uso que se faz deles para se referir a uma família de doutrinas e mitos religiosos que floresceram no final da Antiguidade e que sustenta ou pressupõe duas coisas: 1) que o cosmo resulta da atividade de um criador mau ou ignorante; e 2) que a salvação é um processo durante o qual os crentes tomam conhecimento da sua origem divina, de forma que podem voltar ao reino da luz depois de terem sido libertados das limitações do mundo físico em geral e do corpo humano em particular.

Tendo em mente essas advertências, voltemos às visões de Valentino, amplamente referido como o iniciador de uma forma de cristianismo gnóstico. Já temos informação suficiente para podermos dar uma explicação razoavelmente completa de suas ideias e avaliar a sua importância.[296] Supõe-se que Valentino tenha chegado a Roma por volta do ano 135. É difícil determinar com precisão sua história anterior. Tradicionalmente, ele é retratado como originário do Egito, tendo nascido nos arredores do Delta do Nilo e educado em Alexandria. (Walter Bauer sugeriu de modo significativo que Alexandria era o principal centro do gnosticismo daquela época.) Os discípulos de Valentino afirmavam que ele tinha sido educado por Teudas, um pupilo do apóstolo Paulo, de quem ele extraiu os seus "ensinos secretos". Também presente em Roma nessa época estava o teólogo cristão Justino Mártir, que condenou as ideias de Valentino. No entanto, Justino não tinha nenhuma posição oficial dentro da igreja romana e parece ter existido à sua margem, tendo na época uma influência limitada.[297]

Embora a maioria das narrativas populares da vida de Valentino em geral relate que ele foi condenado pela igreja de Roma, não existe, na verdade, nenhuma evidência histórica de que alguma figura de autoridade dentro da igreja romana o tenha condenado e a seus ensinamentos.[298]

....

[296] Seguindo *Valentinus Gnosticus? Untersuchungen zur valentinianischen Gnosis mit einem Kommentar zu den Fragmenten Valentins*, de Christoph MARKSCHIES, Tübingen: Mohr, 1992, adotou a perspectiva de que Valentino não defendeu algumas das doutrinas que eram características dos valentinianos posteriores.

[297] LAMPE. *From Paul to Valentinus*, p. 376, 390-393.

[298] Cf. indicado em "Orthodoxy and Heresy in Second-Century Rome", de Einar THOMASSEN, *Harvard Theological Review*, v. 97, p. 241-256, 2004.

[153]

[Heresia]

Isso tem levado alguns a sugerirem que Valentino permaneceu ativo na igreja de Roma e outros a especular que as estruturas disciplinares da igreja romana eram mais herméticas na segunda metade do século II.

Contudo, quais são as ideias fundamentais do valentianismo?[299] Não está claro até que ponto as doutrinas características do valentianismo podem ser atribuídas ao próprio Valentino, uma vez que pelo menos algumas dessas ideias foram desenvolvidas pelos seus seguidores após sua morte. A maneira mais tranquila de compreender o valentianismo é vê-lo como originário do interior do cristianismo, ainda que interpretando ou desenvolvendo ideias de essência cristã de um modo gnóstico — especialmente em relação à imperfeição da matéria e à condição de subordinação ao Deus criador. Acredita-se que o próprio Valentino tenha deparado com os ensinos de Basílides, um mestre alexandrino que afirmava que o Deus, criador judeu, não era o mesmo Deus descoberto por Jesus de Nazaré. Conforme os seguidores de Basílides costumavam dizer, os crentes não eram "mais judeus, mas ainda não eram cristãos".[300]

A diversificação do valentianismo deve-se em parte à multiplicidade de seus intérpretes e à sua expansão geográfica. Em geral, considera-se que os maiores intérpretes de Valentino são Ptolomeu, Teódoto e Heracleão. Contudo, tanto as primeiras fontes cristãs quanto a crítica moderna expressaram dúvidas sobre se Heracleão realmente foi um representante do valentianismo.[301] Além do mais, as primeiras fontes documentais fazem referência a duas "escolas" dentro do valentianismo: uma fundada na Itália e a outra, no "leste".[302] Interessante notar que os textos descobertos em Nag Hammadi, em 1945, incluem vários textos valentinianos, junto com documentos que representam outra forma de gnosticismo que é geralmente

---

[299] O estudo mais detalhado até hoje é a obra *The Spiritual Seed: The Church of the "Valentinians"*, de Einar THOMASSEN, Leiden: Brill, 2008.

[300] IRENEU DE LYON. *Adversus haeresis* 1.24.6.

[301] KALER Michael; BUSSIÈRES, Marie-Pierre. Was Heracleon a Valentinian? A New Look at Old Sources, *Harvard Theological Review*, v. 99, p. 275-289, 2006.

[302] Joel KALVESMAKI, Italian Versus Eastern Valentinianism?, *Vigiliae Christianae*, v. 62, p. 79-89, 2008.

[As primeiras heresias clássicas: ebionismo, docetismo, valentianismo]

conhecida por gnosticismo "setiano".[303] Mas, apesar dessas dificuldades, é possível traçar um panorama geral do sistema valentiniano, embora reconhecendo a existência de variações dentro da escola.

O valentianismo usou o termo "plenitude" (gr., *pleroma*) para se referir ao lugar de habitação do verdadeiro Deus, o Pai do Universo, bem como ao grande número de seres eternos que viviam em perfeita harmonia uns com os outros. Essa harmonia cósmica foi destruída por um dos seres eternos, Sabedoria (gr., *sophia*), que não estava preparado para se contentar com a própria posição, mas desejou imitar o Pai do Universo e criar algo por si mesmo. Essa tentativa fracassada de criar, por parte da Sabedoria, resultou no demiurgo (do termo grego *demiurgos*: "artesão"), que foi expulso do reino divino e em seguida tentou criar mundos por si mesmo.

Essa ideia de um deus criador inferior, o demiurgo, é encontrada na filosofia grega clássica e desempenha um papel importante no diálogo *Timeu*, de Platão. De modo geral, o gnosticismo afirmava que o demiurgo criou o mundo físico sem nenhum conhecimento do "verdadeiro Deus", acreditando falsamente que ele era o único Deus. Uma vez que o demiurgo agiu ignorando o verdadeiro Deus, a sua criação tinha de ser considerada imperfeita ou mesmo maligna. O gnosticismo propôs, dessa forma, uma dicotomia entre o mundo visível da experiência e o mundo espiritual do verdadeiro Deus. O gnosticismo setiano, que mostra pouca influência cristã, e é considerado, em grande medida, como derivado do judaísmo, adotou uma visão fortemente negativa do deus criador, muitas vezes referido pelo nome semita *Yaldabaoth* e, às vezes, como "o tolo" ou "o deus cego". Yaldabaoth é tipicamente apresentado, em termos demoníacos, como líder de outros seres espirituais e como o inimigo da humanidade.

Para o gnosticismo setiano, Yaldabaoth era atormentado pelo desejo sexual, levando-o a violentar Eva e a gerar dois filhos,

---

[303] A esse respeito, v. *Sethian Gnosticism and the Platonic Tradition*, de John D. TURNER, Louvain: Peeters, 2001.

[155]

[Heresia]

Caim e Abel. Sete é o próprio filho de Adão, e assim será visto como um protótipo da "humanidade espiritual".[304] Em comparação, o valentianismo interpretou o demiurgo em termos mais positivos do que em muitos sistemas gnósticos, afirmando que o demiurgo foi o mediador da Sabedoria na criação do mundo.

Qual, porém, é o lugar da humanidade dentro dessa ordem criada? Embora o corpo humano tenha sido criado pelo demiurgo, ele contém um espírito divino que lhe permite estabelecer uma conexão com o Deus supremo. Por essa razão, os seres humanos podem ser considerados superiores ao seu criador. A "centelha" divina dentro da humanidade possui um instinto de retorno, um desejo de se libertar do corpo e alcançar o seu verdadeiro destino. O objetivo do corpo criado pelo demiurgo é funcionar como uma prisão e levar a humanidade a reprimir ou esquecer o espírito divino em seu interior. A expressão grega *soma sema* ("o corpo é uma tumba") incorpora bem essa noção. Mas essa centelha pode ser despertada se e quando um mensageiro divino desperta o indivíduo do seu sonho de esquecimento, permitindo-lhe, desse modo, iluminar a humanidade por meio desse conhecimento esotérico e se religar às suas origens divinas.

Para o valentianismo, Cristo é essa figura redentora que desperta a centelha divina dentro da humanidade, permitindo que ela encontre o caminho de volta ao verdadeiro lar. Para salvar aqueles que se tornaram prisioneiros do corpo, o salvador "se deixou ser concebido e se deixou nascer como uma criança com corpo e alma".[305] Teódoto afirmava que o salvador, ou *Logos*, veio do *pleroma* para o mundo visível, onde ele assumiu uma "carne espiritual" para permitir que os elementos espirituais nos seres humanos terrenos voltassem a se unir às suas origens divinas.[306]

---

[304] Sobre isso, v. "The Figure of Seth in Gnostic Literature", de Birger A. PEARSON. In: LAYTON, Bentley (Org.). *The Rediscovery of Gnosticism*. Leiden: Brill, 1980, p. 472-504.
[305] Essa citação foi extraída do texto valentiniano *The Tripartite Tractate;* para um comentário, v. *Spiritual Seed*, de THOMASSEN, p. 50.
[306] Ibidem, p. 28-30.

[As primeiras heresias clássicas: ebionismo, docetismo, valentianismo]

Então, por que a igreja rejeitou essa visão? Por que sentiu que o valentianismo lhe constituía uma ameaça? Um caminho simples para entender a rejeição da igreja ao valentianismo é que este era visto como uma tentativa, de fato mas não na intenção, de subverter a igreja a partir de dentro dela. A polêmica de Ireneu de Lyon contra Valentino revela quão semelhantes eram as ideias dele e aquelas da igreja popular: os valentinianos e os adeptos da igreja popular frequentavam as mesmas reuniões, usavam o mesmo vocabulário, liam e respeitavam as mesmas escrituras e tomavam parte nos mesmos ritos sacramentais.[307] A diferença está em como isso tudo era interpretado. O uso que Valentino fazia dos livros do NT é consistente com a visão da maioria da crítica contemporânea, isto é, que o valentianismo teve sua origem dentro da matriz da ortodoxia cristã numa época em que o cânon estava em processo de sedimentação.[308]

Está claro que Valentino acreditava estar enriquecendo o cristianismo ao usar ideias gnósticas tanto como um meio de aprofundar o seu apelo na cultura de sua época quanto para dar-lhe mais profundidade intelectual. Não foram poucos os valentinianos que pensavam em si mesmos como representantes de uma versão mais profunda, mais espiritual do cristianismo. Mas outros viam isso como o equivalente à conversão do cristianismo no gnosticismo. Em vez de tornar o cristianismo congênere aos gnósticos, alcançou-se um resultado precisamente oposto. A exegese bíblica valentiniana parecia envolver a imposição dos sentidos gnósticos sobre as palavras cristãs. Valentino propôs uma versão do gnosticismo que parecia altamente adaptada às sensibilidades cristãs, especialmente quando comparada com a sua contraparte setiana. Contudo, ainda era uma forma de gnosticismo.

Respondendo a Valentino e seu círculo, Ireneu de Lyon argumentou em favor da "economia da salvação". Todo o trabalho de salvação, desde a criação até sua consumação final, foi realizado por um mesmo

---

[307] V. análise feita em "Orthodoxy and Heresy: Walter Bauer and the Valentinians", por James F. McCue, *Vigiliae Christianae*, v. 33, p. 118-130, 1979.
[308] McCue. "Orthodoxy and Heresy", p. 122-123.

[Heresia]

e único Deus.[309] O Deus criador não foi nenhum demiurgo, nem foi o redentor ou um simples emissário dos reinos celestiais. Ireneu destaca a importância da doutrina da Trindade que estava surgindo como, por um lado, um modo de articular a continuidade divina ao longo da história do mundo, e, por outro lado, como uma salvaguarda da unidade essencial da Bíblia. A matéria não é intrinsecamente má; ela é a boa criação de Deus. Ela decaiu, mas pode ser restaurada e renovada. Para Ireneu, a doutrina da encarnação e o uso cristão dos sacramentos representam negações explícitas de qualquer noção gnóstica de uma matéria intrinsecamente má. Então Deus não escolheu se tornar carne unindo-se à natureza humana? A igreja não usa água, vinho e pão como símbolos da graça e presença divinas?

A preocupação de Ireneu nesse momento era estabelecer uma clara distância entre a igreja e suas alternativas gnósticas. Mas parece que para Ireneu sublinhar as diferenças de substância era uma preocupação profunda sobre as questões de método — sobretudo, a interpretação da Bíblia. Ao refletir sobre a interpretação que Valentino fizera dos textos sagrados, Ireneu parece ter chegado à conclusão de que os gnósticos tinham se apropriado dos documentos fundadores do cristianismo e interpretado os seus aspectos centrais de um modo gnóstico. Na visão de Ireneu, o resultado foi que Valentino transformou o cristianismo em gnosticismo.

A resposta de Ireneu a esse desenvolvimento é considerada amplamente um marco no início do pensamento cristão. Os hereges, ele afirmou, interpretaram a Bíblia de acordo com o próprio gosto. Os crentes ortodoxos, em contraste, interpretaram a Bíblia de um modo que os seus autores apostólicos teriam aprovado. O que, por meio da igreja, fora herdado dos apóstolos não eram apenas os textos bíblicos em si mesmos, mas o modo pelo qual aqueles crentes liam e entendiam esses textos.

....

[309] Sobre a importância da interpretação bíblica de Ireneu sobre esse assunto, v. *La théologie d'Irénée. Lecture des Écritures en reponse à l'exégèse gnostique: Une approche trinitaire*, de Jacques FANTINO, Paris: Éditions du Cerf, 1994.

[As primeiras heresias clássicas: ebionismo, docetismo, valentianismo]

Todo aquele que deseja conhecer a verdade deve considerar a tradição apostólica que foi revelada em cada igreja no mundo todo. Podemos enumerar quem são os bispos designados pelos apóstolos, e os seus sucessores nas igrejas até os dias de hoje, que ensinaram e nada sabiam das coisas que essas pessoas imaginam [...]. Os apóstolos, como deveria ser, depositaram essa verdade em toda a sua plenitude neste depósito, de forma que todos que desejarem podem beber dessa água da vida. Essa é a porta da vida; todos os outros são ladrões e usurpadores.[310]

A intenção de Ireneu é que um fluxo contínuo de ensino, vida e interpretação cristãos pudesse ser seguido desde o tempo dos apóstolos até a sua época. A igreja é capaz de apontar aqueles que mantiveram o ensino nela desenvolvido, e certos padrões públicos de credos que preparavam as linhas principais da crença cristã.

A tradição é, assim, a responsável pela fidelidade ao ensino apostólico original, uma proteção contra as inovações e adulterações dos textos bíblicos por parte dos gnósticos. O NT representa o ensino dos apóstolos, que deve ser interpretado como os apóstolos desejaram. A igreja, Ireneu insistia, resguardava ao mesmo tempo o texto e a interpretação, passando ambos para as gerações futuras. Esse desenvolvimento é de importância fundamental, na medida em que ele está na base do aparecimento dos *credos* — declarações públicas e autorizadas dos pontos básicos da fé cristã. Esse ponto foi mais desenvolvido no início do século V por Vicente de Lerins, que estava preocupado com o fato de certas inovações doutrinais estarem sendo introduzidas sem uma boa razão. Havia uma necessidade de existir padrões públicos pelos quais tais doutrinas pudessem ser julgadas.

....

[310] V. a discussão completa em *Adversus haereses* 2.2.1 — 4.1, de IRENEU DE LYON. Partes dessa discussão são reproduzidas aqui. Para uma discussão mais completa dos tópicos, v. os seguintes estudos clássicos: *Tradition und Sukzession: Studien zum Normbegriff des Apostolischen von Paulus bis Irenaeus*, de Georg Günter BLUM, Berlin: Lutherisches Verlagshaus, 1963; *Offenbarung, Gnosis und gnostischer Mythos bei Irenäus von Lyon: Zur Charakteristik der Systeme*, de Norbert BROX, Salzburg: Puster Verlag, 1966.

[Heresia]

Contudo, o que é particularmente interessante sobre o apelo de Irineu à tradição apostólica é a sua clara percepção de que a ortodoxia é cronologicamente anterior à heresia. O valentianismo é entendido como um evento recente, cuja própria novidade suscita claramente questões sobre a sua proveniência e integridade. Um argumento semelhante sobre a prioridade temporal da ortodoxia também pode ser encontrado nos textos de Clemente de Roma, Inácio de Antioquia e Justino Mártir.[311] Já observamos as dificuldades que isso impõe à interpretação histórica que Walter Bauer faz das origens da heresia.

Já mostramos que os últimos seguidores do escritor gnóstico Basílides afirmaram que os chamados cristãos não eram "mais judeus, mas ainda não eram cristãos".[312] Vemos aqui uma noção gnóstica de uma trajetória longe do judaísmo e rumo a uma forma de cristianismo mais puro. Para os seus críticos gnósticos, a igreja havia estagnado ao longo desse caminho, e ainda estava mais perto do judaísmo do que deveria estar. Na próxima parte, vamos verificar o movimento mais famoso na igreja primitiva, que procurou dissociar totalmente o cristianismo de suas raízes judaicas — o marcionismo.

Marcionismo: o judaísmo e o evangelho

Qual é a relação do cristianismo com o judaísmo? O modelo que predominava no cristianismo primitivo era o do cumprimento das expectativas que pagãos e judeus tinham quanto a Cristo. Escritores como Justino Mártir foram firmes quanto à razão de a história de Jesus de Nazaré não poder ser contada de forma isolada. Para entender a identidade e o significado de Jesus era necessário narrar outras histórias e examinar a maneira com que elas se entrelaçavam e se relacionavam. Uma dessas histórias diz respeito à criação do mundo por

---

[311] V. os pontos levantados em "Irrtum und Häresie. 1 Clem. — Ignatius von Antiochien — Justinus", de Adelbert DAVIDS, *Kairos*, v. 15, p. 165-187, 1973.

[312] IRENEU DE LYON. *Adversus haeresis* 1.24.6.

[As primeiras heresias clássicas: ebionismo, docetismo, valentianismo   ]

Deus; outra trata do chamado de Deus a Israel; uma terceira aborda a antiga busca humana por sentido e significado. Para Justino Mártir, a história de Jesus entrecruza todas as três e, no fim, determina o seu cumprimento. Jesus é o foco pelo qual todas as outras histórias serão vistas e para o qual todas elas convergem de forma cabal e decisiva.[313]

Esse tema fascinou os teólogos ao longo da história cristã, especialmente aqueles da igreja de língua grega dos primeiros cinco séculos. A grande cidade egípcia de Alexandria era notável por sua sofisticação filosófica.[314] Várias escolas de pensamento, todas fundamentando suas ideias no grande filósofo clássico Platão, defendiam a existência de um mundo ideal existindo além do mundo das aparências. Mas como esse reino sombrio e esquivo poderia ser conhecido? Ou, de maneira mais intrigante, como poderia ser *adentrado*? Uma importância cada vez maior passou a ser dada à ideia do *Logos* — um termo grego mais bem traduzido por "palavra", em referência a um mediador entre esses dois mundos muito diferentes, mas aparentemente interligados. Como esse vão poderia ser transposto? Quem poderia trazer o reino ideal para o mundo cotidiano? Ou levar as pessoas da ordem das coisas que então reinava para o mundo ideal que se encontrava além dela?

Alexandria também foi lar de uma população judaica extremamente culta, ciente da importância das questões levantadas pela filosofia grega, mas fiel ao próprio modo de ver o mundo. Para esses escritores, a "Lei" — a *Torá* — era de importância fundamental. A Lei representava a vontade de Deus, o padrão de vida mais elevado e o verdadeiro objetivo da natureza humana. No entanto, alguns dentro do judaísmo afirmavam que a Lei não representava o estado definitivo das coisas. Era uma medida intermediária, uma parada a caminho de alguma coisa ainda melhor. Eles esperavam pelo cumprimento da Lei — pelo ápice das esperanças de Israel no ungido

---

[313] V. "Logos Spermatikos: Christianity and Ancient Philosophy According to St. Justin's Apologies", de Ragner HOLTE, *Studia Theologica*, v. 12, p. 109-168, 1958.

[314] V. o estudo clássico *The Christian Platonists of Alexandria*, de Charles BIGG, Hildesheim: G. Olms, 1981.

[Heresia]

de Deus, o Messias. Um novo profeta era esperado, um que seria como Moisés e conheceria Deus face a face. Esperava-se um novo rei que restabeleceria a fortuna de Davi, o grande monarca de Israel. Um novo sacerdote viria, na linha de Arão, e finalmente purgaria a culpa de seu povo. Os primeiros escritores cristãos proclamavam que as expectativas de muitas eras tinham sido cumpridas com a vinda de Cristo, que trouxe à perfeição e à consumação as grandes aspirações da aparentemente infinita busca humana pela verdade. A filosofia grega e a Lei de Israel foram igualmente cumpridas e transcendidas nesse único indivíduo: Jesus de Nazaré. A sabedoria humana e a promessa divina convergiram.[315] Havia uma continuidade fundamental entre as velhas e as novas crenças, com a igreja como o novo Israel.

Essa ideia emergiu gradualmente como dominante dentro da igreja do final do século I e início do século II. Em suas cartas, Paulo afirmava a inspiração divina de seus "escritos" ou "escrituras" — no sentido da Bíblia hebraica — e reconheceu a sua importância para a orientação moral dentro da igreja.[316] Ele representava Jesus de Nazaré como cumprindo a *Torá*. Mais tarde, outros escritores começaram a desenvolver métodos para aprofundar essa compreensão da relação de Jesus de Nazaré com a história de Israel. Um excelente exemplo dessa perspectiva é encontrado na ideia do *tipo* — um evento ou pessoa que são entendidos como antecipando algum aspecto do NT, especialmente Jesus de Nazaré.[317] Outro exemplo encontra-se em Justino Mártir (100-165), que interpretou a história da serpente de bronze (Nm 21.4-9) como um tipo de Cristo. Como a intenção de Deus não poderia ser a de que Moisés construísse um ídolo, a serpente deve ter tido outro significado mais profundo. Pelo fato

---

[315] Sobre alguns aspectos desses temas, v. *Revelation and Mystery in Ancient Judaism and Pauline Christianity*, de Markus N. A. BOCKMUEHL, Tübingen: Mohr, 1990; "Natural Theology and Biblical Tradition: The Case of Hellenistic Judaism", de John Joseph COLLINS, *Catholic Biblical Quarterly*, v. 60, p. 1-15, 1998.

[316] Observe esp. 2Timóteo 3.16,17.

[317] V. *Essays on Typology*, LAMPE, G. W. H; WOOLCOMBE, K. J. (Ed.), London: SCM Press, 1957.

[As primeiras heresias clássicas: ebionismo, docetismo, valentianismo]

de uma serpente em uma haste poder apresentar a forma de uma cruz, Justino argumenta que a serpente de bronze era um símbolo ou "tipo" da derrota futura do Diabo pela cruz.[318]

Contudo, nem todos compartilharam essa visão. Alguns afirmaram que o progresso do cristianismo foi impedido pela sua conexão com o judaísmo e que a igreja deveria cortar todos os laços com a religião mais antiga. Essa visão teve sua expressão clássica nos escritos de Marcião de Sinope, que morreu por volta de 160. Sabe-se relativamente pouco sobre ele. Ele era originário de Sinope, no Ponto, Ásia Menor. Acredita-se que se tenha mudado para Roma no início dos anos 130, onde parece ter estabelecido um negócio de navegação, tornando-se rico. Em sua chegada a Roma, talvez para assegurar a sua aceitação pela igreja romana, após ter tido, ao que parece, um passado um pouco questionável na Ásia Menor, Marcião fez à igreja romana uma doação bastante considerável — 200 mil sestércios — em sua chegada. De início, aparentemente Marcião foi aceito pela igreja romana. Mas, ao fracassar em persuadir a igreja a adotar suas visões radicais sobre o judaísmo, rompeu os laços e estabeleceu a própria comunidade religiosa alternativa.

O argumento fundamental de Marcião é que o "Senhor" do AT não era o mesmo do NT. Justino Mártir assim resumiu as visões de Marcião:

> *Marcião, um homem do Ponto, tão vivo quanto antes, ensinou aqueles que acreditaram nele a honrar um deus diferente, maior que o criador: e esse homem motivou, com a ajuda desses demônios, muitas pessoas de cada nação a proferir blasfêmias, negando o Deus que fez este Universo e professando que outro, um maior que ele, fez coisas maiores.*[319]

---

[318] MÁRTIR, JUSTINO. *Diálogo com Trifão* 94. Para um exame detalhado, v. *Revelation, Truth, Canon, and Interpretation: Studies in Justin Martyr's Dialogue with Trypho*, de Craig D. ALLERT, Leiden: Brill, 2002.

[319] JUSTINO MÁRTIR. *Apologia* 1.26.

[Heresia]

Para Marcião, o Deus do AT deveria ser visto como inferior, até mesmo defeituoso, à luz da concepção cristã de Deus. Não haveria nenhuma relação, qualquer que fosse, entre essas divindades.

Marcião propôs que Jesus não tinha nenhuma relação direta com o deus criador judaico e que não devia ser considerado o "Messias" enviado por esse Deus judaico. Ao contrário, Jesus era o enviado de um Deus até então desconhecido, estranho, caracterizado pelo amor, não pelo ciúme e a agressividade.[320] Ireneu de Lyon descreve Marcião como tendo declarado que o Deus judaico é o criador de coisas malignas, e se regozija com as guerras, é inconstante, e se comporta de maneira incoerente.[321] Tertuliano nos diz que ele propôs dois deuses "de graus diferentes: um, o juiz duro e belicoso; o outro, gentil e moderado, afável e supremamente bom".[322] O deus criador da Bíblia era uma divindade judaica que representava a completa antítese do Deus muito diferente que enviou Jesus — uma visão desenvolvida com alguns detalhes por Marcião em em suas *Antíteses*, que hoje estão perdidas. Como Robin Lane Fox comenta:

> *O criador, [Marcião] afirmou, era um ser incompetente: por que outro motivo ele teria afligido as mulheres com as agonias do parto? "Deus" no AT era um "bárbaro empenhado" que favoreceu bandidos e terroristas como o rei de Israel, Davi. Cristo, em comparação, era a nova e separada revelação de um Deus totalmente mais elevado. A doutrina de Marcião era a declaração mais extrema da renovação da fé cristã.[323]*

---

[320] Esse tema é explorado com mais profundidade por Ekkehard Mühlenberg em "Marcion's Jealous God", de Ekkehard MÜHLENBERG. In: WINSLOW, D. (Org.). *Disciplina Nostra: Essays in Memory of Robert F. Evans*. Cambridge: Philadelphia Patristic Foundation, p. 93-113.

[321] IRENEU LYON. *Adversus haereses* 1.25.1.

[322] TERTULIANO. *Adversus Marcionem* 1.6.

[323] FOX, Robin Lane. *Pagans and Christians in the Mediterranean World from the Second Century a.D. to the Conversion of Constantine*. London: Penguin, 1988, p. 332.

[As primeiras heresias clássicas: ebionismo, docetismo, valentianismo]

A estridência do tom antijudaico da teologia de Marcião[324] sugere que em sua hostilidade ao AT estavam envolvidas questões mais profundas do que a teologia.

Existem possíveis conexões entre Marcião e o gnosticismo, evidente especialmente na avaliação fortemente negativa que Marcião tinha do mundo e daquele que o criou.[325] Marcião considerava o mundo material com grande desgosto e não tinha tempo para a ideia de que o redentor do mundo deveria ser contaminado pela carne humana. Marcião estava inclinado a uma cristologia docética que depreciava o lado histórico e humano de Jesus de Nazaré. Naturalmente, minimizar ou negar a humanidade de Jesus correspondia a subestimar ou negar a sua judaicidade.

Marcião, porém, não se contentava em afirmar a diferença radical entre o deus dos judeus e o Deus de Jesus de Nazaré. Grande parte dos documentos que foram amplamente aceitos como autorizados pelos cristãos primitivos — os quais seriam depois canonicamente compilados como o NT — faziam ampla referência às Escrituras judaicas. Marcião desenvolveu a própria coletânea de documentos autorizados, que excluía obras consideradas por ele como contaminadas por ideias e associações judaicas. Desnecessário dizer, o cânon bíblico de Marcião excluía por completo o AT. Ele consistia simplesmente em dez das cartas de Paulo, junto com o Evangelho de Lucas. Além disso, Marcião precisou editar até mesmo essas obras para remover influências contaminadoras que sugeriam a existência de alguma conexão entre Jesus e o Deus judaico. Marcião excluiu, assim, da sua versão do Evangelho de Lucas, as narrativas da proclamação e a natividade; o batismo de Cristo, a tentação e a genealogia; além de todas as referências a Belém e

....

[324] WILSON, Stephen G. Marcion and the Jews. In: _____, *Anti-Judaism in Early Christianity*, v.2. Separation and Polemic. Waterloo: Wilfred Laurier Univ. Press, 1986, p. 45-58. RÄISÄNEN, Heikki. Marcion and the Origins of Christian Anti-Judaism, *Temenos*, v. 33, p. 121-135, 1997.

[325] Para uma perspectiva alternativa a esse respeito, v. "Marcion's Love of Creation", de Andrew MCGOWAN, *Journal of Early Christian Studies*, v. 9, p. 295-311, 2001.

[Heresia]

Nazaré.[326] As cartas de Paulo também exigiram algum trabalho editorial para remover as suas associações com o judaísmo.[327]

Assim, Marcião considerava-se no direito de mudar os conteúdos da Bíblia? Ireneu certamente pensou a respeito e reclamou amargamente da presunção de Marcião de ousar "mutilar abertamente as Escrituras".[328] Tertuliano reclamava da alteração que Valentino fazia das Escrituras devido a uma exposição danosa, e de Marcião, pela emenda textual. Um usava o sofisma, e o outro, uma faca.[329] A evidência sugere que Marcião não via o seu trabalho editorial dessa perspectiva, adotando a visão de que o Evangelho de Lucas já tinha sido tratado por simpatizantes judeus, que também haviam alterado as epístolas de Paulo. Marcião se via, portanto, como eliminando as adições contaminadoras, restabelecendo os textos à sua condição original. Para evitar mal-entendidos, Marcião parece também ter acrescentado "prólogos" às epístolas, reforçando a sua mensagem antijudaica. Por exemplo, uma atitude extremamente antagônica ao AT é facilmente discernida em seu prólogo à carta de Paulo a Tito: "[Paulo] adverte e instrui Tito em relação à constituição do sacerdócio e à conversação espiritual, e sobre os hereges que acreditam nas escrituras judaicas e que devem ser evitados [*et hereticis vitandis qui in scripturis Iudaicis credunt*]".[330]

Então, por que a perspectiva de Marcião representava tanta ameaça à igreja? De forma muito clara, ela tentava negar as raízes do cristianismo no judaísmo e, acima de tudo, a linhagem judaica de Jesus de Nazaré. A extirparção da genealogia no Evangelho de Lucas, feita por

---

[326] HEAD, Peter M. The Foreign God and the Sudden Christ: Theology and Christology in Marcion's Gospel Redaction. *Tyndale Bulletin*, v. 44, p. 307-321, 1993.

[327] CLABEAUX, John J. *A Lost Edition of the Letters of Paul: A Reassessment of the Text of the Pauline Corpus Attested by Marcion*. Washington: Catholic Biblical Association of America, 1989.

[328] IRENEU DE LYON. *Adversus haereses* 1.27.4.

[329] TERTULIANO, *De prescriptione hereticorum* 38.7-10.

[330] O texto dos prólogos pode ser encontrado em *Evidence of Tradition: Selected Source Material for the Study of the History of the Early Church, Introduction and Canon of the New Testament*, de Daniel J. THERON, London: Bowes & Bowes, 1957, p. 79-83. Para um comentário, v. *Marcion und sein Apostolos: Rekonstruktion und historische Einordnung der marcionitischen Paulusbriefausgabe*, de Ulrich SCHMID, Berlin: de Gruyter, 1995.

[As primeiras heresias clássicas: ebionismo, docetismo, valentianismo]

Marcião, é um símbolo poderoso de sua recusa em aceitar que Jesus de Nazaré era, em primeiro lugar, um ser humano e, em segundo lugar, um judeu. De acordo com Marcião, o judaísmo é uma religião com uma visão corrompida de Deus. Ao lidar com tal desafio, os teólogos cristãos desenvolveram abordagens ao AT que lhes permite respeitar as suas visões morais e religiosas, neutralizando ao mesmo tempo alguns de seus aspectos mais problemáticos — tais como a limpeza étnica de Canaã.[331] Se Marcião tivesse conseguido o que queria, isso não teria sido um assunto a discutir. Contudo, outros problemas teriam surgido, particularmente o total deslocamento histórico da fé cristã. Para Marcião, o evangelho surge do nada, sem nenhum contexto histórico. Não haveria nenhum sentido no fato de ele ser o clímax e o cumprimento da promessa de Deus com a humanidade, que começou com o chamado de Abraão.

No entanto, é fácil ver por que o marcionismo é tão apelativo. *God Delusion* [Deus, um delírio], de Richard Dawkins, é uma das obras de apologia ateísta mais bem-sucedidas dos últimos anos. Nesse livro, Dawkins arma um ataque feroz sobre a moralidade de Deus. O Deus em que Dawkins não acredita é "ciumento, e com orgulho; controlador mesquinho; injusto e intransigente; genocida étnico e vingativo, sedento de sangue; perseguidor misógino, homofóbico, racista, infanticida, genocida, filicida, pestilento, megalomaníaco, sadomasoquista, malévolo".[332] Praticamente todo o material bíblico subjacente às acusações de Dawkins é extraído do AT.[333]

Não é difícil perceber por que alguns se perguntam se não teria sido melhor para o cristianismo ter rompido completamente com o judaísmo. Na verdade, o alemão Adolf von Harnack (1851-1930),

---

[331] V. Biblical Interpretation, de Robert MORGAN e John BARTON, Oxford: Oxford Univ. Press, 1988; *An Introduction to the History of Exegesis*, de Bertrand de MARGERIE, 3 v., Petersham: St. Bede's Publication, 1998.

[332] DAWKINS, Richard. *Deus, um delírio*. Tradução Fernanda Ravagnani. São Paulo: Companhia das Letras, 2007, p. 55.

[333] Para detalhes, v. a obra *Deus, um delírio*, de DAWKINS, p. 266-280 (edição brasileira).

[Heresia]

famoso teólogo protestante liberal, defendeu, seguindo essa linha de pensamento, uma controversa tentativa de restabelecer Marcião ao seio do cristianismo alemão, em 1921.[334] Quando Harnack se opôs às versões mais estridentes de antissemitismo que ganhou terreno dentro da Alemanha por volta de 1880, a sua atitude para com os judeus foi descrita como "paternalista".[335] Tristemente, o marcionismo é uma heresia que volta com força reavivada em cada ressurgimento do antissemitismo. Não se trata apenas de uma heresia sobre a identidade de Jesus de Nazaré; é uma heresia sobre a dignidade e o significado histórico do povo judeu.

Um último ponto precisa ser enfatizado. As narrativas populares da vida de Marcião falam dele sendo "condenado" ou "expulso" pela igreja de Roma. Isso nunca aconteceu. Irritado com o fato de a igreja romana recusar-se a aceitar os seus pontos de vista, Marcião abandonou a igreja, a qual prontamente devolveu uma generosa doação que ele havia feito. Não é que a igreja tenha decidido que Marcião não era um cristão adequado; ao contrário, Marcião assumiu a opinião de que a igreja romana não era corretamente cristã e partiu para fundar a própria seita pura.[336] Foi Marcião quem excluiu a si mesmo da igreja.

Reflexões sobre as heresias primitivas

Nesta seção, abordamos três heresias primitivas, duas das quais têm ligações particularmente fortes com as igrejas de Roma. Essas heresias

----

[334] Cf. *Marcion: Das Evangelium vom fremden Gott: Eine Monographie zur Geschichte der Grundlegung der katholischen Kirche*, de Adolf VON HARNACK, 2. ed. Leipzig: Hinrich, 1924. Para uma avaliação crítica, v. Harnack: *Marcion und das Judentum: Nebst einer kommentierten Edition des Briefwechsels Adolf von Harnacks mit Houston Stewart Chamberlain*, de Wolfram KINZIG, Leipzig: Evangelische Verlagsanstalt, 2004.

[335] KINZIG. *Harnack, Marcion und das Judentum*, p. 200.

[336] LÜDEMANN , Gerd. Zur Geschichtedes ältesten Christentums in Rom. I. Valentin und Marcion. II. Ptolemäus und Justin. *Zeitschrift für die Neutestamentliche Wissenschaft*, p. 392-393. THOMASSEN. Orthodoxy and Heresy p. 242.

[As primeiras heresias clássicas: ebionismo, docetismo, valentianismo   ]

possuem alguns temas comuns. Por exemplo, a crença de que a matéria fundamentalmente má é encontrada no docetismo, marcionismo e valentianismo. Todas as três envolvem a relação entre o cristianismo e outros grupos religiosos — judaísmo e gnosticismo — que ameaçavam diluir ou distorcer a essência do cristianismo. No entanto, o que é particularmente interessante sobre essas três abordagens ao cristianismo é que elas surgiram e foram, por fim, condenadas como heréticas, antes de a igreja ter desenvolvido qualquer estrutura de autoridade permanente, antes do aparecimento dos credos como declarações de fé pessoais ou oficiais, e antes de o cânon do NT ter sido formalmente estabelecido. Embora muitos estudos continuem a afirmar que a igreja declarou Marcião e Valentino como hereges, a situação é muito mais complexa do que parece, conforme já observamos.

Não compreendemos completamente como se deu o processo de reconhecimento dos movimentos como heréticos na igreja da primeira metade do século II. A evidência sugere que ocorreu um processo gradual de cristalização de opinião, semelhante ao que levou ao surgimento dos primeiros cânones do NT. O grau relativamente alto de diversidade, um traço tão característico das congregações cristãs na época, permitiu a Marcião partir e estabelecer a própria igreja, separada das congregações existentes, e a Valentino continuar pregando em algumas congregações romanas. A fluidez organizacional da igreja primitiva era tal que se tornava difícil organizar qualquer campanha contra as alegadas heresias. Até onde sabemos, a primeira ação empregada pela igreja romana contra o valentianismo data dos anos 190, uma geração depois de o movimento passar a existir.[337]

Então, como se identificava uma heresia naquele tempo? Que processo levava uma opinião teológica a ser transformada em uma heresia? É provável que ainda não saibamos o suficiente sobre como surgiu um consenso dentro da igreja primitiva, o que depende de um conhecimento de suas complexas redes sociais, da crescente autoridade da Bíblia (que

---

[337] Ibidem, p. 245.

[Heresia]

começou a surgir como uma entidade coerente por volta desse período), e especialmente do papel dos formadores de opinião (como Justino Mártir) e membros da hierarquia na resposta a essa questão. Contudo, resta pouca dúvida de que essas opiniões se tenham cristalizado, para se tornarem a opinião assentada da igreja.

Conforme já vimos, Walter Bauer retratou o triunfo da ortodoxia como um incidente essencialmente ideológico. Era o poder das instituições que realmente importava; as ideias que essas instituições escolhiam promover dentro da diversidade do cristianismo primitivo era algo secundário. A decisão sobre quais das primeiras visões concorrentes do cristianismo seriam declaradas ortodoxas e quais seriam heréticas refletia as políticas de poder da época, não os méritos intelectuais das ideias em questão. Desse modo, a heresia era simplesmente uma ortodoxia primitiva que não recebeu o apoio dos corretores do poder.

Contudo, a evidência histórica realmente não se ajusta ao quadro proposto por Bauer. Além disso, há questões claramente teológicas em jogo. A relativa fraqueza das estruturas eclesiásticas institucionais naquele tempo, incluindo as de Roma, sugere que a qualidade das ideias em si tinha um papel importante na avaliação que essas sofriam — especialmente em relação à sua proveniência intelectual e às suas consequências para a identidade e missão da igreja.[338]

E as heresias que vieram depois? E as ideias que foram declaradas heréticas depois que a igreja conquistou o seu *status*, um tanto problemático, como a religião favorecida do Império Romano, quando as questões de estabilidade imperial e política passaram a ser integradas à vida e ao pensamento da igreja? No capítulo seguinte, veremos algumas das grandes heresias dos séculos IV e V, incluindo aquela que muitos consideram a maior de todas — o arianismo.

---

[338] A respeito das reflexões sobre os temas teológicos levantados por Bauer, v. "Some Theological Reflections on de G. Clarke CHAPMAN, *Journal of Ecumenical Studies*, v. 7, p. 564-574, 1970; "A Reflective Look at the Debate on Orthodoxy and Heresy in Earliest Christianity", de David J. HAWKIN, *Église et théologie*, v. 7, p. 367-378, 1976.

7

As heresias clássicas tardias: arianismo, donatismo, pelagianismo

No capítulo anterior, abordamos algumas heresias surgidas num tempo em que as igrejas cristãs existiram à margem da cultura imperial, sem estruturas de liderança e mecanismos sólidos, e com um sentido apenas incipiente do que constituía as normas éticas e teológicas. No entanto, existe uma clara evidência de que, no final do século II, estava ocorrendo um processo de cristalização, começando a surgir um entendimento dentro do mundo cristão sobre o conjunto de textos que seriam reconhecidos como o NT e como eles seriam interpretados e aplicados. Ainda que a heresia pudesse ser considerada simplesmente resultado de incerteza ou confusão

[Heresia]

teológica, suas causas diminuíam cada vez mais com a forma primitiva de ortodoxia que surgia naquele momento.

Contudo, conforme enfatizamos, as raízes da heresia são muito mais profundas do que qualquer confusão ou incerteza sobre as fontes teológicas ou sobre a forma com que elas seriam interpretadas. O processo de surgimento da doutrina cristã pode ser comparado a uma viagem de exploração, na qual novas trilhas são encontradas — por exemplo, para expressar o significado de Jesus de Nazaré ou a interação do divino e do humano no processo de conversão. Alguns desses caminhos mostraram-se becos sem saída e foram, por conseguinte, declarados além dos limites permitidos pela ortodoxia teológica. Esse processo de exploração não se encerrou com o aparecimento da "proto-ortodoxia" no século II, mas seguiu firme até o século V.

Um novo fator, porém, entrou em jogo durante o século IV. O cristianismo deixou de ser um movimento à margem da cultura imperial, tornando-se a fé oficial do império. A ortodoxia e a heresia eram agora mais do que questões de debate teológico; elas tinham importantes consequências para a coesão e unidade da sociedade. A teologia viu-se enredada em políticas imperiais, começando a enfrentar pressões para as quais ela não estava inicialmente preparada.

As políticas imperiais e as heresias da época

Para compreender a importância desse tema, precisamos imaginar a dramática mudança pela qual passou o *status* da fé cristã, nas primeiras duas décadas do século IV, dentro do Império Romano. Até esse momento, o cristianismo não havia desfrutado nenhuma condição favorável. Na verdade, o movimento era visto por muitos como um problema social. Em particular, a recusa que os cristãos faziam do culto imperial era interpretada como um ato de desobediência civil e, portanto, vista como uma ameaça à coesão social do império. O termo latino *religio*, como é com frequência assinalado, deriva de uma raiz que significa

[As heresias clássicas tardias: arianismo, donatismo, pelagianismo]

"reunir".[339] A religião era entendida como a cola que mantinha unida a sociedade romana.[340] A recusa cristã em integrar-se à religião oficial era vista, desse modo, como subversiva. Os cristãos começaram a ser descritos como "ateus" — em outras palavras, como pessoas que se recusavam a obedecer à religião oficial.[341]

Essa desconfiança do cristianismo levou a uma perseguição eventual, ainda que não contínua, muitas vezes iniciada de forma independente pelos governadores romanos locais. No ano 250, porém, a ascensão do imperador Décio marcou uma escalada significativa na hostilidade romana oficial em relação aos cristãos.[342] A antipatia do imperador ao cristianismo é muitas vezes considerada como tendo surgido da sua crença de que Roma só poderia recuperar a sua glória anterior pelo restabelecimento de sua antiga religião pagã. Isso levou à repressão de movimentos que eram vistos como ameaças aos valores e crenças tradicionais romanos, sendo o cristianismo o mais importante entre eles.[343] O cristianismo pode ter sido um alvo indireto das ações de Décio; de qualquer forma, ele foi duramente combatido.

O édito de Décio, promulgado em junho de 250, ordenava aos governadores e magistrados provinciais que garantissem que todos cumprissem a exigência da oferta de sacrifícios aos deuses e ao imperador romanos. Um certificado (*libellus pacis*) era concedido àqueles

[339] Esse tema destaca-se na maior parte das interpretações contemporâneas da religião. V., p. ex., *Religion and Social Theory*, de Bryan S. Turner, 2. ed. London: Sage Publications, 1991: "A religião pode ser definida como um sistema de símbolos e valores que, por meio de seu impacto emocional, não somente reúne as pessoas numa comunidade consagrada, mas apresenta um comprometimento normativo e altruísta com os objetivos coletivos" (xi).

[340] King, Charles. The Organization of Roman Religious Beliefs, *Classical Antiquity*, v. 22, p. 275-312, 2003.

[341] Schoedel, William R. "Atheism" and the Peace of the Roman Empire, *Church History*, v. 42, p. 309-319, 1973.

[342] Robinson, Olivia F. Repressionen gegen Christen in der Zeit vor Decius — noch immer ein Rechtsproblem, *Zeitschrift der Savigny-Stiftung für Rechtsgeschichte. Romanistische Abteilung*, v. 125, p. 352-369, 1995.

[343] Rives, J. B. The Decree of Decius and the Religion of Empire, *Journal of Roman Studies*, v. 89, p. 135-154, 1999.

[Heresia]

que faziam tais sacrifícios. O édito parece ter sido amplamente ignorado, mas, de qualquer maneira, ele foi forçado em algumas regiões. Milhares de cristãos foram martirizados durante esse difícil período, que levou muitos outros a esmorecer ou abandonar a sua fé diante da perseguição. A perseguição deciana terminou em junho de 251, quando Décio foi morto numa expedição militar.

Outra forte explosão de perseguição ocorreu em fevereiro de 303, no governo do imperador Diocleciano. Um édito foi promulgado ordenando a destruição de todos os lugares de adoração cristã, a entrega e destruição de todos os seus livros, e o fim de todos os atos de adoração cristã. Os funcionários públicos cristãos deviam perder todos os privilégios ou *status* do posto e serem reduzidos à condição de escravos. Proeminentes cristãos foram forçados a oferecer sacrifício de acordo com práticas romanas tradicionais. Uma indicação do quanto o cristianismo havia se tornado influente é o fato de Diocleciano ter forçado tanto a sua esposa quanto a sua filha, reconhecidas como cristãs, a obedecerem a essa ordem. A perseguição continuou sob o regime dos imperadores posteriores, inclusive Galério, que governou a região oriental do império.

Em 311, Galério ordenou o fim da perseguição. Ela havia fracassado e apenas fortaleceu os cristãos em sua resolução de resistir à reinstituição da religião pagã romana clássica. Galério promulgou um édito que permitia aos cristãos voltarem a viver normalmente, "manter as suas assembleias religiosas, contanto que não fizessem nada que perturbasse a ordem pública".[344] O édito identificava explicitamente o cristianismo como uma religião distinta em seu direito e lhe oferecia a proteção plena da lei. O estado jurídico do cristianismo, que até então havia sido ambíguo, estava agora resolvido. A igreja já não precisava existir sob o espectro da perseguição.

O cristianismo era agora uma religião legal; era, porém, somente uma entre muitas religiões. Contudo, a morte de Galério precipitou uma batalha

---

[344] O texto do decreto está reproduzido em *De mortibus persecutorum* 34-35, de LACTÂNCIO.

[As heresias clássicas tardias: arianismo, donatismo, pelagianismo]

feroz para a sucessão imperial, no fim vencida por Constantino (285-337). Para fazer frente ao ataque da força de Maxêncio na Itália e no norte da África, Constantino levou um conjunto de tropas da Europa ocidental numa tentativa de conquistar autoridade na região. A batalha decisiva aconteceu no dia 28 de outubro de 312, na ponte de Mílvia, ao norte de Roma. Constantino derrotou Maxêncio, e foi proclamado imperador. Constantino atribuiu a sua vitória ao poder do "Deus dos cristãos" e se entregou à fé cristã daí em diante, embora a sua compreensão da fé cristã naquele momento pareça ter sido um tanto superficial.[345] O Édito de Milão, promulgado em 313 por Constantino e Licínio, concedeu liberdade religiosa em todo o Império Romano e ordenou a restituição das propriedades confiscadas dos cristãos durante o último período de opressão.

Não está completamente claro até que ponto Constantino se converteu ao cristianismo. Embora pareça ter valorizado as virtudes pragmáticas da tolerância religiosa imperial, em um primeiro momento, ele não demonstrou nenhuma atração particular pelo cristianismo. No entanto, as implicações de sua conversão foram consideráveis. Tendo surgido com muita dificuldade nas margens da sociedade romana, passando a ser reconhecido como uma religião legítima, o cristianismo era agora elevado ao primeiro plano da vida cívica romana. A conversão do imperador Constantino provocou uma mudança total na situação do cristianismo em todo o Império Romano. Simplesmente não houve tempo para que essa corrente de pensamento religioso se acostumasse a ser uma fé legítima antes de tornar-se a religião da instituição imperial. Como resultado, era relativamente fácil que Constantino explorasse a igreja como instrumento de política imperial, impondo sobre ela sua ideologia e privando-a de grande parte da independência que, anteriormente, era desfrutada pelos cristãos. Em 325, Constantino garantiu o controle dos domínios orientais do Império Romano, bem como do Ocidente, e seguiu para estabelecer a

---

[345] Para análises mais aprofundadas, v. *Christianizing the Roman Empire (a.D. 100-400)*, de Ramsay MACMULLEN New Haven: Yale Univ. Press, 1984; *Constantine and the Christian Empire*, de Charles M. ODAHL, London: Routledge, 2004.

[Heresia]

capital do império em Bizâncio, cidade que, após a sua morte, em 337, passou a ser conhecida como Constantinopla.

Para seu grande desânimo, Constantino logo percebeu que havia uma falta de unidade dentro da igreja, comprometendo potencialmente o seu papel como uma influência imperial unificadora. Eventos na província da África causavam imediata dor de cabeça a Constantino. As tensões ali surgiam entre dois grupos rivais de cristãos, que tomavam atitudes muito diferentes em relação àqueles que tinham fraquejado durante a perseguição diocleciana. As ordens de Diocleciano para a opressão do cristianismo tinham encontrado respostas variadas. Em cidades orientais do império, o cristianismo era numericamente muito forte para ser intimidado desse modo. Mas no norte da África romana, uma estrutura administrativa particularmente eficiente, associada a uma relativa fraqueza da igreja, tornou a opressão da igreja relativamente fácil. Muitos sacerdotes fraquejaram diante da ameaça de morte, entregaram os seus textos sagrados e obedeceram ao culto imperial romano.

Quando Constantino declarou que o cristianismo era legal, surgiu a questão sobre o que fazer com os sacerdotes lapsos (*lapsi*). Eles deveriam ser readmitidos ao ofício, talvez depois de uma desculpa e retração pública adequada? Duas posições logo surgiram: aqueles que tinham uma posição rigorosa sobre os *lapsi*, e aqueles que tinham uma posição mais moderada, de perdão. (Os rigoristas tornaram-se depois conhecidos como donatistas, assim chamados após Donato, um berbere a quem eles elegeram bispo de Cartago em 315.) Seguindo uma disputa sobre a eleição de Ceciliano como bispo de Cartago em 312, os rigoristas pediram a Constantino que interviesse em favor deles. No fim, Constantino recusou-se a solucionar o problema pessoalmente, designando um sínodo de bispos para lidar com o assunto. O clima ruim que surgiu da crise donatista arrastou-se ao longo do século IV e estourou novamente no final do século. Consideraremos as questões teológicas surgidas da controvérsia donatista mais adiante neste capítulo.

Já o ponto principal a se notar aqui é como Constantino foi atraído para disputas eclesiásticas. O novo *status* imperial do cristianismo

[176]

[As heresias clássicas tardias: arianismo, donatismo, pelagianismo]

significou que sua unidade e organização eram agora questões importantes para o Estado. Até esse ponto, a heresia e a ortodoxia tinham sido conceitos importantes apenas dentro das comunidades cristãs. Agora elas haviam se tornado preocupações políticas do império, com importantes implicações legais.[346] O significado disso pode ser visto pelo papel de Constantino na controvérsia ariana (da qual trataremos em breve) que ameaçava dividir a igreja na região oriental do império. O próprio Constantino citou o Concílio de Niceia em 325 para solucionar essa controvérsia. Politicamente, o movimento falhou no curto prazo, e com isso logo começaram a surgir novamente discordância e divisão.

Dada a importância do arianismo para o nosso tema, vamos considerar suas ideias de modo mais pormenorizado na próxima seção do capítulo. Contudo, mais uma vez, o importante a observar é como o Estado estava agora profundamente envolvido em discordâncias teológicas. A heresia já não era mais um assunto para a igreja; ela se tornara um assunto de importância para o império. Quando o cristianismo se tornou uma ideologia religiosa estabelecida do Império Romano, tanto a ortodoxia quanto a heresia começaram a assumir um novo *status* como entidades políticas, quase legais. Os riscos agora eram muito mais elevados, e os problemas de lidar com a heresia eram muito maiores do que tinham sido no passado.

Neste capítulo, examinaremos três heresias — arianismo, donatismo e pelagianismo —, que surgiram durante essa época, cada uma das quais com potencial para criar desunião e divisão dentro do império. Vamos começar por aquela que é amplamente considerada a heresia mais significativa do período clássico — o arianismo.

---

[346] HUMFRESS, Caroline. Citizens and Heresy. In: IRICINSCHI, Eduard; ZELLENTIN, Holger M. *Heresy and Identity in Late Antiquity*. Tübingen: Mohr Siebeck, 2008, p. 128-142.

[Heresia]

Arianismo: a idenidade de Cristo

Um dos maiores desafios enfrentados pela igreja primitiva foi costurar, em uma forma teológica coerente, as linhas de abordagem da identidade de Jesus de Nazaré no NT. Como vimos no capítulo anterior, uma primeira tentativa de dar sentido a Jesus de Nazaré — o ebionismo — implicava a tentativa de enquadrá-lo nas categorias judaicas existentes. Porque tantos cristãos primitivos eram judeus, lhes parecia natural explorar as bases conceituais que já eram familiares — tais como a categoria de profeta. Já havia ficado claro, desde um estágio muito inicial, que o vinho novo da fé cristã simplesmente não poderia estar contido nos velhos odres conceituais do judaísmo. Esses, a igreja decidiu, não captavam as possibilidades revigorantes que os cristãos sabiam que foram abertas pela vida, morte e ressurreição de Cristo.

Modelos cristológicos herdados do judaísmo pareciam centrar-se na ideia de Jesus de Nazaré como um meio de comunicação endossado por Deus. Por exemplo, as cristologias docéticas parecem muitas vezes considerar Jesus de Nazaré como um intermediário entre a humanidade e Deus, transmitindo-nos alguma comunicação assinada, selada e autorizada pelo próprio Deus. Contudo, essa ênfase revelatória pode acomodar somente um aspecto do significado de Jesus de Nazaré. E quanto a outros aspectos como, por exemplo, a sua identidade no desempenho do papel de salvador da humanidade?

Outras estruturas foram, então, exploradas com o objetivo de verificar se poderiam ser adotadas ou adaptadas na busca da melhor maneira de dar sentido a Jesus de Nazaré, *sem* reduzi-lo a estereótipos teológicos. Uma abordagem que parecia conter uma promessa particular envolvia fazer uso da noção de *Logos* — termo grego, extensivamente usado na filosofia da época, que é muitas vezes traduzido simplesmente por "palavra" e que, no entanto, possui associações muito mais ricas do que poderia sugerir essa simples tradução. O platonismo mediano via o *Logos* como um princípio mediador entre o mundo ideal e o mundo real, permitindo aos teólogos cristãos explorar o papel de Jesus de Nazaré como mediador entre Deus e a humanidade. Justino Mártir

[As heresias clássicas tardias: arianismo, donatismo, pelagianismo]

é um excelente exemplo de escritor que considerou essa perspectiva útil para comunicar o significado de Jesus para a cultura helenística secular.[347]

No fim, a igreja reagiu decisivamente contra qualquer noção de Jesus de Nazaré como o comissário de Deus. Mesmo os modos mais honrosos de pensar em Cristo nesses termos acabaram por descrevê-lo como um representante autorizado de um Deus que estava, não obstante, visivelmente ausente do mundo para o qual Cristo veio. Esse modo de pensar sobre Cristo simplesmente não condizia com o testemunho do NT a respeito dele, nem com a experiência da sua igreja, especialmente na adoração.

A igreja percebeu que nenhuma analogia ou modelo existente era suficientemente adequado para satisfazer suas necessidades de expressar o significado de Jesus de Nazaré. A situação exigia que a igreja desenvolvesse um novo modo de pensar, em vez de apenas confiar numa herança teológica. Assim, o conceito da encarnação começa a figurar como de importância central para a igreja entender Jesus Cristo.[348] Embora a ideia tenha sido desenvolvida de formas ligeiramente diferentes por variados escritores, o tema básico é Deus entrando na história e assumindo a forma humana através de Jesus de Nazaré. Essa ideia suscitou consideráveis problemas filosóficos para muitas das escolas prevalecentes de filosofia helenística. Muitas delas questionavam como um Deus imutável poderia entrar na história? Certamente isso implicava que Deus sofria mudança. Os filósofos de então fizeram uma distinção sutil entre o reino divino imutável e a ordem criada mutável. A noção de Deus vindo e habitando dentro dessa ordem transitória e variável parecia inconcebível, e mostrava ser uma barreira significativa para a adoção do cristianismo por alguns pagãos cultos.

Esse processo de exploração das categorias religiosas e filosóficas adequado para expressar o significado de Jesus de Nazaré funcionou como um divisor de águas no século IV. A controvérsia que forçou a situação

---

[347] EDWARDS, Mark J. Justin's *Logos* and the Word of God. *Journal of Early Christian Studies*, v.3, p. 261-280, 1995.

[348] Há uma ampla literatura sobre esse assunto. Uma das melhores introduções continua sendo *Christ in Christian Tradition*, de Aloys GRILLMEIER, 2. ed. London: Mowbrays, 1975.

[Heresia]

foi precipitada por Ário (c. 270-336), um sacerdote em uma das maiores igrejas na grande cidade egípcia de Alexandria. Ário estabeleceu seus pontos de vista numa obra conhecida como a *Thalia* ("banquete") que não sobreviveu em sua totalidade. Por isso, conhecemos as ideias de Ário principalmente pelos textos de seus opositores. Isso significa que esses fragmentos de seus trabalhos são apresentados fora do sentido, propósito e ambiente em que foram produzidos, de forma que não entendemos totalmente o contexto no qual Ário desenvolveu suas ideias.

Nesta seção, tentaremos responder a quatro questões. Primeiro, o que de fato Ário pregou? Segundo, que fatores levaram Ário a desenvolver as suas ideias? Terceiro, por que tais ideias eram vistas como tão perigosas a ponto de serem estigmatizadas como heréticas? Quarto, que processo foi usado para decidir que as visões de Ário eram realmente heréticas?

Os temas fundamentais dos ensinos de Ário não estão em questão, embora sejam conhecidos principalmente por meio de obras que os citam com o objetivo de criticá-los.[349] Eles são tradicionalmente resumidos como três declarações básicas, e cada uma delas precisa de um considerável desdobramento conceitual.[350]

1. O Filho e o Pai não têm a mesma essência (*ousia*).

2. O Filho é um ser criado *ktisma* ou *poiema*, embora, em termos de origem e grau, ele deva ser reconhecido em primeiro lugar entre os seres criados.

....

[349] Sobre as interpretações padrão das ideias de Ário e como se desenvolveram, v. *The Search for the Christian Doctrine of God: The Arian Controversy, 318-381*, de R. P. C. HANSON, Edinburgh: T. & T. Clark, 1988; *Arius: Heresy and Tradition*, de Rowan WILLIAMS, 2. ed. London: SCM Press, 2001; *Nicaea and Its Legacy: An Approach to Fourth-Century Trinitarian Theology*, de Lewis AYRES, Oxford: Oxford Univ. Press, 2004. Sobre o apelo duradouro dessas interpretações, em particular pelas abordagens mais racionalistas ao cristianismo, vv. *Archetypal Heresy: Arianism Through the Centuries*, de Maurice F. WILES, Oxford: Clarendon Press, 1996.

[350] V. a carta de Ário a Eusébio, bispo de Nicomédia, escrita por volta de 321. Essa carta está reproduzida, com pequenas variações, em *História eclesiástica* 1.5.1-4, de Teodoreto de CIRO, e em *Pararion* 69.6, de Epifânio de CONSTÂNCIA. V. tb. "The Arians of Alexandria", *Vigiliae Christianae*, de Christopher HAAS, v. 47, p. 234-245, 1993.

[As heresias clássicas tardias: arianismo, donatismo, pelagianismo]

3. Embora o Filho seja o criador dos mundos, existindo, portanto, antes deles e de qualquer coisa, houve um tempo quando o Filho não existia.

Um dos resultados da controvérsia ariana foi o reconhecimento da futilidade, até mesmo de uma ilegitimidade teológica, da "prova do texto" bíblico — a prática simplista de acreditar que um debate teológico pode ser resolvido citando algumas passagens da Bíblia. A posição teológica de Ário foi claramente fundamentada em textos bíblicos. Por exemplo, Provérbios 8.22 fala da Sabedoria de Deus no começo da criação. Cristo também é descrito por Paulo como o "primogênito" dos redimidos (Rm 8.29). A questão é que Ário escolheu interpretar esses textos de um modo diferente daquele com que seus oponentes os interpretavam na ortodoxia. Ambos os lados na controvérsia ariana podiam reunir textos que pareciam sustentar seus argumentos. A verdadeira questão dizia respeito ao quadro global revelado pelo NT. De fato, pode-se dizer da controvérsia ariana que ela girava em torno da maneira pela qual um conjunto de textos bíblicos seria integrado, visto que cada lado não tinha nenhuma dificuldade em evocar textos individuais que apoiassem a sua posição.[351] Identificar o padrão global revelado por esses textos mostrou ser uma questão decisiva.

A crença ariana mais fundamental era a de que Jesus Cristo não era divino, em nenhum sentido significante do termo. Ele era o "primeiro entre as criaturas" — isto é, preeminente em grau, mas inquestionavelmente uma criatura, não um ser divino. Cristo, como *Logos*, realmente era o agente da criação do mundo, como declarado no prólogo ao Evangelho de João. Contudo, o *Logos* foi criado por Deus para esse propósito. O Pai será considerado, assim, como existindo antes do Filho: "Houve um tempo quando ele não era". Esta declaração coloca Pai e Filho em níveis diferentes e é coerente com a insistência rigorosa de Ário de que o Filho é uma criatura. Somente o Pai é "não

---

[351] Para uma excelente análise desse ponto, v. *Johannine Christology and the Early Church*, de T. E. POLLARD, Cambridge: Cambridge Univ. Press, 2005.

[Heresia]

gerado"; o Filho, como todas as outras criaturas, deriva dessa fonte de ser. De qualquer modo, como já vimos, Ário toma o cuidado de enfatizar que o Filho não é como qualquer outra criatura. Há uma distinção de grau entre o Filho e as outras criaturas, inclusive os seres humanos. Ário tem alguma dificuldade em identificar a natureza precisa dessa distinção. O Filho, ele argumentava, é "uma criatura perfeita, embora não como uma entre outras criaturas; um ser gerado, embora não como um entre outros seres gerados".[352] A implicação parece ser que o Filho excede em importância as outras criaturas, embora compartilhando a sua natureza essencialmente criada e gerada.

Desse modo, Ário faz uma distinção absoluta entre Deus e a ordem criada. Não existe nenhum intermediário ou espécies híbridas. Para Ário, Deus era totalmente transcendente e imutável. Então, como poderia ele entrar na história e se tornar carne? Como uma criatura, o Filho era mutável (*treptos*) e capaz de experimentar desenvolvimento moral (*proteptos*), e sujeito à dor, ao medo, à aflição e à fraqueza. Isso é absolutamente incompatível com a noção de um Deus imutável. A noção de um Deus mutável parecia herética a Ário. Além disso, a noção de que Deus, o Filho, era divino parecia comprometer os temas fundamentais do monoteísmo e a unidade de Deus — temas que, naturalmente, reapareceriam como centrais no islamismo primitivo.

Seguindo esta linha de discussão, Ário enfatiza que a transcendência absoluta e a inacessibilidade de Deus significam que Deus não pode ser conhecido por nenhuma criatura, o Filho será considerado uma criatura, porém elevado acima de todas as outras criaturas. Ário, portanto, argumenta que o Filho não pode conhecer o Pai. "Aquele que tem um começo não pode compreender ou estar de posse daquele que não tem começo nenhum."[353] A distinção radical entre Pai e Filho é tal que o segundo não pode conhecer o primeiro por si mesmo. Em comum com todas as outras criaturas, o Filho depende da graça de Deus para realizar qualquer função que lhe foi designada.

---

[352] Citado por Alexandre de Alexandria em *Depositio Arii* 3.
[353] Ibidem.

[As heresias clássicas tardias: arianismo, donatismo, pelagianismo]

Ário afirmou, assim, a humanidade de Jesus de Nazaré, declarando que ele era supremo entre as criaturas. Como o ebionismo, Ário recusou aceitar que se pudesse dizer que Jesus é divino em qualquer sentido do termo. No entanto, o ebionismo pretendeu interpretar o significado de Jesus dentro das estruturas dos modelos judaicos existentes da presença divina dentro da humanidade, particularmente a noção de um profeta ou indivíduo cheio do espírito. Em comparação, Ário procurou acomodar Jesus de Nazaré dentro das estruturas disponibilizadas pelos rígidos monoteísmos filosóficos gregos de sua época, os quais impediam qualquer noção da encarnação como incompatível com a imutabilidade e transcendência de Deus. À primeira vista, o ebionismo e o arianismo parecem querer dizer coisas semelhantes; mas eles partem de lugares muito diferentes e são guiados por suposições significativamente distintas.

Sugere-se com frequência que Ário desenvolveu a sua perspectiva sobre a identidade de Jesus de Nazaré com base numa posição filosófica preconcebida que declarava que, como uma questão de princípio, Deus não poderia tornar-se carne. Existe alguma verdade sobre isso, mas isso não é o todo da verdade. As preocupações de Ário eram em parte apologéticas, uma vez que ele claramente acreditava que muitos estavam se afastando do cristianismo em razão de sua ênfase crescente em uma ideia — a encarnação — que os gregos cultos não podiam aceitar. Em comparação, Ário via a sua abordagem ao cristianismo como representando uma mistura calculada e sensata de sofisticação filosófica e exegese bíblica responsável.

Então, por que essa abordagem tão fortemente racional à identidade de Jesus de Nazaré atraiu uma crítica tão enérgica? Um dos críticos mais infatigáveis de Ário foi Atanásio de Alexandria. Para Atanásio, Ário tinha destruído a coerência interna da fé cristã, rompendo a estreita relação entre fé e adoração cristã.[354] Existem dois pontos de particular importância que subjazem à crítica de Atanásio a Ário.

....

[354] Para um ótimo resumo dessas questões, v. *Athanasius: A Theological Introduction*, de Thomas G. WEINANDY, Aldershot: Ashgate, 2007, p. 11-100.

[Heresia]

Primeiro, Atanásio defende que é somente Deus que pode salvar. Deus, e somente Deus, pode destruir o poder do pecado e levar a humanidade à vida eterna. A característica fundamental da natureza humana é que ela precisa ser redimida. Nenhuma criatura pode salvar outra criatura. Só o criador pode redimir a criação. Se Cristo não é Deus, ele é parte do problema, não da solução.

Tendo enfatizado que somente Deus pode salvar, Atanásio faz o movimento lógico a que os arianos acharam difícil contrapor. O NT e a tradição litúrgica cristã igualmente consideravam Jesus Cristo como Salvador. Além disso, como enfatizou Atanásio, só Deus pode salvar. Assim, como podemos dar sentido a isso? A única solução possível, Atanásio argumenta, é aceitar que Jesus é Deus encarnado.

1. Nenhuma criatura pode redimir outra criatura.

2. De acordo com Ário, Jesus é uma criatura.

3. Logo, de acordo com Ário, Jesus não pode redimir a humanidade.

Ário estava firmemente comprometido com a ideia de que Cristo era o salvador da humanidade;[355] a questão para Atanásio não era que Ário negasse isso, mas que ele fazia a sua afirmação de forma incoerente. Para Atanásio, a salvação implicava intervenção divina. Atanásio, portanto, retoma João 1.14, afirmando que a "Palavra se tornou carne": em outras palavras, Deus assumiu nossa condição humana para transformá-la.

A segunda observação que Atanásio faz é que os cristãos adoravam e oravam a Jesus Cristo. Mais uma vez, esse padrão pode ser encontrado no próprio NT, e é de importância considerável para esclarecer como os primeiros cristãos entendiam o significado de Jesus

---

[355] Isso é corretamente enfatizado (embora interpretado de modo controverso) em *Early Arianism: A View of Salvation*, de Robert C. GREGG; Dennis GROH, Philadelphia: Fortres Press, 1981.

[As heresias clássicas tardias: arianismo, donatismo, pelagianismo]

de Nazaré.[356] Por volta do século IV, orar e adorar a Cristo eram práticas padrão da adoração pública cristã. Atanásio afirma que, se Jesus Cristo fosse uma criatura, os cristãos seriam culpados de adorar uma criatura, em vez de adorar a Deus; dito de outro modo, eles incorreriam em idolatria. A lei do AT não proibia explicitamente a adoração de qualquer um ou qualquer coisa, a não ser Deus? Ário não discordava da prática de adorar Jesus, mas ele se recusava a chegar às mesmas conclusões de Atanásio.

O ponto em debate aqui tem a ver com a relação entre adoração cristã e fé cristã. A ortodoxia preserva uma visão da identidade de Jesus Cristo que é completamente coerente com os padrões de adoração da igreja. Os cristãos, disse Atanásio, estavam corretos em adorar e louvar a Jesus Cristo, porque, ao fazer isso, eles o estavam reconhecendo por aquilo que ele era — Deus encarnado. Se Cristo não fosse Deus, seria totalmente impróprio adorá-lo. Se Ário estivesse correto, a adoração cristã teria de ser drasticamente alterada, rompendo a ligação com os padrões mais antigos da oração e adoração cristãs. Ário parecia ser culpado de tornar incoerente o modo tradicional com que os cristãos oravam e adoravam. Mesmo afirmando a tradição de adorar a Jesus, Ário havia arruinado a sua integridade. Se Ário estivesse correto, os cristãos não deveriam adorar ou orar a Cristo deste modo. Cristo poderia ser louvado como o "primeiro entre as criaturas"; contudo, ele não deveria ser adorado.

Percebemos aqui o que identificamos como a característica fundamental da heresia: a manutenção da aparência exterior da fé conjugada com a subversão de sua identidade interior. Para enfatizar somente os dois pontos que abordamos: Ário afirmou que Cristo era o salvador da humanidade e que a igreja deveria adorá-lo; contudo, ele interpretou a identidade de Cristo de tal maneira que nem a salvação nem a adoração

---

[356] V. esses pontos levantados em *At the Origins of Christian Worship: The Context and Character of Earliest Christian Devotion*, de Larry HURTADO, Grand Rapids: Eerdmans, 2000 [*As origens da adoração cristã: o caráter da devoção no ambiente da igreja primitiva*. São Paulo: Vida Nova, 2012].

[Heresia]

eram apropriadas. Essa tensão evidente entre teologia e prática não podia ser sustentada por muito tempo sem causar ruptura.

Como o arianismo foi declarado uma heresia? Para responder a esta pergunta, devemos voltar a um ponto levantado anteriormente: a politização do debate teológico devido à conversão de Constantino e o novo *status* do cristianismo como religião imperial.[357] Constantino via essa controvérsia como uma ameaça à unidade da igreja e, por conseguinte, à unidade do império. Os riscos agora eram imensamente mais elevados do que em qualquer disputa teológica anterior. Ele a queria resolvida sem demora e de forma permanente. Parecia a Constantino que, pelo fato de a própria igreja possuir vários centros de autoridade em disputa entre si, ela não poderia chegar a tal resolução. Constantino, então, determinou solucionar o problema de um modo que se pudesse chegar a uma conveniência e eficiência políticas que ao mesmo tempo respeitassem a integridade teológica. A evidência sugere que Constantino poderia, no final das contas, ter adotado ou a posição defendida por Atanásio, ou a defendida por Ário, mas ele preferiu a segunda. Constantino estava bastante consciente de seu papel; era a própria igreja que deveria decidir o que era certo e pôr fim à disputa. O seu papel era suscitar uma conclusão inequívoca.

O método usado por Constantino na resolução de conflito não tinha precedente no cristianismo pós-bíblico.[358] Ele convocou todos os

----

[357] Para um excelente estudo dessa dimensão da controvérsia, v. *Athanasius and Constantius: Theology and Politics in the Constantinian Empire*, de Timothy D. BARNES, Cambridge: Harvard Univ. Press, 1993. Barnes concentra-se nos eventos durante o reinado de Constâncio, filho de Constantino, lançando luz, em particular, sobre os últimos aspectos da vida de Atanásio. No entanto, muitos dos fatores que Barnes identifica como importantes já estavam presentes no governo do próprio Constantino. Considerações sobre as ações políticas e a psicologia social do conflito podem ser vistas em *When Jesus Became God: The Epic Fight over Christ's Divinity in the Last Days of Rome*, de Richard E. RUBENSTEIN, New York: Harcourt Brace & Co., 1999.

[358] O NT traz um registro do Concílio de Jerusalém (v. At 15), geralmente datado por volta do ano 50, que reuniu os primeiros líderes cristãos para decidirem se os gentios poderiam ser admitidos na igreja. V. "James and the Jerusalem Church", de Richard BAUCKHAM. In: WINTER, Bruce (Org.). *The Book of Acts in Its Palestinian Setting*. Grand Rapids: Eerdmans, 1995, p. 415-480.

[As heresias clássicas tardias: arianismo, donatismo, pelagianismo]

bispos da igreja para um concílio ocorrido em Niceia, na Bitínia (atual Iznik, na Turquia moderna), em maio de 325. Calcula-se que havia cerca de mil bispos da igreja oriental, e 800 bispos, da igreja ocidental. De acordo com Eusébio de Cesareia, que estava presente no concílio, apenas 250 bispos compareceram.[359] O fato de o concílio ter sido convocado pelo próprio imperador deixou claro onde, afinal, residia a autoridade dentro do cristianismo imperial.

Isso foi reforçado pela decisão de Constantino de adotar os procedimentos do Senado romano como modelo para o concílio.[360] As estruturas da igreja estavam sutilmente sendo alinhadas com as do Estado.

No fim, o concílio votou decisivamente contra Ário[361] e autorizou uma versão expandida dos credos existentes que claramente se opunham às ideias arianas. Alguns bispos queriam manter credos mais antigos, mais abertos; no fim, porém, a maioria votou a favor de rejeições mais explícitas ao ensino de Ário. Muitos foram os debates sobre possíveis descrições da relação Pai e Filho. O termo *homoiousios* — "de substância similar" ou "de ser similar" — foi visto por muitos como permitindo afirmar a proximidade e intimidade entre o Pai e o Filho, sem exigir nehuma outra especulação sobre a natureza precisa da relação entre eles. Contudo, *homoousios* — "da mesma substância" ou "do mesmo ser" — termo concorrente, acabou prevalecendo em Niceia. Em seu discurso final, no encerramento do concílio, Constantino mais uma vez enfatizou a sua aversão à desagregadora controvérsia teológica; ele queria que a igreja vivesse em harmonia e paz e contribuísse para a estabilidade do império. Infelizmente, essa tranquilidade provou-se difícil, e as discordâncias da controvérsia ariana ainda se fizeram ouvir durante algum tempo, antes que se pudesse dizer que um grau de resolução havia sido alcançado.

---

[359] Ambrósio de Milão e Hilário de Poitiers reportaram a presença de 318 bispos, mas essa pode ser uma alusão simbólica aos 318 servos de Abraão (Gn 14.14).

[360] Havia, no entanto, precedentes para isso no cristianismo norte-africano no século III. Cf. *Religious and Political Ethics in Africa: A Moral Inquiry*, de Harvey J. SINDIMA, Westport: Greenwood Press, 1998, p. 77-79.

[361] No final, apenas dois bispos se puseram do lado de Ário, apesar de ter havido um grau de apoio um pouco superior antes do concílio.

[187]

[Heresia]

Embora o Concílio de Niceia tenha rejeitado decisivamente o arianismo, a evidência histórica sugere claramente que era essa a opção preferida de Constantino.[362] Que razões poderiam estar por trás dessa preferência? Uma famosa resposta a essa pergunta foi proposta pelo estudioso alemão Erik Peterson (1890-1960) em 1935. Em um estudo detalhado das implicações políticas do monoteísmo dentro do Império Romano, Peterson mostrou que o monoteísmo requer uma única autoridade política legítima.[363] Segundo Peterson, existe uma analogia direta entre a ideia da autoridade cosmológica total de um único Deus (um princípio muitas vezes expresso pelo termo *monarchia*) e a autoridade política total de um único governante. O arianismo endossava a noção de *monarchia* divina, outorgando, desse modo, amparo teológico à noção da autoridade política e religiosa suprema de Constantino no Império Romano.

Contudo, como Peterson demonstra mais adiante, tanto a doutrina ortodoxa da identidade de Cristo quanto a doutrina da Trindade questionaram qualquer tipo de teologia política monoteística. Por quê? Porque ambas insistiam em que não havia nenhuma analogia terrena com a autoridade divina, privando, assim, a noção de autoridade imperial absoluta de sua legitimação teológica. Embora a precisão e a validade da análise histórica de Peterson sirva à crítica séria dos últimos anos,[364] muitos teólogos importantes — mais notavelmente

---

[362] V. o debate em *Constantine and Eusebius*, de Timothy D. BARNES. Cambridge: Harvard Univ. Press, 2006.

[363] PETERSON, Erik. *Der Monotheismus als politisches Problem: Ein Beitrag zur Geschichte der politischen Theologie im Imperium Romanum*. Leipzig: Hegner, 1935. Para uma explanação, v. "Heis Theos −Ein Gott? Der Monotheismus und das antike Christentum", de Christoph MARKSCHIES. In: KREBERNIK Manfred; VAN OORSCHOT Jürgen (Orgs.), *Polytheismus und Monotheismus in den Religionen des vorderen Orients*. Münster: Ugarit Verlag, 2002, p. 209-234; "Monotheismus und Monarchie: Zum Zusammenhang von Heil und Herrschaft in der Antike", de Alfons FÜRST. In: STIEGLER, Stefan; SWARAT Uwe (Orgs.), *Der Monotheismus als theologisches und politisches Problem*, Leipzig: Evangelische Verlagsanstalt, 2006, p. 61-81.

[364] V. esp. a coletânea de ensaios críticos em *Monotheismus als politisches Problem? Erik Peterson und die Kritik der politischen Theologie*, ed. Alfred, SCHINDLER, Gütersloh: Mohn, 1978.

Jürgen Moltmann — têm defendido a noção de que os monoteísmos absolutos, como aquele proposto por Ário, proveem um fundamento teológico a favor de um autoritarismo político.[365]

Então, o que teria se tornado o cristianismo se Ário tivesse vencido? É preciso deixar claro que a proposta de Ário não era fazer um rearranjo secundário da mobília teológica da fé cristã, comparando-se com o ajuste da posição ou a mudança da cor de uma cadeira favorita da sala. A interpretação que Ário fazia da identidade de Cristo diferenciava tanto daquela proposta por Atanásio e da ortodoxia que só pode ser considerada como constituindo uma religião separada. O cristianismo ariano é muito mais próximo ao islamismo do que ao cristianismo ortodoxo, tanto em relação à sua noção de Deus quanto à sua compreensão do papel religioso de seu fundador. Seu conceito de *monarchia* divina absoluta tem importantes associações políticas, visto que aponta para uma analogia de autoridade absoluta na terra e no céu.

Ainda mais importante, o arianismo enfatizou a inescrutabilidade de Deus. Havia um hiato ontológico absoluto entre Deus e o mundo das criaturas. Cristo, ele próprio uma criatura, não tinha conhecimento direto de Deus e era, portanto, incapaz de mediar uma revelação direta, autorizada e confiável de Deus. A vontade de Deus podia ser conhecida, embora de maneira prudente; a face de Deus permanecia distante e desconhecida. A noção ariana de revelação divina é semelhante àquela encontrada no islamismo, suscitando importantes questões sobre a autoridade e competência do revelador para desvelar o revelado.

A ortodoxia cristã ofereceu uma estrutura teológica que autorizava Cristo a revelar Deus, e forneceu uma ligação segura entre o revelador e o revelado. Em poucas palavras: se Cristo for Deus, então Cristo pode revelar tanto como Deus é quanto o que Deus deseja. A face e a vontade de Deus tornam-se ambas acessíveis por conta de uma visão da encarnação de Deus e da interpretação nicena da

---

[365] V. *The Trinity and the Kingdom: The Doctrine of God*, de Jürger MOLTMANN, Minneapolis: Fortress Press, 1993.

[Heresia]

identidade de Jesus Cristo. Para Ário, Cristo não pode "ser" Deus em nenhum sentido significativo do termo; além disso, não se pode nem mesmo considerar que Cristo chegou a "conhecer" Deus diretamente. Como todas as criaturas, ele conhece Deus de forma indireta e de ouvir falar, de um modo que pode exceder o de outros seres humanos em termos de quantidade, mas não em qualidade.

A ortodoxia compreendeu Cristo como o mediador entre Deus e a humanidade e admitiu que a sua "natureza dual", como verdadeiramente divina e verdadeiramente humana, era um meio de garantir que essa ponte era segura. Somente Deus poderia revelar a face e a vontade de Deus para a humanidade; somente Deus poderia salvar a humanidade. A interpretação nicena da identidade de Jesus Cristo salvaguardava a realidade tanto da revelação quanto da salvação. O arianismo, no entanto, oferecia uma ponte que não se estendia suficientemente para alcançar o seu objetivo divino — e, ao se conectar com Deus, era incapaz de permitir à humanidade um conhecimento autêntico e confiável de Deus ou a salvação prometida pelo evangelho. Para Ário, Cristo não possuía um conhecimento direto de Deus; ele mediava um conhecimento de segunda mão de Deus, que podia ser superior em qualidade àqueles de outros seres humanos, mas de modo nenhum podia ser igual em espécie.

Ário e seus seguidores deixaram claro a sua crença de que Jesus de Nazaré revelou Deus e insistiram que fosse apropriado falar do cristianismo como uma religião de salvação. Mas a estrutura conceitual que eles propuseram para a interpretação tanto da natureza de Deus quanto da identidade de Cristo, no final das contas, tornou essas ideias incoerentes e instáveis. O arianismo subverteu alguns dos temas centrais da proclamação cristã, oferecendo aspirações onde a ortodoxia apresentava verdades, uma sombra no lugar de uma realidade. A visão cristã do Cristo ressuscitado, retomada de tempos em tempos em toda a sua plenitude, brilho e glória, mostra-se muito difícil de ser expressa com palavras certas e com as ideias certas. E as palavras e ideias usadas por Ário foram, enfim, consideradas falhas nesse sentido. Em vez disso, um novo vocabulário e um novo conjunto de ideias foram exigidos para se

[As heresias clássicas tardias: arianismo, donatismo, pelagianismo]

fazer justiça à realidade de Cristo. Dorothy L. Sayers (1893-1957) fez esta observação com grande energia, e suas palavras continuam importantes para qualquer discussão sobre esse assunto:

> *O dogma central da encarnação é aquele pelo qual a relevância se sustenta ou sucumbe. Se Cristo é apenas homem, então ele é inteiramente irrelevante para qualquer ideia sobre Deus; se é somente Deus, então ele é completamente irrelevante para qualquer experiência da vida humana. No sentido mais estrito, é necessário para a salvação da relevância que o homem acredite, de forma correta, na encarnação de Nosso Senhor Jesus Cristo.*[366]

Donatismo: a natureza da igreja

A segunda heresia importante que consideraremos neste capítulo é conhecida como *donatismo* e diz respeito a alguns aspectos da igreja e dos sacramentos.[367] Conforme já vimos, no tempo do imperador romano Diocleciano (284-313), a igreja cristã esteve sujeita a variados graus de molestamento e perseguição. Ainda que a evidência histórica não seja totalmente segura, existem razões para sugerir que uma "cultura do martírio" se desenvolveu dentro da igreja africana em resposta a essa onda de perseguição, com seus membros deliberadamente cortejando a perseguição e execução nas mãos das autoridades romanas.[368]

....

[366] SAYERS, Dorothy L. *Creed of Chaos?* London: Methuen, 1947, p. 32-35.

[367] O melhor estudo das origens e desenvolvimento desse movimento é *The Donatist Church: A Movement of Protest in Roman North Africa*, de W. H. C. FREND, Oxford: Clarendon Press, 2000. Para alguns escritores, o donatismo deveria ser considerado um movimento sectário ou cismático, em vez de uma heresia. Nesta seção, adotarei a visão tradicional de que o donatismo é mais bem entendido, retrospectivamente, como uma heresia.

[368] TILLEY, Maureen A. Sustaining Donatist Self-Identity: From the Church of the Martyrs to the Collecta of the Desert. *Journal of Early Christian Studies*, v. 5, p. 21-35, 1997.

[Heresia]

Isso causou certa controvérsia dentro da igreja africana. Mensúrio, bispo de Cartago, e o seu vice-bispo Ceciliano opuseram-se firmemente ao que eles consideraram um desejo fanático pelo martírio. Contudo, outros viram nisso um ato encorajador das autoridades romanas que os perseguiam. Os ânimos se inflamaram. Um assunto de importância especial dizia respeito aos líderes cristãos que haviam entregado seus textos sagrados às autoridades. De acordo com o édito de fevereiro de 303, os líderes cristãos receberam a ordem de entregar seus livros para serem queimados. Os que enfrentaram essa ação destruidora passaram a ser chamados de *traditores* (traidores), "aqueles que entregaram [seus livros]".[369] As tensões se elevaram entre os *traditores* e aqueles que idealizavam o martírio.[370] Mensúrio foi acusado de ser um *traditor* pelos seus críticos, embora ele próprio afirmasse que havia entregado algumas obras heréticas que, por acaso, ele tinha em mãos, e jamais um texto sagrado.

Com a posse de Constantino, acabou a perseguição. Mas uma questão sensível surgiu em seu dia seguinte: como deveriam ser tratados aqueles que haviam esmorecido ou se comprometido de algum modo durante a perseguição? O problema era especialmente sério no caso de líderes cristãos que tinham fraquejado sob pressão. Alguns adotavam uma linha dura, exigindo que fossem expulsos. Mensúrio, porém, adotou uma linha generosa e branda para com os que tinham decaído durante o seu tempo de vida. Pelo fato de o bispo de Cartago ser amplamente aceito como bispo sênior na África, os seus pontos de vista sobre o assunto tinham grande impacto sobre a forma com que a questão era tratada.

Mensúrio morreu em 311. Então, quem iria sucedê-lo? Os linhas-duras, encabeçados por uma viúva rica e influente chamada Lucila, e os bispos da Numídia queriam que ele fosse substituído por um simpatizante do culto do martírio, que adotaria uma linha dura com aqueles que

----

[369] A palavra moderna "traidor" deriva da mesma raiz. Outros termos relativos a essa perseguição incluem *sacrificati* (aqueles que faziam sacrifícios aos deuses romanos), *thurificati* (aqueles que queimavam incenso em altares pagãos) e *libellatici* (aqueles que assinavam documentos indicando sua conformidade religiosa).

[370] KRIEGBAUM, Bernhard. *Kirche der Traditoren oder Kirche der Märtyrer: Die Vorgeschichte des Donatismus*. Innsbruck: Tyrolia-Verlag, 1986, p. 59-148.

[As heresias clássicas tardias: arianismo, donatismo, pelagianismo   ]

tinham decaído. Os númidas representavam um antigo reino berbere, ocupado pelos romanos, com aspirações nacionalistas. Aos olhos dos bispos da Numídia, Mensúrio havia sido muito compassivo com os colonizadores romanos. Na visão deles, era tempo de um númida tornar--se bispo de Cartago e dar um líder moral firme à igreja.

Atenta à situação, a facção mais moderada decidiu agir rapidamente e eleger Ceciliano como bispo, antes da chegada da delegação númida. A consagração de Ceciliano foi efetivada por três bispos, inclusive Félix, o bispo de Aptunga — um *traditor*. Muitos cristãos daquele lugar mostraram-se enfurecidos por se ter permitido que aquele bispo participasse daquele ato de consagração. Por isso, declararam que não poderiam aceitar a autoridade de Ceciliano. Os bispos númidas recusaram-se a reconhecer a consagração de Ceciliano, e exigiram uma nova eleição, argumentando que sua autoridade de bispo estava comprometida pelo fato de ter tido a participação de um bispo que decaíra sob o peso da perseguição. A hierarquia da igreja católica estava, portanto, maculada em consequência desse evento. A igreja deveria ser pura e não permitir a inclusão daquelas pessoas. Os bispos númidas exigiram que Ceciliano viesse diante deles defender a sua eleição e consagração. Quando ele não o fez, os rigoristas depuseram-no e excomungaram-no, designando Majorino em seu lugar. Majorino morreu em 313, e foi substituído por Donato, o Grande, que liderou com significativo apoio local. No fim, Constantino se viu arrastado na controvérsia e se declarou a favor de Ceciliano. A igreja do norte da África dividiu-se em duas facções, a maior delas seguindo Donato.

A controvérsia foi alimentada pelas ambivalências e tensões dentro da teologia de uma figura dominante da igreja africana no século III — o martirizado bispo Cipriano, de Cartago. Em seu *Unidade da igreja católica* (251), Cipriano havia insistido em dois princípios.[371] Primeiro, fundamental, o cisma é total e absolutamente injustificado. A unidade da igreja não pode ser rompida, não importa sob que pretexto ou

----

[371] V. uma excelente análise em "Heresy and Schism According to Cyprian of Carthage", de Geoffrey D. DUNN (*Journal of Theological Studies*, v. 55, p. 551-74, 2004).

[Heresia]

ocasião. Pisar fora dos limites da igreja é perder qualquer possibilidade de salvação. Para Cipriano, "não há salvação fora da igreja".[372]

Segundo, em consequência disso, os bispos decaídos ou cismáticos deveriam ser privados, pela igreja, de qualquer direito de administrar os sacramentos ou agir como ministros da igreja cristã. Ao escolher ficar de fora da esfera da igreja, eles perderam os seus dons e autoridade espirituais. Não lhes deve ser permitido, portanto, ordenar ninguém. Além disso, qualquer um que foi batizado, ordenado ou consagrado por eles deve ser considerado como necessitando de rebatismo, reordenação ou reconsagração.

No entanto, a situação que se segue de abrandamento da perseguição de Diocleciano causou um sério problema. O que deveria acontecer se um bispo decair sob perseguição e depois se arrepender? A teoria de Cipriano mostrava-se um tanto ambígua nesse ponto, oferecendo-se a duas linhas bastante diferentes de interpretação. Primeiro que, por seu desvio, o bispo cometera o pecado da apostasia (literalmente, "abandonar"). Portanto, ele se colocara fora dos limites da igreja e já não podia ser considerado apto para administrar os sacramentos de forma oficial. Segundo que, por seu arrependimento, o bispo fora restabelecido à graça e podia continuar a administrar oficialmente os sacramentos. Os donatistas adotaram a primeira posição; os católicos (como os seus oponentes passaram a ser universalmente conhecidos), a segunda posição.

Os donatistas acreditavam que todo o sistema sacramental da igreja católica tinha sido corrompido em razão do lapso de seus líderes. Como os sacramentos poderiam ser administrados de forma válida por pessoas que eram de tal modo corrompidas? Logo, era preciso substituir essas pessoas por líderes mais aceitáveis, que se haviam mantido firmes em sua fé durante a perseguição. Era necessário também rebatizar e reordenar todos os que tinham sido batizados e ordenados por aqueles que tinham decaído.

Seria evidente que um debate teológico legítimo fosse transformado em algo muito mais complexo e matizado devido a suas associações

---

[372] CIPRIANO DE CARTAGO. *Epístola* 72: "Salus extra ecclesiam non est".

[As heresias clássicas tardias: arianismo, donatismo, pelagianismo]

e implicações políticas no início do século IV. Os donatistas eram em geral berberes nativos, enquanto os católicos eram em geral colonos romanos. Aqueles que pregavam generosidade e tolerância em relação aos *traditores* eram, portanto, geralmente apoiadores do governo imperial romano na região. Dado as complexidades étnicas da antiga África[373] e os sentimentos nacionalistas e anticolonialistas latentes na região, era inevitável que a agenda teológica encontrasse alinhamento com tensões políticas. Muitas vezes foi sugerida a relação dos movimentos heréticos com os nacionalismos oprimidos.[374] Embora pudesse ser claramente incorreto sugerir que dada heresia seja simplesmente um movimento social ou nacional transposto para uma chave teológica, existem excelentes razões para se afirmar que uma abordagem teológica poderia ser facilmente associada a uma agenda social ou política.

O assunto ainda estava vivo quase um século depois, quando Agostinho foi consagrado bispo de Hipona, no norte da África romana, em 396.[375] Agostinho respondeu ao desafio donatista propondo uma teoria da igreja que ele acreditava estar mais solidamente fundamentada no NT do que o ensino donatista. Em particular, Agostinho enfatizou a *iniquidade dos cristãos*. A igreja não tem a intenção de ser um "corpo puro", uma sociedade de santos. Em vez disso, pretende ser um "corpo misto" (*corpus permixtum*) de santos e pecadores.[376] Agostinho encontra

---

[373] Para uma ótima interpretação disso, v. "Vandals, Romans and Berbers: Understanding Late Antique Roman Africa", de A. H. MERRILLS. In: _____ (Org.). *Vandals, Romans and Berbers: New Perspectives on Late Antique North Africa.* Aldershot: Ashgate, 2004, p. 1-28.

[374] Para uma investigação proveitosa dessas questões, v. "Heresy and Schism as Social and National Movements", de W. H. C. FREND. In: BAKER, Derek. *Schism, Heresy and Protest.* Cambridge: Cambridge Univ. Press, 1972, p. 37-49. Sobre as tensões entre as igrejas de Roma e Cartago, v. *Karthago und Rom: Die Stellung der nordafrikanischen Kirche zum Apostolischen Stuhl in Rom*, de Werner MARSHALL, Stuttgart: Hiersemann, 1971.

[375] A respeito das primeiras visões de Agostinho sobre a igreja, v. *Augustine's Early Theology of the Church: Emergence and Implications, 386-391*, de David C. ALEXANDER, New York: Peter Lang, 2008.

[376] Para saber mais sobre a base desse conceito, v. *Saints and Sinners in the Early Church: Differing and Conflicting Traditions in the First Six Centuries*, de W. H. C. FREND, London: Darton, Longman & Todd, 1985, p. 94-117.

[Heresia]

essa imagem em duas parábolas bíblicas: a parábola da rede que pega muitos peixes, e a parábola do trigo e das ervas daninhas (ou "joio", para usar uma palavra mais familiar a muitos leitores). É essa segunda parábola (Mt 13.24-30) que é de especial importância, e exige uma discussão adicional.

A parábola fala de um agricultor que semeou a semente e descobriu que a colheita resultante incluía trigo e ervas daninhas. O que poderia ser feito a respeito? Tentar separar o trigo e as ervas daninhas enquanto ambos ainda estavam crescendo seria um convite ao desastre; provavelmente implicaria estragar o trigo tentando se livrar das ervas daninhas. Mas, na colheita, todas as plantas — quer trigo quer ervas daninhas — seriam colhidas e classificadas, evitando, assim, danificar o trigo. A separação do bem e do mal acontece, assim, no fim dos tempos, não na história. Para Agostinho, essa parábola refere-se à igreja no mundo. A igreja deve esperar incluir santos e pecadores. Tentar uma separação neste mundo é prematuro e impróprio. Essa separação acontecerá no devido tempo de Deus, no fim da história. Nenhum ser humano pode fazer esse julgamento ou separação; isso cabe unicamente a Deus.

Uma passagem bíblica relacionada diz respeito à profecia de João Batista: Jesus de Nazaré trará o julgamento que pode ser comparado a uma eira (Mt 3.11,12). Tanto o trigo quanto a palha caem na eira e são separados. Então, como isso deve ser interpretado? Surgiram duas perspectivas muito diferentes.[377] Para os donatistas, a eira referia-se ao mundo como um todo, contendo tanto o trigo quanto a palha. O processo de separação levava ao surgimento da igreja como a comunidade do puro; a palha permaneceria no mundo. Para Agostinho, a própria igreja era a eira, cujos membros incluíam trigo e palha.

Assim, em que sentido a igreja pode de forma significativa ser designada "santa"? Para Agostinho, a santidade em questão não é a de seus membros, mas a santidade de Cristo. A igreja não pode ser uma congregação de santos neste mundo, uma vez que seus membros são

---

[377] ALEXANDER, James S. A Note on the Interpretation of the Parable of the Threshing Floor at the Conference of Carthage of AD. 411, *Journal of Theological Studies*, v. 24, p. 512-519, 1973.

[As heresias clássicas tardias: arianismo, donatismo, pelagianismo]

contaminados com o pecado original. No entanto, a igreja é santificada e tornada santa por meio de Cristo — uma santidade que será aperfeiçoada e finalmente concretizada no juízo final. Além de oferecer essa análise teológica da santidade, Agostinho observou astutamente que os donatistas não cumpriam os padrões elevados que eles próprios tinham de moralidade. Eles eram, sugeriu Agostinho, capazes de lapsos morais, tanto quanto seus oponentes.

Agostinho fez uma observação semelhante com relação à teologia dos sacramentos. Para os donatistas, os sacramentos — tais como o batismo e a eucaristia — seriam efetivos somente se fossem administrados por alguém de moral inquestionável e pureza doutrinal. Essa atitude pode ser vista numa carta escrita em 402 por Petiliano, o bispo donatista de Cirta, para Agostinho. A carta estabelece, em alguma medida, a insistência donatista de que a validade dos sacramentos depende totalmente do mérito moral daqueles que os administram.

Respondendo a isso, Agostinho argumentou que o donatismo colocou uma ênfase excessiva nas qualidades do agente humano e deu um peso insuficiente à graça de Jesus Cristo. É impossível para os seres decaídos — afirmou Agostinho — fazer distinções a respeito de quem é puro e quem é impuro, quem é merecedor e quem é imerecedor. Essa visão, que é totalmente coerente com a sua compreensão da igreja como um "corpo misto" de santos e pecadores, defende que a eficácia de um sacramento não está nos méritos do indivíduo que o administra, mas nos méritos daquele que o instituiu em primeiro lugar: Jesus Cristo. A validade dos sacramentos é, portanto, independente dos méritos daqueles que os administram. Pode haver uma vantagem pastoral aos sacramentos que são administrados por alguém de reputação irrepreensível, mas não há nenhuma exigência teológica para isso. Cristo é o último fiador da eficácia dos sacramentos; o ministro cumpre apenas um papel secundário e subordinado.

Então, por que o donatismo passou a ser considerado uma heresia, não somente uma opinião equivocada? Por que não tratá-lo como um simples mal-entendido ou reação exagerada, cujas origens podem ser facilmente explicadas em termos da complexa situação

[Heresia]

política enfrentada pela igreja cristã no norte da África no século IV?[378] O melhor modo de entender a ameaça postulada pelo donatismo é olhar de perto a sua compreensão da natureza da igreja e os benefícios que seus sacramentos oferecem aos crentes.

Donato e seus seguidores insistiram em afirmar que a eficácia da igreja e de seu sistema sacramental dependia da pureza moral ou de culto de seus representantes. Desse modo, a graça e o poder de cura do evangelho cristão foram interpretados como dependentes da pureza da igreja e de seus ministros. Para Agostinho, isso equivaleria a tornar a salvação indiretamente dependente da pureza humana, não da graça de Cristo. Os ministros e sacramentos eram somente os canais, não a causa, da graça de Deus. O donatismo ameaçava tornar a salvação da humanidade dependente de agentes humanos santos, em lugar da morte e ressurreição de Jesus Cristo. Cristo, portanto, desempenha um papel secundário para afiançar ou apoiar a salvação, enquanto o agente humano desempenha um papel principal, de importância crucial.

Temos aqui um tema importante da interpretação que Agostinho faz da fé cristã: a natureza humana é decaída, ferida, frágil, permanecendo necessitada da cura e restauração pela graça de Deus. De acordo com Agostinho, a igreja deve ser comparada mais a um hospital do que a um clube de pessoas saudáveis. É um lugar de cura para pessoas que sabem que precisam de perdão e renovação. A vida cristã é um processo em que se é curado do pecado, não em que se vive uma vida de pureza — a cura é completada e o paciente é restabelecido à saúde plena. A igreja é uma enfermaria para doentes e para os convalescentes. É somente no céu que seremos finalmente íntegros e saudáveis.

A abordagem donatista representa uma recusa baseada em princípios, se bem que dogmática, em considerar que toda a humanidade (inclusive os sacerdotes e os bispos) necessita da mesma cura que o evangelho oferece. Os ministros da igreja cristã pregam a

---

[378] Para uma boa explicação das questões aqui apresentadas, esp. em relação à resposta política do catolicismo ao donatismo, v. *Augustine and Politics as Longing in the World*, de John VON HEYKING Columbia: Univ. of Missouri Press, 2001, p. 222-256.

[As heresias clássicas tardias: arianismo, donatismo, pelagianismo]

mesma cura que eles próprios precisam. Eles devem ser considerados convalescentes espirituais, que podem administrar a outros as mesmas pomadas e remédios que os mantêm na estrada para a cura, mas que ainda precisam ser totalmente curados.

Poderíamos dizer, assim, que, embora a heresia donatista pareça preocupar-se com o nosso entendimento da igreja e dos sacramentos, ela está profundamente arraigada num entendimento equivocado da natureza humana, em vez de depender unicamente da graça divina. Um caso semelhante surgiu durante a controvérsia pelagiana, para a qual nos voltaremos agora.

Pelagianismo: natureza humana e graça divina

Na seção anterior, apresentamos Agostinho de Hipona; é preciso dizer um pouco mais sobre ele, cuja proeminência no debate pelagiano justifica considerá-lo nesta seção. Agostinho, filho de pai pagão e mãe cristã, nasceu em 354 na cidade de Tagaste, hoje conhecida como Souk-Ahras [na Argélia], no norte da África romana. Talvez cansado das tentativas feitas por sua mãe, Mônica, para convertê-lo ao cristinismo, Agostinho fugiu para Roma e buscou uma carreira na administração imperial romana.

Agostinho reconta a sua peregrinação espiritual em *Confissões*, uma obra que mescla autobiografia com reflexão teológica. Na obra, relata como, por uma série de aparentes casualidades, ele se viu levado a um ponto no qual fora impelido à fé cristã.[379] O momento de crise, Agostinho viveu em agosto de 386, quando estava sentando debaixo de uma figueira no jardim de sua casa em Milão, perturbado com uma suposta incapacidade de dominar a sua natureza mais baixa. Quando ele refletia sobre suas fraquezas e falhas, ouviu algumas crianças brincando num jardim vizinho,

....

[379] Excelente descrição da conversão de Agostinho é *Augustine's Conversion: A Guide to the Argument of Confessions I-IX*, de Colin STARNES, Waterloo: Wilfrid Laurier Univ. Press, 1990.

[Heresia   ]

cantando "Pegue e leia! Pegue e leia!" Agostinho correu para dentro de casa, abriu ao acaso o seu Novo Testamento e leu os versículos que pareciam saltar da página: [...] *revesti-vos do Senhor Jesus Cristo; e não fiqueis pensando em como atender aos desejos da carne* (Rm 13.14). Ele fechou o livro e anunciou aos seus amigos que havia se tornado um cristão.

Agostinho, porém, estava convencido de que essa conversão não tinha sido uma questão de escolha própria. À medida que ele refletia sobre a aparente casualidade que o levou a fé, ia se convencendo de que compreendia a graça de Deus que o precedeu em cada ponto, encorajando-o para o momento decisivo da conversão. Repetidas vezes Agostinho interrompe a narrativa de sua experiência em *Confissões* para louvar a Deus pelo modo mediante o qual a sua mão esteve agindo em sua vida. Com frequência, Agostinho expressa a sua profunda sensação de ser dependente da misericórdia de Deus: "Só na grandeza da vossa misericórdia coloco toda a minha esperança. Dai-me o que ordenais, e ordenai-me o que quiserdes".[380] Para Agostinho, uma humanidade pecadora e fraturada era totalmente dependente de um Deus gracioso e amoroso, da mesma forma com que um paciente ferido e em sofrimento depende dos serviços de um médico competente e cuidadoso.

Enquanto Agostinho meditava contente sobre a benevolência do Deus que ele havia encontrado tão tarde na vida, outros estavam achando as suas palavras claramente incômodas, talvez até mesmo inúteis. Um dos leitores que menos apreciavam as *Confissões* de Agostinho era Pelágio (c. 355-c. 435), um monge britânico que havia dado início a uma cruzada reformadora dentro da igreja romana. Pelágio, é preciso dizer, é uma figura na história da igreja que evoca fortes reações. O famoso estudioso da patrística, Robert Evans, comenta: "Pelágio é uma das figuras mais malvistas na história do cristianismo. Tem sido esporte comum do teólogo e do historiador da teologia atribuir-lhe o papel simbólico de homem mau e despejar sobre ele acusações que muitas vezes dizem mais sobre a perspectiva do

---

[380] AGOSTINHO DE HIPONA. *Confissões 10.29.* "Da quod iubes, et iube quod vis". V. tb. "Augustine, Pelagius and the Controversy on the Doctrine of Grace", de Peit F. FRANSEN, *Louvain Studies*, p. 172-181, 1987.

[As heresias clássicas tardias: arianismo, donatismo, pelagianismo]

acusador do que sobre Pelágio".[381] Mesmo reconhecendo o risco de uma estereotipia injuriosa, continua importante identificarmos as ideias centrais de Pelágio e compreender as suas origens e motivação, bem como a reação que elas provocaram em outros. Isso não é totalmente fácil, uma vez que o pelagianismo, de certa maneira, tende à imprecisão teológica,[382] com a ênfase recaindo na necessidade de renovação moral, em vez de incidir sobre a precisão teológica.

Uma complicação a mais diz respeito à natureza matizada do próprio pelagianismo, isso que é mais bem considerado como um amálgama de ideias de vários escritores — primeiramente o próprio Pelágio, Celestino e Rufino da Síria,[383] mas também o escritor tardio Juliano de Eclanum. O pelagianismo certamente incluía algumas ideias e ênfases vindas de Pelágio; mas outras ideias associadas ao movimento devem suas origens a outros. Por exemplo, as visões do pelagianismo sobre a mortalidade e a transmissão do pecado parecem dever mais a Celestino e Rufino do que a Pelágio.[384]

Pelágio tinha a intenção de reformar a igreja, enfatizando que todas as pessoas possuem um poder dado por Deus para melhorar a si mesmas.[385] Ideias semelhantes tinham sido antecipadas por outros escritores por volta desse período, incluindo Rufino, que chegou a Roma em 399, como o representante de Jerônimo num debate teológico relativo

....

[381] EVANS, Robert. *Pelagius: Inquiries and Reappraisals*. New York: Seabury Press, 1968, p. 66.

[382] BONNER, Gerald. Rufinus of Syria and African Pelagianism, *Augustinian Studies*, v.1, p. 31-47, 1970.

[383] TESELLE, Eugene. Rufiniusthe Syrian, Caelestius, Pelagius: Explorations in the Prehistory of the Pelagian Controversy, *Augustinian Studies*, v. 3, p. 61-95, 1972. Para mais detalhes, v. esp. "Caelestius, Discipulus Pelagi", de Guido HONNAY, *Augustiniana*, v. 44, p. 271-302, 1991.

[384] GIRARD, Jean Michel. *La mort chez Saint Augustin: Grandes lignes de l'evolution de sa pensée, telle qu'elle apparaît dans ses traités*. Fribourg: Editions Universitaires, 1992, p. 133-138.

[385] Dois importantes estudos sobre Pelágio devem ser consultados a esse respeito: "Pelagius and His Supporters: Aims and Environment", de Peter BROWN, *Journal of Theological Studies*, v. 19, p. 83-114, 1968; "The Patrons of Pelagius: The Roman Aristocracy Between East and West" , de Peter BROWN, *Journal of Theological Sudies*, v. 21, p. 56-72, 1970.

[Heresia]

às ideias de Orígenes.[386] Naquele momento, em Roma, estava também presente Celestino, que defendeu as seguintes ideias:

1. O pecado de Adão só prejudicou ele mesmo, não a humanidade como um todo.

2. Crianças nascem no mesmo estado de Adão antes de sua queda.

3. A Lei de Moisés é tão boa para nos guiar até o céu quanto o evangelho de Cristo.

Talvez fosse inevitável ocorrer um grau de confluência entre as ideias e perspectivas desses três escritores, produzindo o conjunto de ideias do pelagianismo, que é referido com mais acerto como um amálgama de ideias relacionadas e derivadas de diferentes fontes. A ideia de que havia um movimento coerente chamado pelagianismo, relacionado especificamente com o escritor Pelágio, parece que se deve, em grande parte, a Agostinho. No entanto, há uma evidência cada vez maior de que essa pode ter sido uma construção retórica por parte de Agostinho, na qual uma série de crenças e atitudes combinadas e complexas, sendo apenas algumas delas atribuídas a Pelágio, foi representada como se fosse um movimento coerente centrado no próprio Pelágio.

Uma interpretação mais cautelosa da evidência histórica não apenas sugere que Pelágio não defendeu algumas das posições teológicas que tradicionalmente são atribuídas a ele, mas também que Pelágio estava muito mais preocupado em encorajar o comportamento moral cristão exemplar do que em se envolver em especulação teológica. Pelágio é mais bem visto como um ativista reformador e pragmático, em vez de teólogo. A elaboração de um sistema teológico que poderia ter encorajado e sustentado tal comportamento devia-se mais a Celestino e Rufino.[387] O resultado disso é um grau de

[386] Sobre o contexto romano do movimento pelagiano, v. *Roma christiana: Recherches sur l'Église de Rome, son organisation, sa politique, son idéologie de Miltiade a Sixte III (311–440)*, de Charles PIETRI, Rome: École Française de Rome, 1976, p. 1222-1244.

[387] NUVOLONE, F. G.; SOLIGNAC, G. Pélage et Pélagianisme, *Dictionaire de spiritualite*. Paris: Beauchesne, v. 12, p. 2889-2942, 1986.

[As heresias clássicas tardias: arianismo, donatismo, pelagianismo]

dificuldade para distinguir as visões teológicas pessoais de Pelágio daquelas que surgiram do sistema informal que normalmente é chamado de "pelagianismo". A suposição de que o "pelagianismo" se refere às visões de Pelágio está se tornando bem menos consistente do que nas gerações anteriores.

Tradicionalmente, considera-se que as origens da controvérsia pelagiana data de 405,[388] quando Pelágio leu as palavras de Agostinho: "Dai-me o que ordenais, e ordenai-me o que quiserdes". Essas palavras, das quais já tratamos (v. p. 160), causou-lhe considerável ofensa. Elas pareciam atacar diretamente o núcleo do seu programa reformista, negando o direito e a obrigação humanos de buscar perfeição. E assim começou a controvérsia pelagiana, embora as ideias e atitudes que estão por trás do pelagianismo tenham surgido anteriormente. Esse foi um debate complexo, tocando em diversas questões.[389] No entanto, para os nossos propósitos, será útil nos concentrar em dois de seus temas principais: a dinâmica da condição humana e a natureza da graça divina. Em cada caso, o pelagianismo desenvolveu uma visão essencialmente lógica da vida cristã que diferia de maneira significativa daquela proposta por Agostinho.

Vamos começar considerando a questão da natureza humana. O pelagianismo insistia que os seres humanos são completamente livres em todas as suas ações e afirmava que tal crença era a condição prévia essencial para a ação moral e renovação espiritual. O comportamento dos seres humanos não é influenciado significativamente por forças ocultas, nem é restringido por poderes que, no final das contas, estão além de seu controle.[390] Nós somos senhores do nosso destino. Se nos disserem para deixarmos de pecar, podemos deixar de pecar. O pecado é algo ao qual podemos e devemos resistir. De muitas formas, o pelagianismo desenvolveu visões semelhantes àquelas expressas na

---

[388] Sobre a questão da data, v. "La date de 'De natura' de Pélage: Les premières étapes de la controverse sur la nature de la grâce", de Yves-Maria DUVAL, *Revue des études Augustiniennes*, v. 36, p. 257-283, 1990.

[389] V., p. ex., *Kirche bei Pelagius*, de Sebastian THIER, Berlin: de Gruyter, 1999.

[390] A melhor investigação desse ponto é *Gnade als konkrete Freiheit: Eine Untersuchung zur Gnadenlehre des Pelagius*, de Gisbert GRESHAKE, Mains: Matthias Grunewald Verlag, 1972.

[203]

[Heresia]

última estrofe do poema "Invicto" (1875), de William Ernest Henley, um grande favorito na era vitoriana:

> *Por ser estreita a senda — eu não declino,*
> *Nem por pesada a mão que o mundo espalma;*
> *Eu sou dono e senhor de meu destino;*
> *Eu sou o comandante de minha alma.*[391a]

Para o pelagianismo, Deus nos deu os Dez Mandamentos e o exemplo de Jesus Cristo, e deveríamos viver de acordo com eles. O significado de Cristo deve ser visto principalmente no seu ensinamento e exemplo.

Então, os seres humanos podem, de fato, viver de acordo com esses padrões elevados? De acordo com o pelagianismo, qualquer imperfeição na natureza humana que nos poderia impedir de agir moralmente refletiria mal em Deus. Afinal de contas, para início de conversa, foi Deus quem nos fez. Sugerir que algo está fundamentalmente errado com a natureza humana significa sugerir que Deus não criou bem a humanidade. O próprio Pelágio confirma essa ideia numa carta para Demétria, uma mulher da alta sociedade romana:

> [*Em vez de se referir aos mandamentos de Deus como um privilégio,*] *nós clamamos a Deus e dizemos: "Isto é muito duro! Isto é muito difícil! Não podemos fazê-lo! Somos apenas humanos, e sujeitos à fraqueza da carne!" Que loucura cega! Que presunção grosseira! Ao fazer isso, nós acusamos o Deus do conhecimento de uma dupla ignorância — ignorância de sua própria criação e de seus próprios mandamentos. É como se, esquecendo da fraqueza da humanidade — a própria criação —, Deus nos tivesse imposto*

[391a] [NT] Tradução de André C. S. Masini (*Pequena coletânea de poesias de língua inglesa.* Cascavel: Edição do autor, 2000). Original: "*It matters not how strait the gate, / How charged with punishment the scroll. / I am the master of my fate: / I am the captain of my soul!*"

[As heresias clássicas tardias: arianismo, donatismo, pelagianismo]

mandamentos que fôssemos incapazes de cumprir. [...] Ninguém conhece melhor a dimensão da nossa força do que o Deus que nos deu tal força. [...] Deus não teve a pretensão de ordenar nada impossível, pois Deus é justo; e não condenará ninguém por aquilo que não possa evitar.[392]

Está claro que Pelágio tinha muitos seguidores em Roma, como Demétria, que via suas reformas como pouco mais que o senso comum santificado.[393] Qual era exatamente o problema em exigir um aprimoramento moral das pessoas? A ideia foi desenvolvida também por Juliano de Eclanum (c. 386-c. 455), que determinou o que seria, na prática, um evangelho do autoaprimoramento adaptado às normas da cultura romana.[394] O resultado foi que o pelagianismo ressoou fortemente em muitos de Roma naquele tempo, oferecendo uma sofisticada visão de autoaprimoramento com um forte núcleo espiritual.

A consonância entre o pelagianismo e as normas culturais romanas também dava a entender que Agostinho era um estranho na sociedade romana. Parece ter se desenvolvido uma percepção de que Agostinho de Hipona representava antes um enfoque africano provinciano à teologia, o qual seria inferior à teologia mais urbana e cosmopolita da própria Roma. A compreensão de que Agostinho foi um dos maiores pensadores da cristandade pode ser evidente aos leitores modernos. Esse, porém, não foi um julgamento compartilhado por seus contemporâneos em Roma, alguns dos quais parecem ter considerado a sua teologia provinciana — até mesmo paroquial —, faltando-lhe credibilidade cultural. Alguns foram ainda mais longe e sugeriram que a teologia de Agostinho era contaminada pelo fatalismo maniqueísta; outros sugeriram que ele não levava em conta as sofisticadas

---

[392] PELÁGIO, *Epistula ad Demetriadem* 16.

[393] Sobre a questão da atitude dos bispos romanos em relação ao ensino de Pelágio, v. *Rom und Pelagius: Die theologische Position der römischen Bischöfe im pelagianischen Streit in den Jahren 411-432*, de Otto WERMELINGER, Stuttgart: Hiersemann, 1975.

[394] V. *Julian von Aeclanum: Studien zu seinem Leben, seinem Werk, seiner Lehre und ihrer Überlieferung*, de Josef LÖSSL, Leiden: Brill, 2001, p. 250-330.

[Heresia]

riquezas teológicas da igreja oriental, que estava conquistando cada vez mais atenção e influência em Roma.[395]

Para Agostinho, os pontos de vista pelagianos sobre a natureza humana, longe de serem culturalmente sofisticados, eram teologicamente ingênuos e tinham pouca relação tanto com o ensinamento do NT quanto com a experiência humana. A crença fundamental de Agostinho é que a natureza humana, ainda que criada sem nenhum problema, é contaminada com o pecado, como consequência da queda.[396] Existe uma fatal, até mesmo trágica, falha na natureza humana, que não é em si mesma resultado da criação divina. Agostinho usa a imagem da "queda" para designar uma deserção fundamental da humanidade da trajetória que Deus traçou para ela na criação. Em Gênesis, as narrativas da criação deixam bastante claro que Deus nos criou muito bem. No entanto, devido a essa "queda", Agostinho insiste, a natureza humana é caracterizada por uma propensão ao pecado e um distanciamento de Deus. Os seres humanos caídos têm, desse modo, uma tendência inerente a pecar.

Agostinho, portanto, confirma a liberdade humana natural, uma vez que não fazemos coisas apenas por fazer, mas como uma questão de liberdade. Ao mesmo tempo, porém, ele insiste que devemos reconhecer as nossas limitações de liberdade. O livre-arbítrio humano foi enfraquecido e incapacitado — mas não eliminado ou destruído — pelo pecado. Para que esse livre-arbítrio seja restabelecido e sanado, é preciso a operação da graça divina. Para explicar esse ponto, Agostinho usa a analogia de uma balança com dois pratos em equilíbrio. Um prato representa o bem, e o outro, o mal. Se os pratos estiverem precisamente equilibrados,

....

[395] Os escritos de João Crisóstomo chamavam a atenção nessa época. V. "De natura' Pélage", de João CRISÓSTOMO, p. 280-281.

[396] Para uma excelente interpretação das visões de Agostinho, enfocando uma variante tardia da controvérsia pelagiana, v. *Gratia Et Certamen: The Relationship Between Grace and Free Will in the Discussion of Augustine with the So-Called Semipelagians*, de Donato OGLIARI, Louvain: Peeters, 2003. Para uma abordagem detalhada da doutrina da graça de Agostinho, v. *Sant'Agostino: Introduzione alla dottrina della grazia*, de Agostinho TRAPÈ, 2v., Rome: Città Nuova, 1990.

[As heresias clássicas tardias: arianismo, donatismo, pelagianismo]

Agostinho demonstra, é possível pesar os argumentos a favor de fazer o bem ou de fazer o mal, chegando-se a uma conclusão apropriada. O paralelo com o livre-arbítrio humano é óbvio: nós pesamos os argumentos a favor de fazer o bem e de fazer o mal e agimos da forma adequada. E se os pratos forem adulterados? - Agostinho pergunta. O que ocorre se alguém colocar vários pesos no prato do lado do mal? A balança ainda funcionará, mas tenderá seriamente para uma decisão má.

Agostinho afirma que o livre-arbítrio humano é agora predisposto para o mal. O equilíbrio do livre-arbítrio realmente existe e realmente pode tomar decisões — exatamente como a balança adulterada ainda funciona. Mas, em vez de resultar num julgamento equilibrado, surge uma séria tendência para o mal. Usando essa e outras analogias próximas, Agostinho afirma que, na verdade, o livre-arbítrio humano existe nos pecadores, mas é comprometido pelo pecado. Agostinho declara que não temos controle sobre a nossa iniquidade. É algo que contamina a nossa vida desde o nascimento e daí em diante nos domina. Agostinho acredita que, como parte da própria natureza humana, a humanidade nasce com uma disposição para pecar, com uma tendência inerente para os atos pecaminosos. Em outras palavras, pecado causa pecados: o estado de iniquidade causa os atos individuais de pecado.

Agostinho desenvolve esse ponto usando uma série de analogias — o pecado original como uma "doença", como um "poder" e como "culpa". O pecado é como uma doença hereditária que é passada de uma geração a outra. Ele debilita a humanidade, e não pode ser curado pela ação humana. Cristo é entendido como o médico divino, por cujos *ferimentos fomos sarados* (Is 53.5), e a salvação é compreendida em termos essencialmente curativos ou médicos. Somos curados pela graça de Deus, de forma que nossa mente possa reconhecê-lo e nossa vontade possa responder à divina oferta de graça. Ou, reiterando, o pecado é como um poder que nos mantém cativos e de cujas amarras não nos podemos libertar por nós mesmos. O livre-arbítrio humano é feito cativo pelo poder do pecado e só pode ser libertado pela graça. Cristo é visto assim como o libertador, a fonte da graça que rompe o

[Heresia]

poder de pecado. Ou, em terceiro lugar, o pecado é um tipo de culpa ou impureza moral que são passadas de uma geração a outra. Cristo, portanto, vem trazer absolvição e perdão.

Para o pelagianismo, no entanto, o pecado deveria ser entendido sob um ângulo muito diferente. A ideia de uma disposição humana para o pecado não tem lugar no pelagianismo, o qual afirmava que era sempre possível aos humanos cumprirem suas obrigações para com Deus e seus semelhantes. Falhar nesse propósito não poderia ser, de maneira nenhuma, desculpado. O pelagianismo parece às vezes chegar a uma forma bastante rígida de autoritarismo moral — a insistência em que a humanidade tem a obrigação de ser pura, e a rejeição absoluta de qualquer culpa por falhar em sê-lo. A humanidade nasce sem pecado, e só peca por ações deliberadas. Pelágio insistia em afirmar que, na verdade, muitas figuras do AT permaneceram sem pecado. Para ele, somente aqueles que eram moralmente elevados poderiam ser admitidos na igreja — observe aqui os paralelos importantes com o donatismo —, enquanto Agostinho, com o seu conceito da natureza humana decaída, contentava-se em considerar a igreja como um hospital, onde a humanidade decaída poderia se recuperar e crescer gradualmente em santidade, por meio da graça.

Na visão de Agostinho, a natureza humana é delicada, fraca e perdida, e precisa da ajuda e do cuidado divinos para ser restabelecida e renovada. De acordo com Agostinho, a graça é a generosa e muito imerecida atenção de Deus com a humanidade, por meio da qual esse processo de cura pode começar. A natureza humana precisa de transformação pela graça de Deus, tão generosamente concedida:

> *A natureza humana foi criada inocente em sua origem e sem nenhuma falha; mas a natureza humana com a qual nascemos agora, vindos de Adão, precisa de um médico, porque não é saudável. Todas as coisas boas que ela tem em sua concepção — vida, sentimentos e consciência — vêm de Deus, seu criador e produtor. Mas a fraqueza*

[As heresias clássicas tardias: arianismo, donatismo, pelagianismo]

que obscurece e incapacita essas qualidades naturais boas, motivo dessa natureza precisar de iluminação e cura, não vem do produtor perfeito, mas do pecado original.[397]

O pelagianismo interpretou o termo "graça" de um modo muito diferente. Em primeiro lugar, a graça é entendida como se referindo às faculdades naturais humanas. Para Pelágio, essas faculdades não são, de modo nenhum, corrompidas ou incapacitadas ou comprometidas.[398] Elas foram dadas à humanidade por Deus, e se destinam a serem usadas. Quando Pelágio afirmou que a humanidade poderia, por meio da graça, escolher não ter pecado, o que ele quis dizer foi que as faculdades humanas naturais da razão e vontade deveriam permitir à humanidade escolher evitar o pecado. Como Agostinho foi rápido em demonstrar, não é essa a interpretação do termo no NT. Além disso, por que os cristãos orariam a Deus, se não reconhecessem que dependem dele?[399]

Em segundo lugar, precisamos considerar a natureza da graça divina. O pelagianismo entende a graça como sendo principalmente uma orientação ou esclarecimento exterior concedido por Deus à humanidade. Quando Deus ordena que sejamos perfeitos, ele não nos deixa no escuro sobre o que pretende que façamos. A graça refere-se à orientação de Deus sobre o que devemos fazer e ser. Pelágio deu vários exemplos dessa orientação — por exemplo, os Dez Mandamentos e o exemplo moral de Jesus Cristo. A graça nos revela quais são os nossos deveres morais (de outro modo, não saberíamos quais seriam eles); essa graça, porém, não nos ajuda a cumpri-los. Somos capacitados para evitar o pecado pelo ensinamento e exemplo de Cristo. Deus não apenas ordena que os seres humanos sejam perfeitos; Deus oferece um tipo de orientação específica sobre a forma de

---

[397] AGOSTINHO DE HIPONA. *De natura et gratia* 3.3.
[398] V. esp. o tratado de Pelágio *De induratione cordis Pharaonis.*
[399] Para uma discussão mais detalhada, v. "St Augustine's Theology of Prayer", de Timothy MASCHKE. In: LIENHARD Joseph T.; MULLER Earl C.; TESKE, Roland J. (Orgs.). *Augustine: Presbyter Factus Sum.* New York: Peter Lang, 1993, p. 431-436.

[Heresia]

perfeição que ele exige de nós — como, por exemplo, o cumprimento dos Dez Mandamentos e o nos tornarmos semelhantes a Cristo. Como um estudioso moderno resumiu a perspectiva pelagiana:

Deus "ajuda" revelando na Bíblia a sabedoria pertinente à natureza humana e suas obrigações para com Deus. A revelação ilumina a mente, mexe com a vontade, desse modo erguendo o véu da ignorância e a paralisia moral infligida pelos hábitos prolongados do coração pecador. Podemos resumir dizendo que, para Pelágio, a graça significa o seguinte: (1) o dom original do livre-arbítrio, pelo qual é possível viver sem pecado; (2) a lei moral de Moisés; (3) o perdão de pecados conseguido pela morte redentora de Cristo e mediado pelo batismo; (4) o exemplo de Cristo; e (5) o ensinamento de Cristo, como uma nova lei e como uma sabedoria que diz respeito à natureza humana e à salvação. Pelágio não tem nenhuma doutrina da graça além dessa.[400]

Agostinho afirmou que o pelagianismo foi obrigado a "situar a graça de Deus na Lei e no ensinamento". O NT, segundo Agostinho, concebia a graça como ajuda divina para a humanidade, em vez de apenas como um guia moral. Para Pelágio, a graça era algo externo e passivo, algo fora de nós. Agostinho entendeu a graça como a presença real e redentora de Deus em Cristo dentro de nós, transformando-nos — uma coisa que era interna e ativa.

Para Agostinho, Deus criou o homem bom, mas este começou a se afastar dele. Em um ato de graça, Deus veio, então, salvar a humanidade decaída de sua situação difícil. Deus nos ajuda curando-nos, iluminando-nos, fortalecendo-nos e trabalhando continuamente dentro de nós para nos restabelecer. Para Pelágio, a humanidade precisava apenas ser orientada sobre o que fazer, e ser, então, deixada livre para proceder

---

[400] DUFFY, Stephen J. *The Dynamics of Grace: Perspectives in Theological Anthropology.* Collegeville: Liturgical Press, 1993, p. 89.

[As heresias clássicas tardias: arianismo, donatismo, pelagianismo]

sem nenhuma ajuda; para Agostinho, a humanidade precisava saber o que fazer e então ser delicadamente ajudada em cada situação para, ao menos, se aproximar desse objetivo, quanto mais para o cumprir.

As diferenças entre Agostinho e Pelágio dizem respeito, por um lado, à situação humana e, por outro, à natureza da salvação divina. Para Agostinho, a humanidade é deteriorada, ferida e seriamente doente. Não faz nenhum sentido exigir que a humanidade se aprimore quando a essência de sua condição é a de estar presa em sua difícil situação. Agostinho adotou a perspectiva de que Pelágio caía em contradição a respeito da condição humana. Embora inquestionavelmente bem-intencionado, o enfoque ingênuo de Pelágio poderia ser comparado a uma ordem dada para que um cego veja as coisas corretamente. O necessário é a cura espiritual, não a orientação moral.

A compreensão agostiniana dessa situação mostra-se clara, por exemplo, em seu comentário sobre a ordem de Cristo ao paralítico no tanque de Betesda: *Levanta-te, toma o teu leito e anda* (Jo 5.6-9, *ARA*). Agostinho interpreta o texto como: "Levanta-te! Toma o teu leito e anda".[401] Uma declaração da realidade da cura ("Levanta-te!") é, portanto, seguida por duas ordens que teriam sido impossíveis antes da cura do paralítico, mas que agora demonstram publicamente a realidade da sua cura e transformação. Se o paralítico, porém, não tivesse sido curado, ele não poderia ter tomado o seu leito e andado. Pelágio ordena ao paralítico que tome o seu leito e ande, mas não oferece nenhum meio pelo qual essas ordens possam penetrar nos limites da possibilidade humana. Isso equivale a ordenar a uma pessoa cega que enxergue. O evangelho pelagiano exige a perfeição e orienta sobre a forma que esta deveria atingir. No entanto, Agostinho insiste em afirmar que Pelágio fracassa tanto em demonstrar a realidade da condição humana quanto o potencial de transformação interna da graça divina. Por isso, Agostinho afirma que o pelagianismo não é de fato nenhum evangelho. O pelagianismo é essencialmente um moralismo teologicamente ingênuo.

....

[401] AHO DE HIPONA. *Tratado sobre o Evangelho de São João 27.7.*

[Heresia]

No entanto, o pelagianismo continua a ter uma influência profunda sobre a cultura ocidental, mesmo que seu nome pouco tenha a dizer para a maioria das pessoas. Ele articula um dos mais naturais pensamentos humanos: o de que somos capazes de ter controle sobre nós mesmos e de nos transformar naquilo que deveríamos ser.[402] Há uma clara ligação, que muitas vezes passa despercebida,[403] entre a visão pelagiana da humanidade e a visão donatista da igreja. Ambas repousam na crença de que podemos nos tornar aquilo que achamos que devemos ser. Não há lugar para fracasso ou fraqueza, muito menos para as outras características humanas que indicam a nossa fragilidade. Ambas as visões apontam para a busca de uma humanidade idealizada — e, por conseguinte, de crentes cristãos idealizados — que simplesmente não pode ser alcançada na prática. O pelagianismo afirma que podemos ser perfeitos. O donatismo afirma que os verdadeiros crentes jamais sucumbiriam diante da perseguição. O NT, no entanto, parece sugerir uma visão mais realista da natureza humana: *O espírito, na verdade, está pronto, mas a carne é fraca (ARA)*. De que forma a atitude de Pedro, ao negar Jesus no pátio do sumo sacerdote (Mc 14.27-31,66-72) seria vista: ela se encaixaria numa visão pelagiana da natureza humana ou numa visão donatista da capacidade dos líderes cristãos? Não por acaso, Agostinho preferiu combater tanto o donatismo quanto o pelagianismo, afirmando corretamente que eram os dois lados da mesma moeda teológica.

Neste capítulo, examinamos alguns dos temas das três maiores heresias do final da era patrística. Nenhuma delas pode ser considerada racionalmente como o resultado de má intenção, egoísmo ou algum tipo de depravação teológica pessoal. O arianismo, o donatismo e o pelagianismo baseiam-se em tentativas sérias de empregar importantes pontos de valor religioso e espiritual. Todos refletem motivos nobres de quem se preocupa em defender a fé cristã, cada um conforme seu

---

[402] Esse ponto foi enfatizado em *The Rise of the Imperial Self: America's Culture Wars in Augustinian Perspective*, de Ronald W. DWORKIN, Lanham: Rowman & Littlefield, 1996. V., em especial, seus comentários sobre o pelagianismo (p. 39-58).

[403] Dworkin observou isso no citado *Rise of the Imperial Self*, p. 59-73.

[As heresias clássicas tardias: arianismo, donatismo, pelagianismo]

entendimento. Tampouco podem ser simplesmente renegados como adulterações perversas da Bíblia ou da tradição cristã. Todos os três se fundamentaram na Bíblia — ainda que abertamente elegendo um "cânon dentro do cânon", um grupo de textos que se adaptavam melhor que outros a seus interesses e objetivos.

Cada grupo propôs questões importantes, muitas vezes como resposta às fraquezas ou insuficiências dos padrões prevalecentes da ortodoxia cristã. Contudo, tais propostas eram indicações da necessidade de uma possível correção pontual da ortodoxia, não de sua rejeição. Como John Henry Newman mostrou em seu *Essay on the Development of Doctrine* [Ensaio sobre o desenvolvimento da doutrina], de 1846, o debate e a crítica são catalisadores que levam à cristalização da ortodoxia em torno de seus temas nucleares.

O problema não está nas motivações de um Ário, de um Donato ou de um Pelágio. Está, sim, nos resultados de suas viagens de exploração teológica. Embora empreendidas com a melhor das intenções, essas viagens, conforme a igreja concluiu, haviam se revelado becos sem saída, versões empobrecidas e distorcidas da fé cristã, as quais não poderiam ser endossadas de modo geral pela comunidade de fé.

No entanto, esse tipo de exploração teológica não se limitou à era patrística; ela continuou ao longo da história cristã, chegando até os dias de hoje, à medida que teólogos e líderes da igreja prosseguem buscando os meios mais autênticos de expressar o evangelho, especialmente à luz das mudanças culturais locais e globais. Algumas das novas abordagens se mostrarão frutíferas e persuasivas, e serão de valor para as igrejas no longo prazo; outras se mostrarão becos sem saída. As questões exploradas nestes dois capítulos não devem ser vistas como parte da história da igreja primitiva que não mais possui nenhuma relevância hoje. Longe disso, a jornada continua.

Tudo isso significa que precisamos refletir com muito cuidado sobre as motivações intelectuais e culturais da heresia. Semelhantes pressões, evidentes na era patrística, permanecem latentes na igreja contemporânea. Vamos tratar delas com mais detalhes no capítulo seguinte.

Parte IV

O impacto duradouro da heresia

8

Motivações culturais e intelectuais da heresia

De que modo se deve compreender as origens da heresia? Que questões motivaram o seu surgimento? Os primeiros escritores cristãos apresentaram uma variedade de explicações a respeito das origens da heresia: os hereges eram guiados por ambições pessoais, invejas eclesiásticas, um entusiasmo ingênuo pela especulação filosófica ou um sentimento inflamado do próprio gênio teológico. Mas, apesar das sérias acusações de alguns dos primeiros heresiólogos cristãos, como Tertuliano, não existem bases reais para supor que a heresia tenha sido resultado de apóstatas malévolos e arrogantes que conspiraram para destruir o cristianismo pela interpretação bíblica imprudente, excêntrica e dirigida por uma agenda paganista.

[Heresia]

Esse antigo estereótipo é encontrado na maioria das interpretações da heresia do século XIX escritas por apoiadores incondicionais da ortodoxia. Para John Henry Newman (1801-1890), a heresia era um fenômeno cujas origens se encontram fora da igreja. O arianismo, por exemplo, era um subproduto ímpio de seu ambiente, combinando os piores elementos da cultura pagã, particularmente o judaísmo e a filosofia sincrética.[404] Para H. M. Gwatkin (1844-1916), o arianismo era "um acordo ilógico" entre cristianismo e paganismo, com a balança tendendo em favor do paganismo. Era "uma massa de teorização presunçosa", "totalmente ilógica e não espiritual".[405] A crítica posterior levantou graves problemas sobre tais afirmações, especialmente em relação à motivação daqueles considerados hereges. Embora haja uma dificuldade incontornável em se analisar a psicologia dos mortos, a ideia de que a essência da "descrição pessoal" de um herege seja a obstinação e a arrogância, acompanhadas de alguma incapacidade mental e infidelidade institucional, parece ter pouca relação com aquilo que sabemos sobre os primeiros hereges.

A evidência histórica, embora não seja totalmente segura nesse ponto, sugere que devamos pensar as heresias como o resultado de caminhos de investigação que, na sua origem, tinham a pretensão de possibilitar ao cristianismo um melhor posicionamento na cultura contemporânea. A heresia surgiu de um desejo de preservar, não destruir, o evangelho. Neste capítulo, proponho deixar de lado a ideia de que os movimentos então identificados como heresias tenham se originado, em especial, graças à perversão ou malevolência, e explorar a noção mais

---

[404] A respeito das ideias de Newman, v. Newman's Arians and the Question of Method in Doctrinal History", de Rowan WILLIAMS. In: KER, Ian; HILL, Alan G. (Orgs.). *Newman After a Hundred Years.* Oxford: Clarendon Press, 1990, p. 263-285; "The Enthralling Power: History and Heresy in John Henry Newman", de Thomas FERGUSON, *Anglican Theological Review*, v. 85, p. 641-662, 2003.

[405] GWATKIN, H. M. *Studies in Arianism.* 2. ed. Cambridge: Deighton Bell & Co., 1900, p. 17-21, 274. Para uma crítica de peso contra Gwatkin, que alguns consideram como a origem dos estudos modernos sobre Ário, v. "In Defence of Arius", *Journal of Theological Studies*, de Maurice F. WILES, v. 13, p. 339-347, 1962.

[Motivações culturais e intelectuais da heresia]

perturbadora de que as heresias talvez hajam surgido de motivações naturais, bem-intencionadas e essencialmente boas.

Caso esta análise esteja ao menos próxima da verdade, ela apresenta um importante corolário, isto é, que a heresia não pode ser pensada como um problema passado, já resolvido e domesticado. O caminho da exploração teológica e espiritual continua. Cada nova via que se abre para a investigação é potencialmente tanto uma curva errada e um beco sem saída quanto um canal navegável para a fé. Para se entender por que isso permanece sendo uma questão atual, não apenas um tema histórico, precisamos conhecer um pouco de uma nova disciplina, a "ciência cognitiva da religião", que oferece importantes *insights* a respeito de como alguns tipos de heresia surgem.

A heresia e a ciência cognitiva da religião

Nos últimos anos, um novo modo de chegar às origens da heresia tornou-se possível graças ao desenvolvimento da ciência cognitiva da religião.[406] Essa abordagem permite elucidar a maneira com que são formadas e desenvolvidas as convicções religiosas, evitando os enfoques reducionistas que conduzem a afirmações sensacionalistas, facilmente desacreditadas, para "explicar" as crenças religiosas.[407] A ciência cognitiva da religião tem o objetivo de explorar a estrutura cognitiva básica das crenças que poderiam ser chamadas de "religiosas". Sua hipótese de base é que as estruturas conceituais humanas não são

---

[406] Uma importante e precoce descrição dessa abordagem foi feita por BOYER, Pacal. *The Naturalness of Religious Ideas: A Cognitive Theory of Religion*. Berkeley: Univ. of California Press, 1994. Para um panorama geral mais recente, v. "Exploring the Natural Foundations of Religion", de Justin L. BARRETT, *Trends in Cognitive Sciences*, v. 4, p. 29-34, 2000.

[407] Um bom exemplo disso vemos na obra *Breaking the Spell: Religion as a Natural Phenomenon*, de DENNETT, Daniel C. New York: Viking Penguin, 2006. Para uma crítica, v. "Is the Spell Really Broken? Bio-Psychological Explanations of Religion and Theistic Belief", de Justin L. BARRETT, *Theology and Science*, v. 5, p. 57-72, 2007.

[Heresia]

contingências forjadas pela cultura ou história, mas refletem padrões mais profundos da mente humana. Assim, as estruturas conceituais humanas, que podem ser investigadas de modo experimental, tanto formam quanto limitam a expressão cultural.

De que modo esses estudos podem ser relevantes a respeito das origens da heresia? Um dos resultados mais interessantes da ciência cognitiva da religião refere-se à "naturalidade" de certas crenças.[408] Certos hábitos "não refletidos" têm um impacto significativo no modo em que as ideias são desenvolvidas e avaliadas. Uma questão crítica é resposta com frequência: qual das várias opções tem maior apelo natural? Uma compreensão do que vem a ser "natural", é claro, deriva de uma variedade de fontes, incluindo a observação pessoal e influências culturais.

No caso do cristianismo, a heresia é muitas vezes — mas não invariavelmente — o resultado do que poderíamos chamar de "naturalização" da fé cristã, ou seja, a assimilação da ortodoxia pelos modos mais "naturais" de pensar. Por exemplo, uma análise histórica detalhada das origens e do desenvolvimento da doutrina das "duas naturezas" na cristologia e da doutrina da Trindade nos permite identificar os argumentos intelectuais que levaram ao surgimento dessas ideias que parecem profundamente contraintuitivas.[409] Mas não importa quão bons esses argumentos possam ser, tais ideias — de que Jesus Cristo é tanto divino quanto humano, e que Deus são três pessoas — permanecem contraintuitivas, causando dificuldade para os acostumados a modos mais "naturais" de pensar. A ciência cognitiva da religião oferece uma base que nos permite entender por que alguns convertem essas ideias "não naturais" em equivalentes mais "naturais". É muito mais "natural" pensar em Jesus Cristo como

---

[408] Nesse ponto, sigo "The Naturalness of Religion and the Unnaturalness of Science", de Robert N. McCauley. In: Keil, F.; Wilson, R. (Orgs.). *Explanation and Cognition.* Cambridge: MIT Press, 2000, p. 61-85.

[409] P ex., *The Search for the Christian Doctrine of God: The Arian Controversy, 318-381*, de R. P. C. Hanson, Edinburgh: T. & T. Clark, 1988.

[Motivações culturais e intelectuais da heresia]

simplesmente um ser humano, ou em Deus como apenas uma fonte suprema de autoridade.[410]

Que modos "naturais" de pensar podemos identificar como tendo tido papel significativo na catalisação do surgimento da heresia? Uma possibilidade óbvia é uma longa familiaridade cultural com certas ideias, dando a impressão de que essas maneiras de pensar são "naturais", quando na verdade foram apenas culturalmente dominantes por certo período de tempo. Um ótimo exemplo disso encontra-se nas várias formas de platonismo que estiveram presentes no Império Romano oriental da era cristã primitiva, especialmente na cidade cosmopolita de Alexandria. Tais movimentos conduziram um conjunto de princípios metafísicos que deve ser visto como autoevidentemente verdadeiro ou "natural", abrindo a porta para a conversão metafísica das doutrinas cristãs em direção ao que era visto por alguns como maneiras mais "naturais" de pensar.

Entretanto, esse processo de assimiliação não era visto necessariamente como prejudicial pela maioria dos escritores cristãos dos primeiros tempos. Quando submetido a controles e limites cuidadosos, ele podia estabelecer uma ponte importante entre o cristianismo e os outros grupos. O cristianismo poderia se adaptar taticamente a esses modos mais "naturais" de pensar, sem perder a sua identidade distintiva. Um bom exemplo desse processo pode ser encontrado no uso que Justino Mártir fez das categorias e do vocabulário do médio platonismo durante o século II. Fazendo uma correlação entre a fé cristã e as categorias do platonismo, Justino parece ter possibilitado ao cristianismo atrair para si um sentimento não desfavorável do mundo helenístico mediterrâneo durante o século II. Justino tinha observado como a noção platônica de *logos* oferecia importantes possibilidades apologéticas. O tema cristão

---

[410] A segunda ideia é conhecida como "monarquianismo" e desempenhou um papel importante no pensamento cristão dos séculos II e III. Por sua relevância nesta discussão, v. "Monarchianism and Photinus of Sirmium as the Persistent Heretical Face of the Fourth Century", de D. H. WILLIAMS, *Harvard Theological Review*, v. 99, p. 187-206, 2006.

[Heresia]

fundamental de Cristo como mediador entre a humanidade e Deus poderia ser desenvolvido e explicado a um público platônico por meio do uso perspicaz dessa noção.[411]

A abordagem de Justino ilustra o potencial e os riscos de tal procedimento. Ao traduzir de maneira ponderada alguns dos principais temas da fé cristã para o vernáculo intelectual da região, Justino tornou-os mais acessíveis à sua elite culta do que teria sido possível de outro modo. Além disso, o rigor intelectual dessas formas de platonismo era um estímulo ao desenvolvimento de uma precisão semelhante dentro da teologia. Contudo, havia um aspecto negativo. Justino arriscava-se a deixar erodir de maneira sensível as noções cristãs em seus equivalentes platônicos. Uma estratégia planejada para permitir a expansão da influência cristã dentro da comunidade platônica poderia ter um contraefeito, levando ao aumento da influência platônica dentro da comunidade cristã. A correlação do evangelho cristão com a cultura contemporânea é, portanto, uma rua de mão dupla.

O problema pode ser formulado segundo a análise clássica de Agostinho de Hipona sobre a relação da fé com a filosofia secular.[412] Ao explorar esse tema, Agostinho usa a narrativa do êxodo israelita do Egito para dar sentido à atitude da igreja quanto às riquezas intelectuais e culturais da cultura clássica. Israel deixou para trás os "ídolos e as cargas" do Egito, embora levando consigo uma "riqueza em ouro, prata e roupas". Israel deixava para trás o que considerava teologicamente perigoso ou opressivo, enquanto se apropriava do que era excelente e valioso. Assim, Agostinho declara que a igreja deveria se aproximar das riquezas da cultura contemporânea — apropriando-se do que é bom e útil e desconsiderando o que é perigoso e opressivo.

A analogia de Agostinho é impressionante e geralmente útil. Mas levanta uma questão fundamental em qualquer tentativa de dar sentido ao fenômeno da heresia. Como a comunidade cristã chega à conclusão

....

[411] EDWARDS, Mark J. Justin's *Logos* and the Word of God, *Journal of Early Christian Studies*, v. 3, p. 261-280, 1995. Este estudo corrige alguns dos mais influentes e antigos mal-entendidos a respeito da abordagem de Justino.
[412] AGOSTINHO DE HIPONA, *Sobre a doutrina cristã* 2.40.60-61.

[Motivações culturais e intelectuais da heresia]

sobre que abordagens e formulações doutrinais são consideradas positivas e apropriadas, e quais delas são consideradas negativas e impróprias? O que acontece se alguma coisa for inicialmente considerada boa e útil, mas se mostrar, no final das contas, perigosa e opressiva? Os primeiros escritores cristãos estavam profundamente preocupados sobre a possibilidade de uma contaminação e degeneração intelectual irreversíveis: poderiam algumas ideias, uma vez apropriadas pela igreja, se revelarem fermento ou mofo, infectando ou danificando permanentemente o seu receptor? O próprio Agostinho acreditava que havia uma linguagem distintamente cristã, o que ele chamou de "o modo de falar da igreja" [*ecclesiastica loquendi consuetude*].[413] O que acontece se isso se perde, ou se corrompe, pela importação de outros modos de falar?

Neste capítulo, defenderemos a ideia de que, por um lado, o desejo de comunicar a fé cristã de forma efetiva a outros grupos e, por outro lado, a busca de incorporar ao cristianismo o "melhor" das sabedorias alternativas ou complementares representa uma das causas fundamentais da heresia. É preciso enfatizar que isso não quer dizer que haja alguma coisa errada em querer comunicar a fé ou permitir que ela faça o melhor uso das riquezas culturais contemporâneas. Não há nada de errado com o método; os problemas começam quando alguns de seus resultados se revelam perigosos. O que acontece se as novas ideias se transformarem em um cavalo de Troia, permitindo que forças intelectuais de fora dos portões da igreja assumam o seu controle?

A seguir, vamos analisar algumas das pressões que parecem estar implicadas na gênese da heresia. As cinco mais importantes parecem ser as seguintes:

1. *Normas culturais*. Uma percepção de que o cristianismo está, de forma significativa, desconectado dos valores culturais contemporâneos leva a uma pressão para que sejam feitos alguns ajustes intelectuais.

---

[413] IDEM, *A cidade de Deus* 10.10.21. V. *The Latin Language*, de Leonard Robert PALMER, London: Faber & Faber, 1954, p. 191-194.

[Heresia]

2. *Normas racionais.* A crença de que certas ideias cristãs são contrárias ao "pensamento correto" leva, muitas vezes, à sua eliminação ou modificação, a fim de torná-las conformes aos critérios prevalecentes de racionalidade.

3. *Identidade social.* Todos os grupos sociais precisam estabelecer a sua identidade, algo que com frequência envolve noções religiosas. A heresia surge muitas vezes como um modo de autoidentificação religiosa de grupos sociais marginalizados.

4. *Acomodação religiosa.* A coexistência do cristianismo com grupos religiosos concorrentes levam frequentemente a uma pressão para modificar certos aspectos da fé cristã com o objetivo de facilitar a coexistência ou de desenvolver uma apologética convincente.

5. *Preocupações éticas.* Muitas vezes a heresia surge da percepção de que a ortodoxia religiosa é, de forma excessiva, moralmente permissiva e anárquica, ou restritiva e opressiva.

Consideraremos neste capítulo cada uma dessas cinco questões, observando a maneira pela qual afetam as heresias clássicas da era patrística, bem como os debates mais recentes.

Heresia e normas sociais contemporâneas

O cristianismo tem existido numa ampla variedade de contextos sociais, cada qual caracterizado por certas normas culturais. Algumas ecoam os valores cristãos, e outras entram em tensão com eles. Com frequência, os apologistas cristãos se concentram no primeiro caso, usando a ressonância entre a fé cristã e certas crenças e valores culturais como pontes para a comunicação e preconização da fé. E o que ocorre com as áreas de tensão?

[Motivações culturais e intelectuais da heresia]

Muitos teólogos cristãos têm se contentado em conviver com a tensão. Outros, no entanto, acreditam que as tensões constituem uma importante barreira para a fé. Alguns aspectos da fé cristã, argumentam eles, são responsabilidades apologéticas. Por que não eliminá-los? Ou assimilá-los às normas culturais contemporâneas? O processo de assimilação às normas culturais, não raro, leva a formas de heresia. Ilustraremos isso considerando um aspecto da controvérsia pelagiana, antes de passarmos a algumas observações mais amplas.

Um tema central do NT é que os cristãos são salvos não por obras, mas pela graça (Ef 2.5,8,9). As noções de "salvação pela graça" e "justificação pela fé" são firmemente costuradas no tecido do NT, especialmente nas epístolas paulinas.[414] Contudo, essas ideias estavam em tensão com alguns valores fundamentais da cultura romana imperial do final do século IV. Como, àquela altura, o cristanimso era a religião oficial do império romano, certa tensão entre as normas culturais romanas e o cristianismo era questão de alguma relevância. Muitos romanos cristãos — inclusive Pelágio (c. 355-c. 435) e Juliano de Eclanum (c. 386-c. 455) — acreditavam que determinadas formas de interpretar a fé cristã (em especial, o de Agostinho de Hipona) precisavam de modificação para que fossem culturalmente aceitáveis. Como essas ideias teológicas provincianas poderiam se mostrar úteis na metrópole?

Havia um ponto central relacionado a essa questão: o que significa dizer que Deus é "justo" [*justus*]? O pensamento romano clássico sobre esse assunto havia sido moldado por Marco Túlio Cícero (106-143 a.C.), que havia estabelecido que a essência da "retidão" ou "justiça" — duas palavras comumente usadas para traduzir o termo latino *justitia* — é dar a alguém o que lhe é devido.[415] Aplicado a Deus,

---

[414] Sobre o desenvolvimento da compreensão cristã da justificação, v. *Iustitia Dei: A History of the Christian Doctrine of Justification*, de Alister MCGRATH, 3. ed., Cambridge: Cambridge Univ. Press, 2005.

[415] CÍCERO, *Da retórica*, Livro 2, 253: "Iustitia virtus est, communi utilitate servata, suam cuique tribuens dignitatem". Cf., de Justiniano, *Instituta* 1.1: "Iustitia est constans et perpetua voluntas suum unicuique tribuens". V. ainda *Justice and Equity in Cicero*, de D. H. VAN ZYL, Pretoria: Academica Press, 1991,

[Heresia]

isso significa que Deus trata as pessoas de acordo com os seus direitos, recompensando o bom e punindo o mau.

Certamente esse foi o modo pelo qual a ideia de justiça divina foi interpretado por Juliano de Eclanum, talvez o mais culturalmente sofisticado dos escritores pelagianos, notável pela sua exaustiva integração do evangelho cristão às normas sociais e civis da sociedade romana.[416] Para Juliano, era patente que a ideia da "justiça de Deus" devia ser integrada às normas culturais predominantes. Deus deu a cada um o que era o seu direito. A justificação, portanto, tinha a ver com Deus recompensando o justo e punindo o mau.

No entanto, semelhante ideia de justiça divina ajusta-se de forma muito incômoda à noção de justiça divina do AT. Embora enfatize a importância da justiça social para preservar a virtude e desencorajar o vício, o AT associa a ideia de "justiça de Deus" à salvação. Um apelo à justiça divina é fundamentalmente uma súplica por salvação e libertação, como fica evidente nesta passagem clássica de Salmo 31: *SENHOR, eu me refugio em ti; que eu não me frustre; livra-me pela tua justiça.*[417]

Em seus textos exegéticos e sistemáticos, Agostinho de Hipona enfatizou que as noções seculares de justiça não eram satisfatórias para descrever a maneira com que Deus lidava com a humanidade. A "justiça de Deus" era muito diferente da justiça humana. Para Agostinho, qualquer integração da "justiça de Deus" à ideia ciceroniana de "dar a cada um o seu direito" é posta em questão por muitas passagens bíblicas indicativas de que essa noção cultural de justiça não poderia ser usada sem uma adaptação significativa. Contrariando Juliano, Agostinho recorre à parábola dos trabalhadores da vinha (Mt 20.1-16) para demonstrar que a ideia da "justiça de Deus" refere-se, primeiramente, à fidelidade

··

[416] Sobre sua vida e pensamento, v. *Julian von Aeclanum: Studien zu seinem Leben, seinem Werk, seiner Lehre und ihrer Überlieferung*, de Josef LÖSSL, Leiden: Brill, 2001. Em especial, v. "Das Ende der antiken Anthropologie als Bewährungsfall kontextualistischer Philosophiegeschichtsschreibung: Julian von Eclanum und Augustin von Hippo", de Andreas Urs SOMMER *Zeitschrift für Religions-und Geistesgeschichte*, v. 57, p. 1-28, 2005.
[417] Sl 31.1 (grifo do autor). Para uma análise desse importante ponto, v., de minha autoria, v. *Iustitia Dei*, de Alister McGRATH, p. 6-21.

[Motivações culturais e intelectuais da heresia]

de Deus às promessas de graça do evangelho, independentemente dos méritos daqueles a quem a promessa foi feita. Conforme a definição ciceroniana de justiça, a cada trabalhador estariam destinadas diferentes recompensas, na medida em que cada um trabalhou durante períodos diferentes. No entanto, todos haviam recebido a promessa da mesma recompensa, em vários casos bem mais do que a rígida justiça exigiria. A justiça divina diz respeito à fidelidade de Deus às suas promessas generosas e graciosas.

Portanto, um dos temas centrais do debate entre Agostinho e Juliano de Eclanum dizia respeito precisamente a qual das ideias a "justiça de Deus" devia de fato se aplicar.[418] Juliano defendia a justiça divina em termos de Deus concedendo a cada individuo o seu direito, sem fraude ou graça, de forma a se esperar de Deus a justificação daqueles que merecessem a graça por suas realizações morais. Essa perspectiva produziria uma doutrina da justificação do *santo*, ao passo que Agostinho afirmava que a essência do evangelho era a justificação dos *não santos*.

A preocupação de Juliano era sem dúvida apologética. O seu objetivo era explicar a fé cristã de um modo que estivesse em consonância com as noções prevalecentes de justiça e direito ao final da Antiguidade clássica. A ideia de que pessoas indignas poderiam receber aprovação divina era culturalmente desagradável e poderia, na visão de Juliano, simplesmente afastar muitas pessoas importantes.

Esse único estudo de caso ilustra o ponto mais geral, iluminando as dificuldades que surgem quando se constata que um tema ou valor cristão central encontra-se em tensão com as normas culturais. Outros exemplos que ilustram o mesmo problema podem ser facilmente encontrados.

....

[418] Para uma discussão completa, v. "Divine Justice and Divine Equity in the Controversy Between Augustine and Julian of Eclanum", de Alister MCGRATH, *Downside Review*, v. 101, p. 312-319, 1983; "Justice de Dieu et justice humaine selon Saint Augustin", de F. J. THONNARD, *Augustinus*, p. 387-402, 1967.

[Heresia]

Heresia e acomodação à razão secular

Na seção anterior, vimos como as tensões entre o cristianismo e as normas culturais deram origem à heresia. Uma tensão semelhante diz respeito às noções comuns de razão. Cada contexto social tem a própria ideia quanto àquilo que considera racional. Comentando sobre o sucesso de C. S. Lewis (1898-1963) como apologista, Austin Farrer (1904-1968), teólogo de Oxford, estudioso do NT, demonstra como a racionalidade da fé era importante para a sua aceitação cultural.

> *Embora o argumento não crie convicção, a falta dele destrói a fé. O que parece ser provado pode não ser abraçado; mas o que ninguém mostra a habilidade de defender é prontamente abandonado. Argumento racional não cria crença, mas ele mantém um ambiente em que a fé possa florescer. (Austin Farrer em C. S. Lewis.)* [419]

O sucesso de Lewis, disse Farrer, reflete sua habilidade em oferecer "uma mostra positiva da força das ideias cristãs de um modo moral, criativo e racional".

Os inteligentes comentários de Farrer indicam um perigo significativo para a teologia cristã: alguns de seus temas centrais parecem indefensáveis à luz das ideias contemporâneas sobre o que é "racional". Os escritores da patrística estavam muito atentos a essa questão, uma vez que certos pontos centrais da fé cristã, de fato, pareciam "irracionais" à luz das normas da filosofia grega clássica.[420] Um bom exemplo é o da encarnação, que foi amplamente ridicularizada pelos escritores pagãos, que a consideraram incoerente. As origens do arianismo são atribuídas

---

[419] FARRER, Austin, The Christian Apologist. In: GIBB, Jocelyn (Org.). *Light on C. S. Lewis.* London: Geoffrey Bless, 1965, p. 23-43. A citação se encontra na p. 26.
[420] V. alguns exemplos em "Pauline Exegesis, Manichaeism, and Philosophy in the Early Augustine", de Caroline P. BAMMEL. In: WICKHAM, Lionel R.; BAMMEL, Caroline P. (Orgs.). *Christian Faith and Greek Philosophy in Late Antiquity.* Leiden: Brill, 1993, p. 1-25.

[228]

[Motivações culturais e intelectuais da heresia]

frequentemente a uma preocupação com o fato de o cristianismo estar se revelando intelectualmente risível numa cultura dominada pela filosofia grega.

Preocupações semelhantes foram expressas sobre a doutrina da Trindade durante a era patrística. Mas as críticas mais importantes da Trindade surgiram ao longo do século XVI, quando a ala radical da Reforma começou a pressionar pelo abandono de certos ensinos tradicionais, em parte, porque pareciam irracionais e, em parte, porque se afirmava que não eram bem fundamentados na Bíblia. Os grupos radicais, irritados com o que consideravam ser concessões de Martinho Lutero e Ulrico Zwinglio, exigiram mudanças gerais mais extensas.[421] As doutrinas tradicionais que Lutero e Zwinglio haviam considerado completamente ortodoxas e que não careciam de revisão passaram a ser postas em questão de forma aberta. Muitos radicais argumentavam que a doutrina da Trindade não estava explicitamente registrada na Bíblia. Longe de ser uma autêntica doutrina cristã, ela refletiria as especulações e elaborações tardias de teólogos equivocados.

O antitrinitarismo, já evidente no final de 1520, tornou-se marca oficial da Reforma radical nos anos 1550,[422] causando uma grande preocupação tanto nos círculos protestantes quanto nos círculos católicos. O movimento recebeu um impulso intelectual significativo nos escritos de seu nome: Fausto Socin. (1539-1604), mais conhecido pela forma latina de seu nome, Fausto Socino. O antitrinitarismo, que chegou a ser conhecido como "socinianismo", começou a se tornar um desafio para a ortodoxia protestante e católica no final do século XVI. Embora os escritos de Socino tenham obtido grande alcance, contestando muitos aspectos das crenças cristãs tradicionais, ele é especialmente associado ao antitrinitarismo. Abandonando as doutrinas da encarnação e da Trindade, as quais corretamente declarou estarem

....

[421] O melhor estudo é *The Radical Reformation*, de George H. WILLIAMS, 3. ed. Kirksville: Sixteenth Century Journal Publishers, 1992.

[422] V., p. ex., *Early Transylvanian Antitrinitarianism (1566-1571): From Servet to Palaeologus,* de Mihály BALÁZS, Baden-Baden: Valentin Koerner, 1996.

[229]

[Heresia]

inter-relacionadas, ele defendeu uma fé religiosa mais generalizada em Jesus de Nazaré como uma pessoa divinamente inspirada, com habilidades excepcionais para cumprir os mandamentos de Deus.[423]

Em parte, a motivação para essa crítica à doutrina da Trindade era bíblica, mas predominantemente racional. Dito de forma simples: a doutrina parecia escandalosamente irracional e, desse modo, ameaçava causar danos à reputação do cristianismo. Conforme o racionalismo começou a obter maior influência cultural em muitas partes da Europa Ocidental nos séculos XVII e XVIII, passou a haver uma pressão crescente para que o cristianismo abandonasse o que era visto como irracional e se voltasse para uma noção mais razoável a respeito de Deus, como a que era defendida pelo deísmo.[424] O ressurgimento da doutrina da Trindade no século XX, principalmente como resultado da obra de Karl Barth (1886-1968) e Karl Rahner (1904-1984), pode ser visto em parte como consequência da erosão do racionalismo que predominou no início do iluminismo, à medida que as suas fraquezas e dificuldades ficavam cada vez mais óbvias.

Nesse ponto, também devemos observar que importantes cientistas muitas vezes sustentam crenças religiosas heterodoxas — algo que vale tanto para o islamismo e judaísmo quanto para o cristianismo.[425] Por exemplo, a tentativa de Isaac Newton de aplicar os métodos científicos à sua fé cristã levou-o a rejeitar a doutrina da Trindade, embora ele tenha tido o cuidado de não chamar a atenção para essa decisão durante seu tempo de vida.[426] Vemos aqui a mesma tensão entre a

---

[423] Art de GROOT, "L'antitrinitarisme socinien", *Études théologiques et religieuses*, v. 61, p. 51-61, 1986.

[424] BABCOCK, William S. A Changing of the Christian God: The Doctrine of the Trinity in the Seventeenth Century, *Interpretation*, v. 45, p. 133-146, 1991.

[425] Consulte a importante coleção de estudos *Heterodoxy in Early Moderm Science and Religion*. BROOKE, John Hedley; MACLEAN, Ian (Ed.). Oxford: Oxford Univ. Press, 2005). Um estudo precedente também de valor se encontra em "Science and Heterodoxy: An Early Modern Problem", de Michael HUNTER. In: LINDBERG, David C.; WESTMAN, Robert S. (Orgs.). *Reappraisals of the Scientific Revolution*. Cambridge: Cambridge Univ. Press, 1990, p. 437-460.

[426] V. "Newton, Heretic: The Strategies of a Nicodemite", de Stephen D. SNOBELEN, *British Journal for the History of Science*, v. 32, p. 381-419, 1999.

[Motivações culturais e intelectuais da heresia]

crença religiosa ortodoxa e os métodos de uma comunidade particular. Enquanto alguns cientistas sustentam perfeitamente as suas crenças religiosas ortodoxas, outros acham que o conceito de "racionalidade" prevalecente em sua comunidade os obriga a tirar conclusões bastante diferentes. Em seu bem documentado estudo sobre o arianismo no início da era moderna, Maurice Wiles observa um particular predomínio dessa heresia entre muitos dos primeiros cientistas modernos.[427]

O modo pelo qual as ideias culturais de racionalidade predominantes podem levar a noções de Deus distorcidas ou inautênticas suscita algumas questões problemáticas para os apologistas cristãos. Por exemplo, a disciplina tradicional da "teologia natural" tem o objetivo de defender a existência de Deus, invocando a razão humana ou a ordem da natureza. O filósofo americano William Alston define a teologia natural como "a iniciativa de oferecer sustentação às crenças religiosas partindo da premissa de que elas não são nem pressupõem quaisquer crenças religiosas".[428] Mas, historicamente, a aplicação da teologia natural tende a levar a um Deus deístico que guarda pouca relação com o completamente abrangente Deus trinitário da tradição cristã.[429] Continua existindo uma significativa lacuna entre a noção de Deus que pode ser inferida do reino natural ou deduzida pela razão, por um lado, e a visão cristã de Deus, de outro lado.

A heresia e a formação da identidade social

A importância da religião na autodefinição de grupo tem sido observada com frequência.[430] Para que as comunidades sobrevivam com o passar

---

[427] WILES, Maurice. *Archetypal Heresy: Arianism Through the Ages*. Oxford: Oxford Univ. Press, 1996, p. 62-134.

[428] ALSTON, William P. *Perceiving God: The Epistemology of Religious Experience*. Ithaca: Cornell Univ. Press, 1991, p. 289.

[429] Ponto enfatizado em *The Open Secret: A New Vision for Natural Theology*, de Alister McGRATH, Oxford: Blackwell, 2008.

[430] GREENFIELD, Emily A.; MARKS, Nadine F. Religious Social Identity as an Explanatory Factor for Associations Between More Frequent Formal Religious Participation and Psychological Well-Being, *International Journal for the Psychology of Religion*, p. 245-259, 2007.

[Heresia]

do tempo, é preciso definir os centros e vigiar as fronteiras. A religião muitas vezes oferece uma marca de identidade de grupo — não necessariamente a única marca, mas frequentemente uma das mais importantes. De maneira mais específica, as crenças religiosas servem, não raro, como um meio de criar um sentido de identidade social, moldando a perspectiva de uma comunidade e justificando a sua existência original e contínua diante de comunidades rivais com reivindicações semelhantes. Isso ajuda a definir tanto os limites dessa comunidade quanto as condições para se fazer parte dela. Uma coesão social efetiva requer a fixação de limites e o estímulo a um senso de identidade comunitária.[431] Um distinto comprometimento religioso é uma das muitas opções para marcar a identidade de uma comunidade. Então, numa situação dominada pelo cristianismo — por exemplo, a Europa Ocidental durante a Idade Média —, algumas comunidades poderiam adotar visões religiosas heréticas como marcadores de sua identidade? A percepção da necessidade de uma identidade distinta poderia levar comunidades a adotarem crenças heterodoxas?[432]

A evidência está longe de ser definitiva, e o melhor seria sugerir que isso representa uma possibilidade interessante capaz de, pelo menos, lançar alguma luz sobre as origens e a força atrativa da heresia. Para analisar esse ponto, podemos considerar o donatismo de um modo mais detalhado. Já vimos o surgimento histórico dessa heresia e observamos alguns aspectos de sua teologia (p. 152-159). A observação de que os colonos romanos no norte da África tendiam a adotar a posição católica, enquanto os berberes cristãos nativos tendiam para o donatismo é certamente indicativo de alguma ligação entre a identidade de grupo e a teologia, seja ortodoxa, seja heterodoxa.

••

[431] Um padrão examinado e avaliado no excelente estudo de Wayne Meeks sobre as realidades sociais das comunidades paulinas no Novo Testamento. V. *The First Urban Christians: The Social World of the Apostle Paul*, de Wayne A. MEEKS, New Haven: Yale Univ. Press, 1983, p. 84-103.

[432] V. "Were Ancient Heresies National or Social Movements in Disguise?", de A. H. M. JONES, *Journal of Theological Studies*, v. 10, p. 280-286, 1959; "Heresy and Schism as Social and National Movements", de W. H. C. FREND. In: BAKER, Derek (Org.). *Schism, Heresy and Protest*. Cambridge: Cambridge Univ. Press, 1972, p. 37-49.

[Motivações culturais e intelectuais da heresia]

Os partidários dessa concepção argumentam que o donatismo estava particularmente associado à população rural das áreas menos povoadas por colonos romanos e com as classes mais pobres nas cidades.[433] A Numídia, por exemplo, era a província menos romanizada do norte da África. Foi ali que o donatismo ganhou maior força. Além disso, há um considerável grau de intersecção entre as áreas do norte da África em que os donatistas eram dominantes e os territórios em que a língua dos berberes é falada ainda hoje. Em comparação, o cristianismo católico era a religião das classes superiores romanizadas.[434]

Contudo, há problemas com semelhante concepção. Por exemplo, é relativamente fácil demonstrar que muitos líderes donatistas eram na verdade bastante ricos e socialmente influentes. Agostinho de Hipona se queixava de ricos proprietários donatistas de terras comprando campos e forçando o rebatismo dos seus empregados.[435] De modo mais significativo, estudos recentes têm enfatizado a importância dos fatores religiosos, em vez de sociais ou econômicos, na causa e manutenção do donatismo.[436] A visão de que o donatismo era essencialmente um movimento socioeconômico com uma associação acidental ou superficial com as ideias religiosas não se coaduna facilmente com o que se sabe do movimento. A evidência parece se ajustar melhor a uma perspectiva mais tradicional, afirmando que o donatismo era, no fundo, um movimento religioso essencialmente livre que passou a ter um apelo especial aos grupos socialmente alienados, mas que não era por si só constituído por questões dessa ordem.

Uma conclusão semelhante parece ser exigida em relação a outros movimentos dissidentes ligados à heterodoxia — por exemplo, o catarismo e hussitismo. Mas, embora esses movimentos pareçam ter

....

[433] A formulação clássica dessa visão se encontra em *The Donatist Church: A Movement of Protest in Roman North Africa*, de H. H. C. FREND, Oxford:Clarendon Press, 2000.
[434] MARKUS, Robert A. Christianity and Dissent in Roman North Africa, *Studies in Church History*, v. 9, p. 21-36, 1972.
[435] Leia, p. ex., de Agostinho de Hipona, *Epístola* 66.1.
[436] TILLEY, Maureen A. *The Bible in Christian North Africa: The Donatist World.* Minneapolis: Fortress Press, 1997, esp. a p.19.

[Heresia]

tido uma base essencialmente religiosa, deve-se levar em considera-ção que agendas políticas e sociais podem ter ajudado a consolidar o seu sentido de identidade, ou levaram esses movimentos a serem vistos com particular cautela em certas regiões. Tais ideias religio-sas, contudo, não parecem ter surgido por acaso como marcas da identidade de movimentos já existentes, e muitas vezes dirigidos a objetivos socioeconômicos. Ao contrário, elas parecem ter sido in-corporadas à identidade dos movimentos, em geral sendo um fator importante para, sobretudo, fazer com que eles existissem.

Contextualização religiosa e heresia

Desde o seu período mais inicial, o cristianismo viu-se mergulha-do numa situação religiosa complexa. Por um lado, ele havia surgido do judaísmo como um sistema de crenças distinto, afirmando a continui-dade com o seu passado (a visão de Marcião sobre esse assunto não pre-valeceu); por outro lado, ele foi ao mesmo tempo forçado a participar de outras visões de mundo, seculares e religiosas, à medida que se expandia em novas regiões geográficas. O impulso fortemente evangelista impe-liu o cristianismo a construir pontes para essas regiões — por exemplo, retomando determinadas ideias cristãs centrais em termos já familiares a essas comunidades. A maneira pela qual os apologistas cristãos se re-lacionaram com as audiências platônicas em Alexandria é amplamente considerada um exemplo clássico desse tipo de estratégia.

Contudo, essa é uma estratégia profundamente arriscada. O que poderia ter sido encarado inicialmente como uma retomada tática de algumas ideias cristãs básicas parece ter se tornado um fator determi-nante para uma reconceitualização a longo prazo do próprio cristia-nismo. Não existe nenhuma dúvida de que essa era uma preocupação séria dentro da comunidade cristã primitiva, levando Tertuliano a declarar um verdadeiro embargo ao diálogo sério entre o cristianismo e a filosofia devido ao risco de contaminação a ele associado.

[Motivações culturais e intelectuais da heresia]

A investigação sobre como o cristianismo se relacionou com outros grupos religiosos foi um grande estímulo à reflexão teológica no primeiro período cristão e é associado a duas heresias fundamentais. O ebionismo pode ser considerado como a assimilação cristã ao judaísmo, e o marcionismo, como uma rejeição cristã da herança judaica do cristianismo. Essas duas heresias definem os extremos de um espectro de possibilidades, com a ortodoxia navegando entre elas.

No entanto, o judaísmo pode ser visto corretamente como um caso especial, já que ele definiu a matriz religiosa da qual o cristianismo emergiu. E quanto aos outros movimentos religiosos do último período clássico? Alguns escritores cristãos primitivos acreditaram na importância do movimento autônomo e multifacetado frequentemente chamado de gnosticismo. Conforme já vimos, as origens desse grupo permanecem obscuras, e é provável que investigações futuras possam revelar as múltiplas origens de uma entidade complexa, refletindo um movimento essencialmente diverso e com uma considerável variação. Nosso atual nível de conhecimento do gnosticismo simplesmente não é suficiente para nos permitir responder de forma confiável a algumas das perguntas mais fundamentais concernentes às suas origens e ao seu desenvolvimento.

Feita essa observação, não resta dúvida de que muitos escritores cristãos importantes dos primeiros tempos depararam com o gnosticismo, especialmente no Egito, e passaram a considerá-lo um movimento que exigia aceitação. Valentino, por exemplo, parece ter encontrado o gnosticismo em Alexandria. Ao emigrar para Roma — observe-se como a facilidade de viajar se mostrou importante para a troca de ideias por toda a costa mediterrânea —, Valentino procurou manter essa aceitação, acreditando nitidamente que tal atitude era de interesse da igreja.

Que forma, porém, tomou semelhante aceitação? As evidências são insuficientes para nos permitir decidir se Valentino era da opinião de que o cristianismo poderia reformular suas ideias fundamentais em termos essencialmente gnósticos, a fim de levar adiante a evangelização daquele movimento, ou se ele considerava as ideias gnósticas tão robustas que o cristianismo se beneficiaria em incorporá-las ao

[Heresia]

seu modo de pensar, fazendo alguns adequados ajustes conceituais. Quaisquer que tenham sido as suas intenções, o resultado da estratégia de Valentino foi visto como uma distorção do cristianismo e a contaminação de algumas de suas ideias nucleares — como a identidade de Deus na antiga e na nova alianças.

Insatisfação ética e as origens da heresia

A fé cristã oferece uma perspectiva moral que permite ver o mundo da realidade social de certo modo, levando a uma correspondente forma de ação.[437] A ética cristã e a ação política exigem uma visão que torne a ação inteligível. No entanto, sentindo-se insatisfeitos com a perspectiva moral apresentada pelas formas de cristianismo que a história lhes possibilitou conhecer, muitos procuraram alternativas para essa perspectiva moral. O sentimento de descontentamento moral levou muitas vezes a conclusões heréticas.

Narrativas populares da heresia sugerem frequentemente que o cristianismo ortodoxo era eticamente restritivo e autoritário, levando os indivíduos esclarecidos a buscarem modos de vida e pensamento mais libertários. Parece ter se tornado axiomático nos últimos anos que a heresia é moral e intelectualmente libertária, enquanto a ortodoxia é sufocante. Isso nos diz muito sobre o humor cultural da pósmodernidade e os compromissos de alguns daqueles que consideram a heresia atraente.

Contudo, é preciso salientar que a história nos proíbe totalmente de chegar a tal conclusão simplista, por mais atraente que ela possa ser aos que se afastam da ortodoxia religiosa por quaisquer razões. Como veremos, certas heresias consideraram de fato a ortodoxia cristã como alguma coisa severa e repressiva. Outras, porém, se referiam à ortodoxia como perigosamente frouxa e permissiva, e procuraram impor um maior

---

[437] V. análise pormenorizada em *The Desire of the Nations: Rediscovering the Roots of Political Theology*, de Oliver O'DONOVAN, Cambridge: Cambrige Univ. Press, 1996.

[Motivações culturais e intelectuais da heresia]

rigor moral sobre a comunidade cristã. Sugerir que a liberação moral ou intelectual seja uma característica essencial da heresia é algo indefensável. Há uma variação nitidamente considerável entre as heresias: algumas não tiveram nenhum problema com as perspectivas éticas ortodoxas predominantes, outras as viram como puritanas e mão de ferro, e outras ainda as consideraram lassas e degeneradas.

Um exemplo claro de uma heresia que considerava a ortodoxia cristã moralmente descuidada e indolente foi o pelagianismo. Conforme já observamos (p. 159-170), as origens do movimento estão no embate de Pelágio contra a degeneração moral que ele encontrou na igreja romana em sua chegada da Inglaterra. Era uma reação bastante comum: Bento de Núrsia (480-547) sentiu-se do mesmo modo sobre a igreja romana em sua chegada na cidade um século mais tarde. O asceticismo de Pelágio nem era particularmente original. O que realmente importava era a ênfase que ele colocava no asceticismo e as conclusões teológicas que tirou disso.

Pelágio e seu círculo desenvolveram uma teologia que autorizava a ênfase sobre a busca cristã da perfeição moral, argumentando que a melhor solução para a falta de visão moral dentro da igreja romana era fazer algumas adaptações ao consenso teológico prevalecente. Pelágio e seu círculo defendiam que a humanidade tinha uma intrínseca capacidade para a perfeição dada por Deus, a qual precisava se realizar por meio do cuidado moral. Para ser justo com Pelágio, não existe nenhuma base para sugerir que ele tenha tido a intenção de subverter intencionalmente o cristianismo. O seu moralismo rígido era mais uma reação à frouxidão ética e espiritual que ele via por toda parte ao seu redor. No início, é provável que Pelágio tenha se visto como simplesmente tentando oferecer algumas palavras de exortação, muito necessárias. Contudo, sua análise de que pressupostos teológicos eram necessários para fortalecer as suas exortações morais levou-o, na visão de Agostinho, a desenvolver alguns pontos de vista completamente não cristãos.[438] Mesmo concedendo algum grau de interpenetração entre os objetivos teológicos do próprio

---

[438] BONNER, Gerald. Pelagianism and Augustine, *Augustinian Studies*, v. 23, p. 33-51, 1992.

[Heresia]

Pelágio e os de outros ativistas da moral em Roma (notavelmente, Celestino e Rufino da Síria), é difícil não concluir que a ênfase moral do pelagianismo estimulou a formulação de alguns princípios teológicos próprios a esse fim, mas que entraram em choque com as perspectivas do NT sobre o pecado, a graça e a natureza humana.

Conforme já observamos, tanto Pelágio quanto Bento de Núrsia afligiram-se com a frouxidão moral da igreja romana — seria instrutivo, portanto, comparar as respostas bastante diferentes de ambos. Enquanto Pelágio e seu círculo alteraram a estrutura teológica, controlando e instruindo a moralidade cristã, Bento criou um novo ambiente fundamentado numa concepção ortodoxa da natureza humana, embora apropriado ao encorajamento da moralidade. Se era difícil para a humanidade lidar com as complexidades da vida num mundo decaído, a situação poderia ser curada, pelo menos até certo ponto, transferindo-se essas complexidades para um contexto no qual tais fraquezas fossem reconhecidas e verbalizadas. Para Bento, a resposta seria encontrada numa comunidade monástica, com uma forma de vida caracterizada pela aspiração aos seus objetivos, mas realista em suas concepções.

O pelagianismo faz parte de um grupo de heresias que consideravam o cristianismo ortodoxo moralmente deficiente. Outro exemplo é o montanismo, que atraiu teólogos da estatura de Tertuliano. Ele surgiu durante o século III e enfatizava a santidade de Deus e suas implicações para o comportamento humano.[439] Embora se tenha dedicado grande atenção teológica às visões do montanismo sobre a profecia e o papel do Espírito Santo (que parecem antecipar alguns aspectos do pentecostalismo moderno), seu rigor moral também merece atenção. A decisão de Tertuliano de se converter ao montanismo parece ter sido pelo menos em parte motivada pelo seu moralismo estrito e estridente.

De modo interessante, o pelagianismo provocou algumas reações extremas que eram em si mesmas consideradas heresias. Alguns

---

[439] V. *Montanism: Gender, Authority, and the New Prophecy*, de Christine TREVETT, Cambridge: Cambridge Univ. Press, 1996.

[Motivações culturais e intelectuais da heresia]

reagiram ao asceticismo pelagiano com tal força que acabaram sendo considerados heréticos devido a suas visões antiascéticas. Um ótimo exemplo desse fenômeno encontra-se em Joviniano (405 d.C.), que era, de início, um defensor estridente do asceticismo monástico.[440] Em 390, em um sínodo convocado por Ambrósio de Leão, Joviniano foi excomungado como herege, por razões teológicas, embora seja possível que o verdadeiro problema fosse que ele se tinha tornado algo escandaloso por causa do seu amor à boa vida. Embora alguns aspectos da situação permaneçam obscuros, é possível que Joviniano fosse visto como tendo "oscilado" de um extremo ao outro, abandonando a renúncia e abraçando o hedonismo. Para Ambrósio, deveria haver um caminho do meio entre essas duas posições morais extremas.

No entanto, outros movimentos heréticos adotaram enfoques muito mais libertários em relação à moralidade. O exemplo clássico disso é um grupo de indivíduos no final da Idade Média que frequentemente se reuniam como representantes da "Heresia do Espírito Livre".[441] Esse movimento pouco organizado, que em geral se acredita ter florescido no século XIV, com frequência é caracterizado pela hostilidade ao autoritarismo eclesiástico e por sua subversão da moralidade tradicional. Muitas vezes é difícil determinar a confiabilidade de algumas interpretações sobre suas crenças e atividades, visto que elas estão sujeitas aos exageros por parte dos interessados em desacreditá-las. Cinquenta anos atrás, Condorme Norman Cohn demonstrou que o surgimento das interpretações contemporâneas dessa heresia é "um quadro completamente convincente de um erotismo que, longe de emanar de uma sensualidade despreocupada, tinha, sobretudo, um valor simbólico como sinal de emancipação espiritual".[442]

....

[440] V. *Marriage, Celibacy, and Heresy in Ancient Christianity: The Jovinianist Controversy*, de David G. Hunter, Oxford: Oxford Univ. Press, 2007. A análise de Hunter sobre a complexa interação entre heresia e asceticismo (p. 87-170) merece uma cuidadosa atenção.

[441] V. o clássico estudo *The Heresy of the Free Spirit in the Later Middle Ages*, de Robert E. Lerner, Berkeley: Univ. of California Press. 1972, esp. p. 10-13.

[442] Cohn Norman. *The Pursuit of the Millennium: Revolutionary Millenarians and Mystical Anarchists of the Middle Ages*. Ed. rev. e ampl. New York: Oxford Univ. Press, 1970, p. 151.

[Heresia]

O breve panorama histórico apresentado nesta seção deixa claro que a insatisfação moral com a ortodoxia não faz parte da essência da heresia. Pode ser uma de suas características, mas necessariamente não é de importância central. No entanto, a noção de que a heresia é intrinsecamente libertária não pode ser mantida. Tal noção representa uma projeção na história de ideais e aspirações daqueles indispostos com a religião convencional em virtude de um suposto "autoritarismo" das formas de ortodoxia. Essa noção de heresia é em parte imaginada e inventada, e guarda pouca semelhança com a realidade histórica da heresia.

O material que exploramos neste capítulo aponta para várias situações que, mesmo não sendo heréticas em si mesmas, podem ter como consequência a heresia. O tema comum aqui é o da adaptação da ortodoxia a um ambiente cultural específico, que pode — mas não *necessariamente* — levar à heresia. Essa observação ajusta-se bem à análise quíntupla da heresia apresentada pelo estudioso da patrística, o britânico H. E. W. Turner, que sugere que a heresia pode ser concebida como o resultado de cinco processos relacionados, embora distintos: diluição, truncamento, distorção, arcaísmo e esvaziamento.[443] Como já observamos anteriormente, o quarto desses processos pode ser visto como representando uma recusa em admitir que a teologia cristã deva desenvolver — não somente reiterar — as ideias do NT (p. 66-67). No entanto, ficará claro que as quatro categorias restantes de Turner apontam para a possibilidade de assimilação cultural e intelectual da fé cristã, ou pela incorporação de ideias estrangeiras ou pelo abandono das ideias cristãs, em resposta às pressões culturais.

É, assim, claramente necessário e apropriado ao cristianismo envolver-se com seu ambiente cultural. A história da igreja indica que esse processo de envolvimento foi parte integrante do longo processo de expansão e consolidação cristã ao longo das eras. Sugerir que esse processo poderia levar a atalhos heréticos não significa invalidar o processo, mas simplesmente exigir um cuidado teológico em sua execução.

---

[443] TURNER, H. E. W. *The Pattern of Christian Truth: A Study in the Relations Between Orthodoxy and Heresy in the Early Church.* London: Mowbray, 1954, p. 97-163.

[Motivações culturais e intelectuais da heresia]

Todavia, permanece uma questão que precisa de toda a atenção: até que ponto a heresia e a ortodoxia são resultados de lutas de poder? Dada a importância deste assunto em especulações recentes sobre as origens e a natureza da heresia, ele claramente merece uma análise mais profunda.

9

Ortodoxia, heresia e poder

A heresia é a ortodoxia dos perdedores da história. Semelhante concepção, que expressa e oferece uma justificativa histórica um tanto inadequada nos escritos de Walter Bauer (p. 73-77), aponta para a importância fundamental do poder na determinação do que é ortodoxo. Para Bauer e seus seguidores mais recentes, a heresia é apenas uma ortodoxia que teve o azar de se misturar com as pessoas erradas. O outro lado venceu e impôs suas ideias como ortodoxia reinante. A vitória teológica ficou com os que tinham poder para impor os seus pontos de vista.

Tal desenvolvimento é de considerável importância, em especial porque ajuda a explicar o crescente interesse cultural — sem mencionar a simpatia — pelas heresias. Nessa leitura das coisas, a heresia é a ortodoxia do corajoso desfavorecido, a voz dos grupos culturais reprimidos e oprimidos. A crítica especializada pode inverter o julgamento da história, que é invariavelmente

[Heresia]

escrito pelos vencedores, e restabelecer as ideias e os valores daqueles que foram culturalmente vencidos em seu espaço. A reabilitação da heresia pode ser vista, assim, como uma ação profundamente moral. É preciso admitir que é muito difícil defender essa interpretação da história. Para os seus críticos, ela parece representar uma tentativa de interpretar determinados juízos ou preconceitos culturais na história, em vez de tentar fazer uma análise histórica crítica do surgimento e do caráter da "heresia".

De uma perspectiva cristã, porém, a heresia tem um significado bastante diferente.[444] O termo passou a se referir a um conjunto de crenças que mantêm a forma externa do evangelho, mas, no final das contas, subverte a sua essência. A heresia torna a fé cristã incoerente e instável, e assim diminui as suas chances de sobreviver ao longo do tempo em um mundo de ideias grandemente competitivas. Para usar uma conhecida imagem darwiniana: se o mais apto deve sobreviver, então a forma mais apta de cristianismo deve ser identificada e promovida — isto é, a ortodoxia cristã. Neste livro, explorei essa abordagem cristã a respeito da heresia, tentando identificar o que havia de potencialmente tão subversivo ou destrutivo sobre os movimentos clássicos dentro da igreja primitiva que, por fim, fizeram com que eles fossem declarados heréticos.

Contudo, a crítica erudita da heresia tem passado por mudanças significativas nos últimos anos. A heresia já não é mais vista como uma noção especificamente cristã, mas como um fenômeno social mais amplo, chegando a refletir questões de poder e de influência. A heresia é um conceito encontrado em outras religiões do mundo (às vezes, sob outros nomes) bem como no cristianismo,[445] refletindo, por fim, o fato de que se trata de movimentos sociais relacionados com questões de poder e influência.

....

[444] WILLIAMS, Rowan. Defining Heresy. In: KREIDER, Alan (Org.). *The Origins of Christendom in the West*, Edinburgh: T. & T. Clark, 2001, p. 313-335.

[445] V. *The Construction of Orthodoxy and Heresy: Neo-Confucian, Islamic, Jewish, and Early Christian Patterns*, de John B. HENDERSON, Albany: State Univ. of New York Press, 1998.

[Ortodoxia, heresia e poder]

Esses fatores serão abordados no presente estudo, algo que pode ser considerado uma proposta de explicação "realista crítica" sobre a heresia.[446] O realismo crítico tem conquistado um espaço cada vez maior nas ciências sociais de hoje, e se caracteriza particularmente pela exploração da interação das ideias com os seus contextos sociais. O realismo crítico reconhece que as ideias surgem de seu contexto social e são por ele moduladas, desempenhando em geral um papel de crítica social — por exemplo, definindo os limites das comunidades. Neste capítulo, vamos explorar alguns dos temas sociológicos que dizem respeito às origens e ao desenvolvimento da heresia, focalizando especialmente a complexa influência mútua entre heresia, ortodoxia e poder.

Abordagens sociológicas da heresia

A origem de uma explicação essencialmente social da heresia pode ser localizada nas origens do marxismo. Karl Marx (1818-1883) propôs uma explicação sobre a origem das ideologias (a "produção de ideias, de concepções, de consciência", uma noção que poderia hoje ser traduzida por "visão de mundo") que afirmava que elas eram fundamentalmente expressões de fatores econômicos e sociais. A ideologia age como a superestrutura de uma civilização ou cultura, uma vez que ela define as convenções e as crenças que compõem as ideias dominantes de uma sociedade. As "ideias reinantes" de determinada época histórica são, desse modo, aquelas da classe dirigente:

As ideias da classe dominante são, em todas as épocas, as ideias dominantes, ou seja, a classe que é o poder material dominante da sociedade é, ao mesmo tempo, o seu poder espiritual dominante.

....

[446] Para uma apresentação do realismo crítico, v. *Critical Realism: An Introduction to Roy Bhaskar's Philosophy*, COLLIER, Andrew (Ed.), London: Verso, 1994; *Transcendence: Critical Realism Realism and God*, ARCHER Margaret; COLLIER, Andrew; PORPORA, Dougas V. (Ed.), London: Routledge, 2004.

[Heresia]

A classe que tem à sua disposição os meios para a produção material dispõe assim, ao mesmo tempo, dos meios para a produção espiritual, pelo que lhe estão assim, ao mesmo tempo, submetidas em média as ideias daqueles a quem faltam os meios para a produção espiritual. As ideias dominantes não são mais do que a expressão ideal [ideell] das relações materiais dominantes, as relações materiais dominantes concebidas como ideias; portanto, das relações que precisamente tornam dominante uma classe, portanto, as ideias do seu domínio.[447]

Tal abordagem leva à heresia que é vista como a ideologia de um grupo derrotado ou oprimido, enquanto a ortodoxia é a ideologia da classe dirigente. Embora essa perspectiva da heresia tenha óbvias aplicações à instituição da igreja, ela não se limita a ela. Com efeito, a heresia passou a ser, desse modo, concebida em termos sociais ou institucionais, em vez de *teológicos*. Friedrich Engels (1820-1895) fez essa conexão em seu importante *As guerras camponesas na Alemanha* (1850). Ao escrever esse livro, o objetivo de Engels era principalmente oferecer consolo àqueles desanimados pelo fracasso da atividade revolucionária tentada em 1848-1849, traçando um paralelo com o fracasso anterior da revolta dos camponeses alemães, em 1525.[448] Contudo, a obra também partia da ideia de que as heresias são manifestações de conflito de classes. Na verdade, as diferenças teológicas entre Martinho Lutero e o líder radical Thomas Müntzer fundamentavam-se em temas sociais e políticos.

Em eras dominadas pelos conceitos e linguagem da igreja cristã, os movimentos sociais alternativos tinham pouca opção, a não ser usar

---

[447] MARX Karl; ENGELS *Friedrich. A ideologia alemã: teses sobre Feuerbach*. São Paulo: Moraes, 1984, p. 56 (grifos dos autores). Para uma análise sobre essa concepção, v. *Wahrheit und Ideologie*, de Hans BARTH, New York: Arno Press, 1975, p. 73-190.

[448] A análise feita por Engels da Revolta dos Camponeses, como sendo fundamentalmente baseada na luta de classes, teve um impacto significativo nos posteriores estudos históricos sobre o movimento. V., p. ex., "Communal Reformation and Peasant Piety: The Peasant Reformation in Its Late Medieval Origins", de Peter BLICKLE, *Central European History*, v. 20, p. 216-228, 1987.

[Ortodoxia, heresia e poder]

a linguagem religiosa como um meio de expressar a sua identidade. No entanto, o cerne de tais movimentos, nessa interpretação, não é religioso — apesar de externamente aparentar preocupações religiosas — mas político, social ou econômico. Estudos recentes da sociologia da heresia têm enfatizado esse ponto. George Zito, por exemplo, observa que a heresia não é principalmente "um fenômeno religioso, mas um fenômeno institucional". Ele se desenvolve inicialmente dentro de contextos de religiosos "somente por causa da posição central da instituição religiosa na dominação dos discursos de um momento histórico particular".[449]

Conforme a heresia e a ortodoxia comecem a se diferenciar, é inevitável o surgimento de uma divergência intelectual entre elas. Mas nessa interpretação sociológica da heresia, o tipo de divergência possui, no final das contas, um significado limitado. O verdadeiro ponto em questão subjaz às ideias e não é diretamente expresso por ela. O ortodoxo e o herético devem ser distinguidos social, institucional ou economicamente. As *ideias* heréticas são a superestrutura erigida sobre uma base sociológica e não são, em si mesmas, de fundamental importância.

Esse importante desenvolvimento conduz diretamente a um dos traços mais característicos dos textos contemporâneos sobre a heresia. Enquanto as primeiras gerações de heresiólogos louvavam a ortodoxia e castigavam a heresia, os escritos mais recentes da área parecem ter simplesmente invertido o julgamento. Se a distinção entre heresia e ortodoxia está no poder e na dominação, a afinidade agora parece estar, decididamente, do lado do herege. A questão não é o "certo" e o "errado", mas, sim, quem tem o poder capaz de forçar a aceitação de seu modo de ver as coisas. A ortodoxia de hoje pode, dessa maneira, facilmente transformar-se na heresia de amanhã. Tudo o que se precisa é de uma mudança radical na relação social das partes envolvidas.

---

[449] ZITO, George V. Toward a Sociology of Heresy. *Sociological Analyses*, v. 44, p. 123-130, 1983; a citação se encontra na p. 126.

[Heresia]

Até que ponto, portanto, a discussão da igreja sobre a heresia foi moldada por interesses e relações de poder? Devemos começar, então, pela era patrística, focalizando em particular as seis heresias clássicas que estudamos nos capítulos 6 e 7.

Poder, heresia e a era patrística

Para começar, precisamos reiterar uma questão abordada anteriormente: a igreja cristã nos séculos I e II não possuía um poder político relevante, e parece não ter tido nenhum meio à sua disposição para impor a ortodoxia. Não existe nenhuma prova convincente para sugerir que as primeiras heresias do século II — como o valentianismo e o marcionismo — estivessem sujeitas a qualquer forma de coerção por parte dos líderes da igreja romana, forçando-os a se adequarem às normas teológicas romanas. Marcião e Valentino, contrariados pela falta de aceitação dentro da igreja, fundaram as próprias comunidades. Eles não foram violentamente expulsos contra a sua vontade.

Tem-se observado com frequência a importância dos jogos de poder na definição do cristianismo primitivo. Por exemplo, o sociólogo Max Weber (1864-1920) propôs que o processo de formação de qualquer cânon de textos seria no final das contas uma luta pelo poder. Desse modo, Weber argumentou que "a maioria, embora não todas, as compilações sagradas canônicas se tornaram oficialmente refratárias a indesejáveis acréscimos seculares ou religiosos como consequência de uma luta entre vários grupos e profecias concorrentes pelo controle da comunidade".[450] De modo nada surpreendente, Weber entende o processo de conclusão dos cânones bíblicos cristãos e hebraicos em termos de lutas pelo poder entre grupos rivais, com o resultado determinando qual deles dominaria o formato da instituição regida por

---

[450] WEBER, Max, *The Sociology of Religion*. Boston: Beacon Press, 1993, p. 68.

tais textos.[451] A heresia pode ser interpretada, então, como tendo sua origem na decisão de reconhecer um cânon alternativo das Escrituras, com suas ideias distintivas surgindo principalmente do uso de fontes diferentes daquelas usadas pela ortodoxia, não devido a interpretações diferentes das mesmas fontes usadas pela própria ortodoxia.[452]

No entanto, é questionável se tal análise baseada no poder pode ser aplicada de forma convincente ao período da "proto-ortodoxia". Walter Bauer, cuja perspectiva reflete as ideias de Weber, parece querer retroceder ao século II o poder político e o *status* que a igreja romana só atingiria mais tarde. Mas tal anacronismo não é defensável.

Somente a partir da conversão de Constantino, no início do século IV, é que se pode considerar que o cristianismo teve alguma verdadeira influência política em Roma. No século II, o cristianismo era uma religião ilegal, à margem da sociedade, sem acesso ao poder político ou social, e muito menos capaz de impor seu ponto de vista de alguma forma.

O que não significa que a igreja não se preocupasse com as ameaças à autenticidade cristã, ou não estivesse atenta ao modo com que as expressões ou representações mais autênticas da fé poderiam ser identificadas e mantidas. Por exemplo, os textos de Orígenes podem ser considerados uma tentativa de definir a "ortodoxia" como a interpretação mais coerente das Escrituras, especialmente em termos dos padrões de ação divina revelados por elas.[453] Se é certo que as redes informais de bispos e teólogos se preocupavam em esclarecer a natureza da ortodoxia, muitas vezes por meio de correspondências

---

[451] Para uma investigação um tanto especulativa desse tema, v. "Canon and Social Control", de Meerten B. ter BORG. In: VAN DER KOOIJ, A.; VAN DER TOORN K. (Orgs.). Canonization and Decanonization. Leiden: Brill, 1998, p. 411-423.

[452] Para uma investigação sobre o assunto, v. *The Making of a Heretic: Gender, Authority, and the Priscillianist Controversy*, de Virginia BUURUS, Berkeley: Univ. of California Press, 1995, p. 19-21.

[453] WILLIAMS, Rowan. Origen: Between Orthodoxy and Heresy. In: BIENERT A.; KÜHNEWEG, Uwe (Orgs.). *Origeniana Septima: Origenes in den Auseinandersetzung des 4. Jahrhunderts*. Louvain: Peeters, 1999, p. 3-14.

[Heresia]

pessoais,[454] esse processo, no entanto, estava fundamentalmente interessado na consolidação do entendimento dentro da igreja, não com a imposição de alguma conclusão predeterminada.

No entanto, tudo isso mudou com a ascensão de Constantino e a transformação gradual do *status* social e político do cristianismo, que passou de um movimento religioso marginal para a religião oficial do Império Romano. As desavenças dentro do cristianismo imperial tinham agora o potencial de causar divisão e instabilidade dentro do império. Constantino parecia ter pouco interesse nas questões teológicas que estavam na base desse debate. Suas decisões sugerem uma determinação pragmática para resolver os assuntos de forma rápida, embora civilizada.

Constantino foi arrastado para a controvérsia donatista numa fase inicial, em parte por causa das implicações do movimento na política colonial romana no norte da África. Inicialmente, seu movimento tomou a forma de firmes sugestões para que as respectivas partes resolvessem o problema entre si, e depois pela imposição de um mecanismo para resolução do conflito. Após tudo ter fracassado, o próprio Constantino julgou o assunto, decidindo em favor da parte católica. Está claro, porém, que seu envolvimento nessas tarefas era relutante. Seu modo básico de agir era permitir que a igreja resolvesse as próprias disputas.

Uma situação semelhante surgiu com a controvérsia ariana, em que Constantino, novamente de forma relutante, viu-se enredado em um debate teológico para o qual ele se considerava mal preparado. Mais uma vez, a preocupação de Constantino foi a de restabelecer a unidade dentro da igreja, e novamente ele propôs um mecanismo para a resolução do conflito. O Concílio de Niceia (325), formado com base nos precedentes clássicos do Senado romano, não tinha a pretensão de

----

[454] V. "Does It Make Sense to Speak of Pre-Nicene Orthodoxy?", de Rowan WILLIAMS. In: ____ (Org.). *The Making of Orthodoxy*. Cambridge: Cambridge Univ. Press, 1989, p. 1-23.

impor as concepções de Constantino sobre a cristologia; na verdade, há indicações de que sua preferência recaísse sobre a cristologia ariana.[455] O seu principal objetivo ao se envolver nas disputas parece ter sido o estabelecimento da união e do entendimento dentro da igreja.

Embora Constantino aparentasse satisfação em permitir que a igreja resolvesse os próprios debates teológicos, ele não hesitou em usar a força do Estado para impor a uniformidade assim que a solução tivesse sido alcançada. Constantino impôs a ortodoxia nicena, exilando aqueles que se recusavam a aceitá-la — inclusive o próprio Ário, o diácono Euzoios e os bispos líbios Teona de Marmarica e Segundo de Ptolemais. Ele também ordenou que fossem queimadas todas as cópias de *Thalia*, o livro no qual Ário havia registrado seus ensinamentos.

O Estado podia não definir a ortodoxia, no entanto ele certamente estava preparado para impô-la. Uma vez que tal conclusão fosse aceita, ela teria implicações importantes para a tese de Bauer, isto é, de que a imposição da ortodoxia, considerada repugnante por muitos discípulos de Bauer, teria acontecido do mesmo modo se os movimentos, agora tidos como heréticos, tivessem sido declarados ortodoxos. Se a força motriz para a supressão da diversidade era a unidade imperial, qualquer que fosse a visão designada como "ortodoxia" seria imposta. Isso tem claras implicações para o curioso sentimento moderno de que a heresia é intrinsecamente libertadora e a ortodoxia repressora. A função social desses movimentos não parece ser determinada pelas ideias em si, mas pela sua adoção e endosso por parte do Estado.

Se o donatismo tivesse conquistado a aprovação de Constantino, em vez da posição católica, ele teria sido imposto como uma questão de política imperial, para o bem da coesão social do império. De modo semelhante, se Niceia tivesse endossado o arianismo, ele seria imposto da mesma forma e pela mesma razão. A estabilidade imperial exigia uniformidade e conformidade eclesiástica. Esse é um tema recorrente ao longo da história da relação igreja-Estado — veja, por exemplo, o

---

[455] Consulte a discussão em *Constantine and Eusebius*, de Timothy D. BARNES, Cambridge: Harvard Univ. Press, 2006.

[Heresia]

"Ato da Uniformidade" (1559) de Elisabeth I, projetado para estabilizar a situação religiosa e política na Inglaterra durante um período de tensão nacional e internacional.[456]

Os acontecimentos que se seguiram à morte de Constantino, em 337, dão mostra de que tudo isso não é, de modo nenhum, uma especulação extravagante. O filho dele, Constâncio, reabriu os debates nicenos com uma perspectiva de reversão do julgamento original do arianismo. Aconselhado pelo ariano Eusébio de Nicomédia, Constâncio inverteu a ortodoxia nicena, declarando Atanásio de Alexandria como heterodoxo e Ário, ortodoxo. Constâncio usou em defesa do arianismo o mesmo poder imperial que Constantino usara para impor a posição de Atanásio. Este foi exilado, bem como outros apoiadores da teologia estabelecida em Niceia.[457] A situação inverteu-se em 381, quando o Concílio de Constantinopla reafirmou e consolidou as ideias fundamentais do Concílio de Niceia.[458]

A declaração de Constâncio da ortodoxia do arianismo e da heterodoxia da doutrina das "duas naturezas" parece confirmar a visão de que a ortodoxia é simplesmente uma ideologia religiosa favorecida por aqueles em posições de poder. Uma mudança no poder, portanto, levaria a uma mudança correspondente na ortodoxia: o arianismo, tendo sido declarado herético em 325, foi a ortodoxia reinante vinte anos mais tarde. Contudo, um exame mais próximo dos eventos entre os concílios de Niceia (325) e de Constantinopla (381) sugere que, na verdade, eles põem abaixo a ideia de que a heresia e a ortodoxia são essencialmente uma questão de políticas de poder.

---

[456] Para uma introdução convencional sobre o assunto, v. *Elizabeth and the English Reformation: The Struggle for a Stable Settlement of Religion*, de William P. HAUGAARD, Cambridge; Cambridge Univ. Press, 1970.

[457] v, *Nicaea and Its Legacy: An Approach to Fourth-Century Trinitarian Theology*, de Lewis AYRES Oxford: Oxford Univ. Press, 2004, p. 100-104. Há indicações de que o próprio Constantino não ficou completamente satisfeito com o resultado de Niceia, esp. com o tratamento dado aos partidários de Ário.

[458] O Concílio de Constantinopla foi convocado por Teodósio I, cuja autoridade se restringia à parte oriental do império. Para entender seu significado, v. *East and West: The Making of a Rift in the Church from Apostolic Times Until the Council of Florence*, de Henry CHADWICK, Oxford: Oxford Univ. Press, 2003, p. 20-26.

[Ortodoxia, heresia e poder]

A decisão política de que o arianismo era ortodoxo e seus rivais, heréticos provocou um exame intelectual detalhado sobre as referências das opções teológicas disponíveis à igreja. Escritores como Basílio de Cesareia e Gregório de Nazianzo propuseram uma análise teológica que causou uma significativa tensão entre os méritos intelectuais de uma teologia e a sua conveniência política. O arianismo poderia ter sido imposto à igreja por um ato de autoridade imperial, no entanto foi se tornando claro que essa não era a melhor opção intelectual.[459] No fim, a influência política provou-se inadequada para sustentar uma visão deficiente da fé cristã. Embora o arianismo continuasse influenciando regiões periféricas da igreja durante algum tempo, seus centros de influência tinham sido conquistados novamente pela visão nicena de fé.

Poder, heresia e a Idade Média

O declínio gradativo do Império Romano conduziu a uma série de reestruturações tanto na igreja oriental quanto na igreja ocidental.[460] No Ocidente, a igreja foi se tornando aos poucos a garantidora da ordem social estabelecida. Esse acontecimento reflete vários fatores, inclusive a fraqueza das estruturas alternativas de autoridade. Como a única instituição a possuir alguma credibilidade ou influência importante durante a Idade Média, a igreja desempenhou um papel decisivo na solução de disputas internacionais.[461] Sob o mandato de Inocêncio III (papa de 1198 a 1216), o papado medieval alcançou um nível de autoridade política na Europa Ocidental até então sem precedentes.[462] Algo que foi determinante para a justificação teológica, em 1198, do princípio básico da subordinação do Estado à igreja, imposto por Inocêncio III.

[459] Para uma avaliação dessa análise, v. *Nicaea and Its Legacy*, de AYRES, p. 167-260.

[460] V. a exposição em *The Formation of Christendom*, de Judith HERRIN, Princeton: Priceton Univ. Press, 1987.

[461] CUSHING, Kathleen. *Papacy and Law in the Gregorian Revolution*. Oxford: Oxford Univ. Press, 1998.

[462] SAYERS, Jane. *Innocent III, Leader of Europe, 1198-1216*. New York: Longman, 1994.

[Heresia]

Da mesma forma que Deus estabeleceu "mais" e "menos" luz no céu para governar o dia e a noite — uma referência ao Sol e à Lua —, assim também Deus determinou que o poder do papa excedia o de qualquer monarca. Era parte da ordem das coisas, além de qualquer contestação. A autoridade da igreja foi muitas vezes reconhecida com grande relutância, mas não havia outra instituição na Europa Ocidental com algo remotamente semelhante à sua influência.

É importante reconhecer que a igreja medieval permaneceu no centro da vida social, espiritual e intelectual da Europa Ocidental ao longo da Idade Média. A esperança de salvação de um indivíduo estava em sua participação na comunidade dos santos, cuja expressão visível era a instituição da igreja. A igreja não podia ser evitada ou marginalizada quando o assunto era redenção. Como Cipriano de Cartago havia argumentado de modo tão convincente no século III, não havia salvação fora da igreja.[463] Tratava-se de uma questão tangível expressa e reforçada na arquitetura das igrejas.

Uma excelente ilustração desse ponto pode ser observada na igreja francesa do Priorado Beneditino de St.-Marcel-lès-Sauze, que foi fundada em 985 e extensamente ampliada durante o século XII.[464] Na inscrição acima da porta principal da igreja lê-se: "Você que entra, você que vem expiar os seus pecados, passe por mim, pois eu sou a porta da vida". Aqueles que estavam procurando a consolação dos céus ou o perdão dos pecados não podiam assegurar esses benefícios sem a intervenção e interposição da instituição da igreja e seus ministros autorizados.[465] A salvação havia sido institucionalizada.

Com esses processos, a heresia passou a ter um novo significado. Quando os movimentos heréticos foram formalmente declarados "fora da igreja", eles foram considerados formalmente incapazes de levar à salvação.

---

[463] CARTOGO, Cipriano de. *Epístola* 72: "[S]alus extra ecclesiam non est".

[464] ROUQUETTE, Jean-Maurice. *Provence romane: La Provence rhodanienne*. 2. ed. La Pierre-qui-Vire: Zodiaque, 1980, p. 50.

[465] SULLIVAN, Francis. *Salvation Outside the Church? Tracing the History of the Catholic Response*. Mahwah: Paulist Press, 1992.

[Ortodoxia, heresia e poder]

Mas, talvez o mais importante para o tema deste capítulo, eles também foram vistos como contestadores da autoridade da igreja, oferecendo um sistema de crenças, uma narrativa mestra ou uma interpretação bíblica alternativa. Os movimentos heréticos, embora baseados em certas ideias essencialmente religiosas, no final das contas representavam visões alternativas de igreja e de sociedade, o que representava uma importante ameaça ao monopólio que a igreja estava em vias de estabelecer.

A heresia começou a se transformar num problema significativo no século XI, depois de ter sido uma questão de média expressão nos três séculos anteriores.[466] Alguns religiosos sugeriram que o ano 1000 fosse visto como possuindo um significado místico, despertando uma onda de especulação herética durante a "geração milenarista" (1000-1033).[467] O estudo da heresia na Europa Ocidental durante a Idade Média suscita algumas importantes questões de definição:[468] certos movimentos que foram declarados heréticos parecem representar a renovação ou modificação de heresias antigas. Um excelente exemplo disso é oferecido pelos cátaros, uma seita religiosa que apareceu na região de Languedoc, França, no século XI, e floresceu no sul da França nos dois séculos seguintes.[469] A seita adotou doutrinas reconhecidamente gnósticas, talvez com origem na Europa Oriental, como a noção de que a matéria é intrinsecamente má e uma dialética entre uma divindade criadora inferior e uma divindade redentora superior.

---

[466] Cf. indicado em *The Origins of European Dissent*, de R. I. MOORE, London: Allen Lane, 1977.

[467] V. os debates em "The Birth of Heresy: A Millennial Phenomenon", de Richard LANDES, *Journal of Religious History*, v. 24, p. 26-43, 2000; *"The Birth of Popular Heresy: A Millennial Phenomenon?"*, Journal of Religious History, de R. I. MOORE, v.24, p. 8-25, 2000.

[468] FICHTENAU, *Heretics and Scholars in the High Middle Ages, 1000-1200*. University Park: Pennsylvania State Univ. Press, p. 105-126.

[469] Os cátaros também são conhecidos como albigenses, da cidade de Albi (nome latino: Albiga), a nordeste de Toulouse. Para uma acessível introdução, v. *The Perfect Heresy: The Revolutionary Life and Death of the Medieval Cathars*, de Stephen O'SHEA, New York: Walker & Co., 2000. O termo "cátaro" deriva da palavra grega *katharos* ("puro"), em referência à sua ênfase na excelência moral.

[255]

[Heresia]

Outros, no entanto, parecem incorrer em uma categoria mais política, sendo movimentos que representavam uma ameaça à autoridade da igreja. O confronto poderia tomar a forma de uma visão alternativa da sociedade ou do lugar privilegiado da igreja na interpretação das Escrituras. Um exemplo desses movimentos é o valdismo, um movimento de reforma surgido no sul da França por volta do ano 1170, como resultado da ação de um rico comerciante de Lyon, chamado Pedro Valdo.[470] Esse homem iniciou um ministério reformador baseado numa leitura literal da Bíblia, focada em particular nos princípios de pobreza e na pregação biblicamente embasada na língua local. Semelhante *éthos* contrastou nitidamente com a moralidade um tanto liberal do clero naquele momento, e conquistou um considerável apoio no sul da França e na Lombardia. Embora não passasse de apenas um movimento popular em defesa de uma reforma, ele foi considerado uma importante ameaça ao poder e *status* da igreja.

A politização da noção de heresia talvez fique mais nítida na reação da igreja a John Wycliffe (c. 1320-1381), um teólogo inglês a quem muitas vezes é atribuída a inspiração para a primeira tradução inglesa da Bíblia. A questão determinante para Wycliffe era quem tinha o direito de ler e interpretar um texto: todos os crentes ou uma elite espiritual? Como Kantik Ghosh demonstrou, Wycliffe trata a Bíblia acima de tudo como um "conceito ideologicamente investido".[471]

Há aqui uma questão fundamental de poder. Ao insistir que a Bíblia deveria ser traduzida para o inglês, Wycliffe estava ampliando o círculo daqueles que teriam acesso ao texto e dos que acreditavam ter o direito de interpretá-lo. Os que resistiram às demandas de Wycliffe pela democratização da interpretação bíblica forneciam uma defesa teológica tradicionalista da sua concepção elitista do direito de interpretar

....

[470] AUDISIO, Gabriel. *The Waldensian Dissent: Persecution and Survival*, 1170-c. 1570. Cambridge: Cambridge Univ. Press, 1999.
[471] GHOSH, Kantik. *The Wycliffite Heresy: Authority and the Interpretation of Texts*. Cambridge: Cambridge Univ. Press, 2002, p. 22.

[Ortodoxia, heresia e poder]

a Bíblia.[472] De qualquer modo, a motivação das questões de poder e o fortalecimento do *status quo* dificilmente podem ser negligenciados. A consequência da "heresia" de Wycliffe foi o enfraquecimento da força da igreja no controle de como a Bíblia deveria ser interpretada.

Existe um padrão aqui que precisa ser observado. Embora a Idade Média de fato tenha testemunhado a revivificação, muitas vezes com alterações locais, de heresias mais antigas, diversos movimentos foram estigmatizados como heréticos por motivos políticos. O estabelecimento da Inquisição pode ser visto como marcando a confirmação do crescente significado político e institucional das heresias, consideradas uma ameaça à autoridade papal.[473] Isso representa um importante movimento de afastamento das tentativas da patrística de captar a essência da heresia, que se concentrava na ameaça que ela representava à fé cristã como um todo, não aos indivíduos ou às instituições cristãos. O uso do termo "heresia" para denotar uma ameaça à igreja passa a ser visto como inquisitorial, em vez de teológico. Conforme Herbert Grundmann indicou em 1935, muitos dos movimentos religiosos da Idade Média que foram condenados como heréticos, na verdade não eram nada disso. Havia uma questão séria a ser considerada em favor do abandono do uso da palavra "heresia" em referência a muitos deles.[474]

A importância do assunto fica evidente quando se considera a resposta da igreja católica ao surgimento do protestantismo, para o qual nos voltamos agora.

....

[472] Ibidem, p. 67-85.

[473] KIERCKHEFER, Richard. The Office of Inquisition and Medieval Heresy: The Transition from Personal to Institutional Jurisdiction, *Journal of Ecclesiastical History*, v. 46, p. 36-61, 1995.

[474] Para uma das primeiras análises desse caso, v. *Religiöse Bewegungen im Mittelalter: Untersuchungen über die geschichtlichen Zusammenhänge zwischen der Ketzerei, den Bettelorden und der religiösen Frauenbewegung um 12. und 13. Jahrhundert und über die geschichtlichen Grundlagen der deutschen Mystik*, de Herbert GRUNDMANN, Berlin: Emil Ebering, 1935.

[Heresia]

Protestantismo — uma nova heresia?

Uma onda de reflexão religiosa radical começou a ocorrer a sério na Europa Ocidental durante os anos 1510. Movimentos reformadores haviam surgido ao longo da Europa, exigindo a renovação e a reforma da igreja a partir de seu interior.[475] Quando Martinho Lutero suscitou algumas questões fundamentais sobre a venda de indulgências, feita em parte com o objetivo de levantar fundos para a reconstrução da Basílica de São Pedro, em Roma, as coisas começaram a sair do controle. As famosas "Noventa e Cinco Teses" de Lutero, pregadas na porta do Castelo em Wittenberg, em outubro de 1517, tiveram como consequência a emissão, por Leão X, da bula papal *Exsurge Domine* ("Levanta-te, Senhor") que condenou Lutero, como herege, em 1520. A base teológica da condenação era seriamente deficiente. Mas a teologia não era o ponto principal aqui. A verdadeira preocupação era a contestação da influência e autoridade papais, então postulada por Lutero.

Lutero não tinha nenhuma intenção de retratar-se de suas ideias. De fato, no ano de sua condenação como herege, ele publicou três obras de divulgação em rápida sequência, firmando a sua visão sobre a reforma da igreja. O seu *Apelo à nobreza cristã da nação alemã*, considerada amplamente como a mais importante dessas obras, estabelecia o modelo para a reforma da igreja e afirmava que os nobres alemães tinham todo o direito de exigir a mudança. *O cativeiro babilônico da igreja* criticava o ensino nela desenvolvido em relação aos sacramentos. *A liberdade de um cristão* explicava a perspectiva de Lutero sobre a justificação em termos facilmente acessíveis. Embora as três obras representassem uma ameaça à autoridade papal, a provocação mais séria estava no *Apelo*.

O argumento central de Lutero nessa obra é que a igreja se protegia da crítica e das demandas por reformas erguendo muralhas para sua defesa. Em primeiro lugar, ela fazia uma distinção fundamental entre ordem "temporal" e ordem "espiritual" — em outras palavras, entre o

---

[475] V. *Martin Luther*, de Martin Brecht, 3v. Minneapolis: Fortress Press, 1990-1994.

[Ortodoxia, heresia e poder]

mundo laico e o clero. O governo da igreja era então considerado um assunto do clero, não do público leigo, visto como subordinado em assuntos da fé. Segundo, o direito de interpretar a Bíblia era negado ao leigo e, no final das contas, cabia ao papa realizá-lo. Terceiro, apenas o papa podia convocar um concílio reformador. Como os muros de Jericó, Lutero afirmava, tudo isso devia ser derrubado. O ribombar da trombeta metafórica que Lutero dirige contra tais muralhas sintetiza alguns dos temas fundamentais da Reforma, temas que fixaram um padrão que aos poucos se tornaria normativo para muitos no protestantismo.

Lutero iniciou a sua crítica à igreja propondo um dos maiores temas da Reforma — a democratização da fé. Lutero usa o termo alemão *Gemeinde* ("comunidade") em referência à igreja, ansioso para enfatizar que ela é fundamentalmente uma assembleia de crentes, não uma instituição divinamente ordenada com poderes sagrados e autoridade garantida exclusivamente ao seu clero. Todos os crentes, homens e mulheres, em virtude do seu batismo, são sacerdotes. Lutero observou um importante corolário dessa doutrina: o clero deveria ser livre para se casar, como todos os outros cristãos. Esse direito ao casamento clerical logo se tornaria uma característica definidora do protestantismo.

Lutero baseou a sua doutrina do "sacerdócio de todos os crentes" no conceito de igreja do NT, como um corpo de "sacerdócio real".[476] Conforme Lutero argumentou, não havia base para afirmar que o clero era superior ao mundo leigo, como se fosse algum tipo de elite espiritual, ou que a sua ordenação lhe conferia algum "indelével caráter" especial. Os clérigos são simplesmente leigos que foram reconhecidos por outros leigos dentro da comunidade da igreja como tendo dons especiais e foram comissionados por seus pares para exercerem um ministério pastoral ou de ensino entre eles. A autoridade para tomar tais decisões, no entanto, encontra-se em todos os cristãos, não em uma elite autocrática ou em uma suposta aristocracia espiritual.

---

[476] NAGEL, Norman E. Luther and the Priesthood of All Believers *Concordia Theological Quarterly*, v. 61, p. 277-298, 1997.

[Heresia]

Lutero desenvolveu esse ponto com uma analogia civil, tão acessível hoje como era quinhentos anos atrás. Os clérigos são "ocupantes de um cargo" e eleitos pelos não clérigos como seus representantes, mestres e líderes. Não há nenhuma diferença fundamental entre o clero e o mundo laico em termos de *status*; a diferença encontra-se totalmente no fato de o primeiro ser eleito para o "ofício" de sacerdote. Todos os crentes já têm esse *status* em razão do batismo. Essa eleição para o ofício é reversível, aqueles que são, portanto, escolhidos podem ser destituídos se a ocasião assim exigir.

Com base na doutrina do sacerdócio universal dos crentes, Lutero insistiu que todo cristão tem o direito de interpretar a Bíblia e levantar questões sobre qualquer aspecto do ensino ou da prática da igreja que pareça incompatível com a Bíblia. Não existe a possibilidade de nenhuma autoridade "espiritual", distinta dos cristãos comuns ou superior a eles, impor determinadas interpretações da Bíblia à igreja. O direito de ler e interpretar a Bíblia é um direito fundamental de todos os cristãos. Nessa fase, Lutero acreditava nitidamente que a Bíblia é clara o bastante para que os cristãos comuns possam ler e compreendê-la. Continuando o seu programa democratizante, Lutero insiste em que todos os crentes têm o direito de ler a Bíblia numa língua que possam entender e interpretar o seu significado por si mesmos. A igreja, portanto, deveria prestar contas a seus membros da interpretação que faz de seu texto sagrado, estando sujeita à contestação em cada ponto.

O significado da intenção de Lutero dificilmente poderia ser ignorado. Ao insistir que detinha um monopólio divinamente ordenado da interpretação bíblica, a igreja medieval declarava-se estar acima de qualquer crítica em relação aos fundamentos bíblicos. Nenhum crítico externo tinha autoridade para interpretar a Bíblia, e assim usá-la para criticar as doutrinas ou práticas da igreja. A resposta de Lutero foi capacitar os leigos como intérpretes da Bíblia e fazer a igreja prestar contas *ao seu povo* daquilo que ensinava. E se não ficassem satisfeitos com os resultados, eles, como leigos, tinham o direito de exigir que um conselho reformador fosse convocado para tratar de suas preocupações.

O último ponto talvez fosse o mais perigoso de todos, na medida em que Lutero parecia ter um importante precedente histórico do seu lado. Ironicamente, Lutero lembrou os seus leitores de que foi o imperador romano Constantino o responsável por reunir o Concílio de Niceia (325), um dos mais importantes concílios da história cristã. Se um governante secular pôde convocar um concílio tão importante, por que os príncipes alemães não deveriam fazer a mesma coisa mil e duzentos anos depois?

Lutero e outros protestantes foram violentamente acusados de heresia pela igreja. Para muitos apologistas católicos, o luteranismo era apenas o ressurgimento de heresias anteriores. Condenando como heréticas ou heterodoxas as primeiras teses teológicas de Lutero no século XVI, a Universidade de Paris tentava estabelecer a continuidade essencial entre heresias mais antigas e as ideias agora expostas por Lutero.[477] As ideias de Lutero não deviam ser, portanto, consideradas originais, mas essencialmente a reedição de heresias mais antigas. Assim, Lutero era um hussita em sua teologia da contrição, um wiclefista em sua doutrina da confissão, e um maniqueísta em sua teologia da graça e do livre-arbítrio. De acordo com a Universidade de Paris, a Reforma representava pouco mais que o ressurgimento das heresias mais antigas, já então conhecidas e condenadas.

No entanto, o leitor imparcial de Lutero fica impressionado mais por sua continuidade com a tradição patrística do que por seu distanciamento dela. Julgado nos termos das grandes heresias clássicas do cristianismo, Lutero seria de modo geral considerado um ortodoxo em cada ponto, salvo possivelmente em relação à sua doutrina da igreja. Em conformidade com a situação política dos anos 1520, Lutero acreditava que era necessário romper com a igreja, de preferência temporariamente, a fim de se reter a pureza da fé cristã. Lutero estava convencido de que a igreja de seu tempo havia comprometido a doutrina da graça, apoiando na verdade a visão pelagiana de que a salvação era uma coisa conquistada ou merecida (um juízo que a

---

[477] V. a discussão em *The Intellectual Origins of the European Reformation*, de Alister McGrath, 2. ed. Oxford: Blackwell, 2003.

[Heresia]

maioria dos estudiosos discute hoje). Para Lutero, as circunstâncias históricas da época o forçavam a escolher entre a doutrina ortodoxa da igreja, de um lado, e a doutrina da graça, por outro lado. De acordo com o grande teólogo protestante americano do século XIX, B. B. Warfield, "A Reforma, intimamente considerada, foi simplesmente o triunfo definitivo da doutrina da graça de Agostinho sobre a doutrina da igreja de Agostinho".[478] Nesse ponto específico, Lutero se posiciona mais ao lado do donatismo do que das concepções de Agostinho de Hipona. Mas, em outros pontos, a doutrina de Lutero sobre a igreja é completamente antidonatista.

Além disso, tanto Lutero quanto a corrente da Reforma, como um todo, respeitavam o alinhamento com as formas clássicas do cristianismo da era patrística, consideradas essenciais para a sua autocompreensão. Quando os movimentos protestantes mais radicais abandonaram as práticas tradicionais como o batismo infantil e crenças como a doutrina da Trindade, tanto Lutero quanto Calvino insistiram que seus programas reformadores eram uma extensão direta da perspectiva da patrística clássica. O protestantismo endossaria o entendimento de Atanásio e Agostinho sobre o que era ortodoxo e o que era herético.[479]

Então Lutero era realmente um herege? E o protestantismo como um todo? Com o passar do tempo, assistiu-se a uma visível suavização das atitudes católicas em relação a Lutero e às igrejas da Reforma. O Concílio Vaticano II (1962-1965), por exemplo, afirmou que o Espírito Santo estava ativo em comunidades cristãs não católicas. Todos os que forem batizados e justificados pela fé podem ser perfeitamente considerados "membros do corpo de Cristo" e ter o direito de ser chamado "cristãos" e "irmãos" pela igreja católica.

----

[478] WARFIELD, B. B. *Calvin and Augustine*. Philadelphia: Presbyterian and Reformed Publishing Company, 1956, p. 322.
[479] V. a importante coleção de materiais reunidos em *Auctoritas patrum: Zur Rezeption der Kirchenväter im 15. und 16. Jahrhundertne*, GRANE, Leif; SCHINDLER, Alfred; WRIEDT Markus (Ed.), Mainz: Verlag Philipp von Zabern, 1993; *Auctoritas patrum II: Neue Beiträge zur Rezeption der Kirchenväter im 15. und 16. Jahrhundert*, GRANE Leif; SCHINDLER, Alfred; WRIEDT Markus (Ed.), Mainz: Verlag Philipp von Zabern, 1998.

[Ortodoxia, heresia e poder]

Contudo, nossa preocupação aqui não é com as relações ecumênicas entre o protestantismo e o catolicismo, que melhoraram substancialmente nos últimos cinquenta anos, mas em saber se o conceito de heresia foi usado com objetivos diferentes depois da era patrística. Durante a era clássica, o conceito tinha um significado firmemente teológico, denotando uma forma de articular ou conceituar a fé cristã que, no fim, a tornava incoerente ou indefensável. Já na Idade Média, o termo passa cada vez mais a significar um movimento social ou religioso que é entendido como uma ameaça pelo papa ou ao papado. A meu ver, Herbert Grundmann está correto ao afirmar que é inapropriado usar o termo "heresia" desse modo, visto que ele passa a ser definido pelas contingências históricas das políticas eclesiásticas da época, em vez das ideias centrais dos movimentos em questão.

O protestantismo e o problema da heresia

Conforme verificamos, o protestantismo foi rapidamente alcunhado de heresia pela igreja católica. Os protestantes responderam com indignação, replicando que eles tinham recuperado a ortodoxia de suas distorções medievais. O que era o protestantismo, senão a recuperação da fé ortodoxa da igreja primitiva?[480] No entanto, os católicos tiveram pouca dificuldade em afirmar que, ainda que o protestantismo pudesse ser perfeitamente capaz de recuperar as interpretações bíblicas primitivas, faltavam-lhe os meios para determinar se o que tinha recuperado era ortodoxo ou heterodoxo. E, carecendo da capacidade para discriminar tais interpretações, os protestantes eram obrigados a repetir os juízos da igreja católica sobre essas questões. Em resposta, os protestantes argumentaram que, uma vez que estavam empenhados em restabelecer

480 Para a importante defesa dessa posição feita por Melâncton, v. o clássico estudo *Testimonia Patrum: The Function of the Patristic Argument in the Theology of Philip Melanchthon*, de Peter FRAENKEL, Genève: Droz, 1961. A análise foi ampliada em *Historical Method and Confessional Identity in the Era of the Reformation (1378-1615)*, de Irena BACKUS, Leiden: Brill, 2003.

[263]

[Heresia]

o verdadeiro ensinamento da igreja primitiva, isso se estendia, natural-mente, às concepções da igreja sobre ortodoxia e heresia.

A perspectiva protestante sobre a heresia funcionou bem, res-tringindo-se à reafirmação da condenação da igreja contra as heresias existentes ou sua renovação em novos formatos. Um bom exemplo dessa reformulação de heresias mais antigas em formas modernas pode ser visto na aparição do antitrinitarismo nos círculos protes-tantes italianos, que rapidamente alcançou o norte da Europa.[481] Para Juan de Valdés e outros, a doutrina da Trindade simplesmente não era encontrada na Bíblia, nem poderia ser defendida com base nela. Os protestantes que fossem fiéis à Bíblia tinham, portanto, não somente a obrigação de não aceitar essa doutrina, mas a responsabili-dade de contestá-la como uma distorção da verdade bíblica. Forçados pela Inquisição a deixar a Itália, muitos se instalaram na república independente de Grisons, no sudeste da Suíça, onde sua influência sobre o protestantismo reformador começava a crescer.

Nesse caso, o protestantismo foi capaz de lidar com tais tendências heterodoxas com um apelo ao consenso de fé da igreja, conforme fora estabelecido nos concílios de Éfeso e Calcedônia. O cristianismo como um todo havia declarado tais ensinos como heréticos, e o protestan-tismo, então, endossou esse padrão de ensino tradicional e, ao fazê--lo, rejeitou o antitrinitarismo como herético. Essas ideias surgidas dentro do protestantismo foram de um modo relativamente fácil desa-creditadas como novas formas de heresias antigas. E quanto aos novos ensinos religiosos surgidos especificamente dentro do protestantis-mo, mas sem real precedente na história primitiva? Eles poderiam ser descritos como heréticos, caso fossem considerados inaceitáveis?

Um excelente exemplo dessa questão encontra-se na controvér-sia arminiana, surgida com os ensinos de Jacó Armínio (1560-1609)

---

[481] Para detalhes, v. *"The Italian Reformation and Juan de Valdes"*, de Massimo Firpo, *Sixteenth Century Journal*, v. 27, p. 353-364, 1996.

[Ortodoxia, heresia e poder]

sobre a predestinação.[482] Essa importante controvérsia dentro do calvinismo surgiu acerca da doutrina da predestinação e levou a uma bifurcação fundamental entre o calvinismo e o arminianismo. A ortodoxia calvinista no século XVII afirmava que o destino eterno de um indivíduo era totalmente uma questão da soberania divina. O arminianismo afirmava que os seres humanos estavam, ainda que num nível limitado, comprometidos com a sua eleição, tendo a capacidade de resistir ao chamado de Deus. Um lado acusava o outro de ser herético. Mas, na realidade, cada um poderia afirmar do mesmo modo representar interpretações coerentes da Bíblia, interpretações que por acaso difeririam substancialmente em termos tanto das suas ideias básicas quanto das implicações para a vida cristã.

A dificuldade do protestantismo estava em que ele se viu destituído de qualquer autoridade superior para declarar que um ou outro estivesse certo. Se a Bíblia é a regra suprema da fé, nenhuma autoridade interpretativa poderia se sobrepor a ela. No fim, o único meio prático de decidir a questão era pelo voto em um colegiado protestante — como, por exemplo, no Sínodo de Dort (1618-1619), que estabeleceu os limites da ortodoxia calvinista. Assim, a ortodoxia corria o risco de ser definida como a teologia que contasse com a maioria dos votos dentro de determinado colegiado, e a heterodoxia como a voz minoritária.

O problema aqui é que a "heresia" é, em suma, um ensino considerado inaceitável por toda a igreja. Logo, o termo não seria corretamente empregado nem em relação ao calvinismo nem ao arminianismo, que

---

[482] Os detalhes históricos da controvérsia não são diretamente relevantes aqui, já que nossa preocupação é verificar como as dificuldades foram enfrentadas pelos protestantes quando eles depararam com novas ideias que não podiam ser facilmente reduzidas a antigas heresias. Quem desejar se aprofundar nas questões históricas e teológicas deve consultar *Anti-Calvinists: The Rise of English Arminianism, c. 1590-1640*, de Nicholas Tyacke (Ed.), Oxford: Oxford Univ. Press, 1990; *Socinianism and Arminianism: Antitrinitarians, Calvinists, and Cultural Exchange in Seventeenth-Century Europe*, Martin Mulsow; Jan Rohls (Ed.), Leiden: Brill, 2005; *Milton's Theology of Freedom*, Benjamin Myers (Ed.), New York: Walter de Gruyter, 2006.

[Heresia]

representavam divisões dentro de um colegiado do protestantismo, ou seja, da igreja reformada. É certo que a heresia surge dentro do protestantismo, como, por exemplo, o renascimento do arianismo no anglicanismo durante os séculos XVII e XVIII.[483] Nesse caso, ideias que toda a igreja considerava heréticas fizeram sua reaparição. A própria natureza do protestantismo torna muito difícil usar o termo "heresia" em referência às escolas de pensamento divergentes dentro do movimento e limitadas a ele, *a menos que* elas reproduzam ideias que a igreja como um todo já havia concordado não serem ortodoxas. Encontramos aqui um conjunto de ortodoxias protestantes concorrentes, cada uma com a própria fundamentação na Bíblia, com o próprio entendimento da dinâmica interna da fé e com os próprios parâmetros para decretar o que é aceitável e o que não pode ser aceito. É difícil evitar a conclusão de que o termo "heresia" simplesmente não é apropriado nessa situação. Uma heresia é um ensino que toda a igreja cristã, não uma parte dentro dela, considera inaceitável.

Ainda existem vozes importantes dentro do protestantismo que convocaram — e continuam convocando — uma reconsideração da relação entre ortodoxia e poder, especialmente à luz do direito dos indivíduos de interpretar a Bíblia como eles consideram correto. O grande teólogo e poeta puritano inglês John Milton (1608-1674), por exemplo, defendia que a liberdade de consciência religiosa era de importância central em qualquer tentativa de definir a ortodoxia. A própria ideia de imposição da ortodoxia contrariava as inclinações teológicas e culturais mais profundas de Milton.[484] A ortodoxia designa uma interpretação da Bíblia que parece correta à consciência protestante individual. Vemos aqui uma reação contra o autoritarismo, estruturada em termos de um

....

[483] V. Archetypal *Heresy: Arianism Through the Centuries*, de Maurice WILES, Oxford: Clarendon Press, 1996.

[484] V. em especial "Following the Way Which Is Called Heresy: Milton and the Heretical Imperative", de Benjamin MYERS, *Journal of History of Ideas*, v. 69, p. 375-393, 2008. Sobre o libertarismo de Milton em geral, v. "*Milton, Rights, and Liberties.*" de Hugh WILSON. In: TOURNU, Christophe; FORSYTH, Neil (Orgs.), *Milton, Rights, and Liberties*, New York: Peter Lang, 2007, p. 21-30.

apelo ao juízo teológico e integridade exegética do indivíduo. Pois o que é a igreja, senão uma coletividade de indivíduos, todos tentando encontrar o sentido da mesma Bíblia como melhor lhes parece? Para Milton, uma "opinião herética" é qualquer opinião religiosa que se baseia na autoridade externa, em vez de na consciência individual:

> *Entendendo-se, portanto, que nenhum homem, nenhum sínodo, nenhuma assembleia de homens [...] pode julgar definitivamente o sentido das Escrituras para a consciência de outro homem, [...] conclui-se claramente que aquele que sustente na religião uma crença ou opinião que, para a sua consciência e entendimento últimos, se encontra [...] nas Escrituras, embora a outros pareça errada, esse homem não pode ser justamente censurado como herege mais do que seus próprios censores, que não fazem senão a mesma coisa que censuram aquele de assim o fazer.*[485]

A análise de Milton realça, dessa maneira, as dificuldades em que o protestantismo se encontrou ao tentar lidar com a noção de heresia. O protestantismo põe a interpretação da Bíblia no centro de sua teologia e não reconhece nenhuma autoridade acima dela.[486] Sendo esse o caso, ele foi obrigado a reconhecer que as múltiplas interpretações da Bíblia acabariam sem meios autorizados de determinar o que é "ortodoxo" e o que é "herético". A dificuldade pode ser amenizada, mas não resolvida, apelando para o julgamento da Antiguidade em relação a que concepções eram heréticas ou ortodoxas. Contudo, no final das contas, o protestantismo desejava manter essas questões em aberto, pelo menos teoricamente mantendo a possibilidade de tais julgamentos patrísticos poderem vir a ser revisados à luz da contínua interpretação bíblica. Desse modo, o protestantismo vê-se emaranhando em

---

[485] WOLFE, Don M. et al (Orgs.), *Complete Prose Works of John Milton*, 8v. New Haven: Yale Univ. Press, v. 7, p. 247-248, 1953-1982.

[486] O ponto é desenvolvido em *Christianity's Dangerous Idea: The Protestant Revolution*, de Alister MCGRATH, San Francisco: HarperOne, 2007.

[Heresia]

algumas dificuldades teológicas para lidar com as noções vinculadas de "heresia" e "ortodoxia". Voltaremos a considerar essa questão mais adiante neste capítulo.

Pós-modernismo, heresia e a desconfiança do poder

Neste capítulo, exploramos alguns aspectos da relação entre heresia, ortodoxia e poder. Embora possa restar pouca dúvida de que o conceito de heresia esteja associado a questões de poder, isso não significa que a heresia seja definida por aqueles que detêm o poder ou que não haja uma essência intelectual ou característica da heresia. As heresias clássicas da fé cristã, surgidas todas de jornadas de exploração teológica da era patrística, podem muito bem ter implicações políticas e sociais. Contudo, elas não são, no final das contas, construções políticas ou sociais, sendo mais bem compreendidas como impasses teológicos.

Há outro ponto que deve ser um pouco mais explorado no encerramento deste capítulo. Já observamos que a cultura ocidental contemporânea considera a heresia atraente. Os valores da cultura pós-moderna são de tal ordem que oferecem razões implícitas para se preferir a heresia à ortodoxia — tal como a crença dominante de que a heresia é menos moralista e autoritária que a ortodoxia, que a heresia é intelectualmente mais instigante do que sua apática rival ortodoxa, ou que a ortodoxia suprimiu a verdade acerca da heresia, na tentativa de encobrir suas deficiências intelectuais e históricas. Todas essas percepções são difíceis de defender historicamente; contudo, elas ressoam o humor cultural. A história da cultura ocidental sugere que tais percepções rapidamente se transformam em realidades.

Além disso, a história indica que muitas heresias, como o montanismo, eram muito mais autoritárias e moralmente rigorosas do que a ortodoxia. Longe de serem "inovadoras" ou "radicais", muitas heresias eram na verdade bastante conservadoras, tentando se agarrar a ideias

[Ortodoxia, heresia e poder]

tradicionais que estavam sendo questionadas pelas ideias mais radicais do cristianismo primitivo. Por exemplo, as ideias do gnosticismo parecem um tanto estúpidas e cansativas quando comparadas com a noção cristã transformadora da encarnação. E a nova onda de interesse histórico pelo mundo cristão primitivo, inclusive pelas origens da heresia, pouco tem oferecido de munição aos teóricos da conspiração. *O código Da Vinci*, de Dan Brown (2003), chama mais a atenção pela manipulação seletiva que faz da história do que por qualquer crítica séria, histórica ou intelectual da ortodoxia cristã. O sucesso do romance em parte reflete a sua ressonância com o humor cultural.

De qualquer modo, dois aspectos da atitude pós-moderna um tanto vaga em reação à heresia merecem uma atenção mais centrada. A nova fascinação cultural com a heresia no Ocidente deve-se, em parte, a duas crenças características da pós-modernidade: primeiro, que as ortodoxias predominantes são meramente consequências do poder; e, segundo, que qualquer tentativa de se "encerrar" os debates é imprópria. Vamos analisar isso ligeiramente e perceber o seu significado.

Primeiro, precisamos observar a profunda desconfiança da ortodoxia ocultada no interior da pós-modernidade. A ortodoxia, numa interpretação pós-moderna das coisas, não tem a ver com o triunfo merecido de ideias que eram claramente superiores às suas rivais. Mas tem a ver com a imposição de tais ideias por aqueles que detêm o poder, como um modo de expressar e sustentar as suas posições sociais. A ortodoxia é, desse modo, uma ideologia controladora, planejada para aumentar e defender os interesses pessoais do *establishment*. Para usar a famosa imagem de Michel Foucault, a ortodoxia era o *"panoptico"*, o "local de visão geral", do qual tudo poderia ser controlado e manipulado para preservar o *status quo*.[487]

A crítica de Foucault de um ponto de vista privilegiado merece um exame atento, em particular porque aponta corretamente como

---

[487] FOUCAULT, Michel. *Vigiar e punir: nascimento da prisão*. Tradução Raquel Ramalhete. 37. ed. Petrópolis: Vozes, 2009.

[Heresia]

conceitos de "verdade" são facilmente subvertidos em favor do poder. Os leitores familiarizados com a história da União Soviética recordarão o título do periódico do Partido Comunista, *Pravda*, termo russo para "verdade". O ponto levantado por Foucault tem força ao lidar com o uso da noção de heresia na Idade Média, em que a ideia era muitas vezes usada para a desautorizar e dar uma justificativa intelectual para a eliminação de indivíduos ou grupos que eram considerados uma ameaça ao papado. Por isso, entre outros, sou inclinado a limitar o uso do termo "heresia" ao período clássico, terminando com as formulações do Concílio da Calcedônia em 451.

No período clássico, as evidências apontam fortemente para o surgimento consensual da ideia de heresia. O termo era ocasionalmente usado por alguns escritores da patrística numa tentativa de difamar os seus rivais e oponentes, em especial quando estavam envolvidas questões de políticas eclesiásticas. Essas acusações pessoais de heresia, entretanto, estavam sujeitas à avaliação e recepção pela igreja como um todo.[488] O conceito de heresia era um assunto da igreja, não de indivíduos poderosos ou grupos de interesses. É, contudo, importante observar que o exercício do poder eclesiástico pelos imperadores no século IV tendia a favorecer o arianismo, não a ortodoxia, sugerindo que, nesse caso, as posições heréticas eram privilegiadas pelo uso desse poder.

Em segundo lugar, alguns se referem à noção de "ortodoxia" com desconfiança devido ao seu sentido de fechamento. Questões como essas não deveriam permanecer abertas à discussão? Não seria a ortodoxia uma noção condicionada, algo que precisa ser mantido sob constante revisão? Essa é certamente a visão da escritora pós-moderna Hilary Lawson, cuja crítica à ideia de fechamento merece ser considerada aqui. Para Lawson, "o fechamento pode ser entendido como a imposição de fixidez sobre a abertura". Isso representa uma conclusão imprópria

----

[488] Esse ponto também se aplica à ortodoxia. Sobre o conceito de "dogma" como uma crença que é formalmente aceita pela comunidade de fé como um todo, v. *The Genesis of Doctrine*, de Alister McGrath, Oxford: Blackwell, 1990, p. 8-13.

de "fechamento daquilo que está aberto".[489] Todos os caminhos de exploração intelectual são contínuos e não chegam a um destino fixo ou permanente. Lawson, desse modo, defende um estado permanente de abertura em relação à realidade. Não chegamos a um destino em nossa viagem intelectual, mas apenas num "ponto de descanso temporário".[490]

A defesa de Lawson por uma suspensão permanente de julgamento, uma constante abertura de todas as opções intelectuais, é válida por enfatizar a importância da constante vigilância teológica. No entanto, é questionável se ela tem algum mérito além de afirmar a importância de se evitar a complacência e reexaminar regularmente as opções intelectuais. A posição de Lawson é a de que a realidade é totalmente aberta e que os observadores humanos a "fecham" de um modo falso e inapropriado por suas teorias, as quais inevitavelmente limitam e distorcem o nosso entendimento das coisas. De acordo com Lawson, o único modo de evitar essa distorção é evitar fechar-se.

Há um mérito nesse ponto, mas talvez não como Lawson o afirma. Como alguém que está muito feliz em identificar-se como um representante do protestantismo clássico, estou comprometido com a noção da interrogação e revisão constantes das fórmulas existentes de fé, sempre desejando assegurar que a igreja use somente os melhores e mais autênticos meios de expressar os temas fundamentais de sua fé. Isso significa que a ortodoxia é entendida como um ponto de vista suficientemente robusto e coerente e que esse tipo de processo de interrogação só pode levar à sua confirmação e justificação. A ortodoxia não exige ser dogmaticamente imposta; antes, ela clama por ser reconhecida pelas suas virtudes intrínsecas.

Em todo caso, seria um erro falar, por exemplo, do Concílio da Calcedônia como tendo defendido o total fechamento das questões da identidade de Jesus de Nazaré. Os pronunciamentos do concílio são mais bem compreendidos como indicando algumas regras basilares para

---

[489] LAWSON, Hilary. *Closure: A Story of Everything*. London: Routledge, 2001, p. 4.
[490] **Ibidem, p. 327.**

[Heresia]

se refletir sobre a pessoa de Cristo, assinalando algumas opções como inadequadas e legitimando uma gama de possibilidades como ortodoxas. Se a gama de possíveis interpretações da identidade e significado de Cristo é um campo, Calcedônia simplesmente colocou uma cerca viva ao redor dos bons pastos. Como o notável teólogo Karl Rahner demonstrou, o Concílio da Calcedônia na verdade marcou um novo começo da reflexão cristã sobre a identidade de Cristo, não o fim de algum tipo de processo.[491]

Contudo, subjacente a essas questões está uma coisa que é frequentemente negligenciada, isto é, que a ortodoxia cristã é tanto um processo contínuo quanto um conjunto fixo de resultados. Como protestante clássico, eu, por exemplo, acredito ter toda a razão para supor que certo conjunto de crenças constitui uma "ortodoxia", mas ao mesmo tempo estou comprometido com o seu constante questionamento, caso essas crenças se mostrem, de algum modo, inadequadas ou inautênticas. A ortodoxia está então, em certo sentido, *inacabada*, visto que representa a mente da igreja sobre a melhor maneira de formular a sua fé viva em determinado momento. Os conflitos e tensões do passado e do presente podem ajudar a cristalizar novos pontos de vista e a desenvolver novos modos de expressar ideias tradicionais, ou podem levar à percepção de que certos modos de falar e pensar, outrora considerados adequados, devam agora ser considerados problemáticos.

A história do pensamento cristão primitivo deixa claro os perigos do desvanecimento teológico. Ideias tidas em dado momento como ortodoxas mostraram-se, em exame mais atento — em geral um período longo de tempo — inadequadas. Realmente, é possível argumentar que Ário era de fato um tradicionalista teológico que não reconhecia que o seu "rearranjo" da tradição cristã na verdade a empobrecia e prejudicava severamente sua capacidade conceitual e linguística de acomodar as

---

[491] Esse é um tema explorado em "Chalkedon — Ende oder Anfang?" de Karl RAHNER. In: GRILLMEIER, Alois; BACHT, Heinrich (Orgs.). *Das Konzil von Chalkedon: Geschichte und Gegenwart*, 3v. Würzburg: Echter-Verlag, v. 1, p. 3-49, 1951-1954.

realidades da fé.[492] Paradoxalmente, aqueles que, de maneira grosseira, definem a ortodoxia como a repetição verbal de fórmulas teológicas do passado correm o risco de fossilizar a fé cristã, encurralando-a em uma de suas formas históricas específicas, sem lhe dar amplitude conceitual e verbal para que permaneça em real conformidade com o mistério que ela tenta expressar e transmitir.[493]

Neste capítulo, abordamos a interação entre ortodoxia e heresia, de um lado, e poder político, de outro. Embora haja, sem dúvida, uma relação dinâmica entre eles, ficou claro que não é possível defender a ideia de que a ortodoxia cristã represente simplesmente as preferências e os interesses do *establishment* durante a era patrística, quando muitas doutrinas cristãs se consolidaram nas formas atuais. No entanto, quando o cristianismo deixou de ser um movimento religioso fora do *establishment* para se transformar num importante elemento do jogo político, culminando com o aparecimento da cristandade, a ideia de heresia desenvolveu, de modo inevitável, novas associações. A politização da ortodoxia exigiu fatalmente uma correspondente politização de sua antítese, a heresia.

O resultado social disso talvez fosse inevitável. Enquanto uma ortodoxia politizada dominante era vista como privilegiada, repressiva ou desinteressada, os movimentos heréticos ofereciam aos indivíduos uma visão e estrutura religiosa alternativas. Eles tinham a capacidade de se tornar movimentos efetivos de protesto social em razão de seu contexto político, que criava espaço para essa função social. Considerando-se o contexto, não é difícil entender como a heresia chegou a ser tingida com as aspirações libertárias no início da era moderna na Europa. De fato, a fascinação pós-moderna com a heresia

---

[492] Essa é a concepção expressa em *Arius: Heresy and Tradition*, de Rowan WILLIAMS, 2. ed., London: SCM Press, 2001. Cf. ainda seu ensaio "What Is Catholic Orthodoxy?" In: LEECH, Kenneth; WILLIAMS, Rowan (Orgs.). *Essays Catholic and Radical*. London: SPCK, 1983, p.11-25.

[493] V. tb. *The Genesis of Doctrine*, de Alister MCGRATH, Oxford: Blackwell, 1990, p. 1-8.

[Heresia]

é fundamentada em grande parte no prolongamento dessa memória cultural. As realidades sociais podem ter mudado, mas a sua memória e associações se mantêm vivas.

10

A heresia e a visão islâmica do cristianismo

A tendência da análise apresentada neste livro foi a de focalizar o passado, em vez do presente. Mas uma compreensão do passado pode, de qualquer modo, ser útil para dar sentido ao presente e chamar a atenção para algumas questões contemporâneas. Um exemplo bastante importante pode ser percebido, embora sua discussão plena esteja além da extensão deste trabalho. Uma das relações mais importantes e difíceis no mundo contemporâneo é a dinâmica nada tranquila e suspeita entre o cristianismo e o islamismo. Ambos estão se expandindo e, no curso de suas expansões, eles têm o potencial para encontrar um ao outro como os potenciais rivais e combatentes.

Embora um diálogo respeitoso entre o cristianismo e o islamismo tenha muito a oferecer, em parte reduzindo a tensão entre as duas fés, e em parte porque as suas diferenças ajudam a iluminar as

[Heresia]

suas distintas identidades. Um exemplo clássico diz respeito ao modo pelo qual as duas crenças tratam da questão da revelação divina. Como Richard Martin e Mark Woodward assinalaram: "Como pode o divino transcendente e eterno existir no contexto histórico, humano? Para os cristãos, o problema implica uma pessoa: Jesus Cristo. Para os muçulmanos, implica um livro: o *Alcorão*.[494] Embora haja formas de cristianismo que se aproximam da ênfase que o islamismo confere à autoridade suprema de um texto — de modo mais notável, certas formas de protestantismo[495] —, o cristianismo tradicionalmente outorga a Cristo a posição que o islamismo outorga ao *Alcorão*. O estudioso da religião Wilfred Cantwell Smith escreve:

> *Os muçulmanos e os cristãos têm se afastado em parte pelo fato de ambos compreenderem mal a fé um do outro, tentando ajustá-la aos próprios padrões. O erro mais comum é supor (de ambos os lados) que os papéis de Jesus Cristo no cristianismo e de Maomé no islamismo são comparáveis [...]. Se a comparação é feita em termos da estrutura das duas religiões, o que corresponde, no esquema cristão, ao Alcorão não é a Bíblia, mas a pessoa de Cristo — para os cristãos, Cristo é que é a revelação de Deus.[496]*

Então, como a nossa análise e caracterização da heresia cristã se relacionam com a representação de Jesus dentro do islamismo, especialmente dentro do *Alcorão*? E se as críticas e representações do *Alcorão* sobre a interpretação da pessoa e lugar de Jesus no cristianismo refletirem familiaridade com as suas formas heréticas, em vez das ortodoxas?

Um das questões mais problemáticas que pairam sobre a superfície das tentativas de amenizar essa relação difícil é a representação do

---

[494] MARTIN, Richard C.; WOODWARD, Mark R. *Defenders of Reason in Islam: Mu'tazilism from Medieval School to Modern Symbol*. Oxford: Oneworld, 1997, p. 202, 203.
[495] V. os pontos estudados no livro *Christianity's Dangerous Idea: The Protestant Revolution*, de Alister MCGRATH, San Francisco: HarperOne, 2007, p. 474-476.
[496] SMITH, Wilfred Cantwell. *Islam in Modern History*. Princeton: Princeton Univ. Press, 1957, p. 17-18.

[A heresia e a visão islâmica do cristianismo]

islamismo sobre as ideias cristãs centrais, como a doutrina da Trindade e a divindade de Cristo. A maioria dos cristãos considera que a representação que o *Alcorão* faz desses conceitos tem pouca relação com as suas expressões ortodoxas. Os muçulmanos, cujo conhecimento das crenças cristãs baseia-se apenas no *Alcorão*, muitas vezes se veem aflitos pela tensão manifesta entre aquilo que foram levados a supor ser o que os cristãos acreditam sobre Jesus e aquilo que, de fato, descobrem em conversas com cristãos. Existe algum modo pelo qual essa situação possa ser solucionada com honestidade para ambos os lados?

As ideias apresentadas neste livro propõem a base para uma solução que é tanto histórica quanto teologicamente plausível. A problemática representação do cristianismo no *Alcorão* pode ser debatida para refletir um conhecimento, seja direto, seja indireto, das versões *heréticas* do cristianismo que, como se sabe, estiveram presentes na região. Conforme insistimos ao longo deste trabalho, as heresias devem ser consideradas como tendo surgido dentro da igreja e, dessa maneira, podem ser consideradas "cristãs", embora num sentido fraco do termo. Não obstante, elas não podem ser consideradas *autenticamente* cristãs. O *Alcorão*, portanto, critica ideias que estão na margem da fé cristã — e que na prática todos os cristãos também concordariam serem falhas.

Ilustraremos isso com base na consideração de dois pontos em que a apresentação das ideias cristãs no *Alcorão* suscita preocupações: a doutrina da Trindade e a doutrina da divindade de Cristo.

A representação da doutrina da Trindade no *Alcorão* tem causado uma certa perplexidade nos cristãos. Mesmo permitindo algum grau de ambiguidade textual, o *Alcorão* parece representar os cristãos como adoradores de uma trindade de três pessoas distintas: Deus, Jesus e Maria.[497] Embora inúmeros eruditos islâmicos tenham sido cuidadosos em expor o que de fato os cristãos creem,[498] essa curiosa

---

[497] Sura 4:167-170; 5:77. Isso poderia ser facilmente interpretado, em termos quase pagãos, como os divinos Pai, Filho e Mãe.
[498] Para alguns exemplos, v. "The Doctrine of the Trinity in the Early Abbasid Era", de David THOMAS. In: RIDGEON, Lloyd (Org.). *Islamic Interpretations of Christianity*. Richmond: Curzon Press, 2001, p. 78-98.

[277]

[Heresia]

representação triteísta do cristianismo continua confusamente disseminada dentro do islamismo popular. Tal concepção simplesmente não pode ser sustentada por nenhuma comparação com o cristianismo ortodoxo. Assim, como podemos explicar as suas origens? Por que o *Alcorão* atribui essa visão aos cristãos quando ela é tão claramente estranha ao fio condutor da ortodoxia cristã?

A perspectiva do *Alcorão* a respeito da Trindade parece revelar pelo menos algum grau de familiaridade com uma escola herética dentro do cristianismo que ficou conhecida por ter sido influente na região da Arábia naquele momento. A heresia em questão é a da seita do coliridianismo que floresceu na região hoje chamada de Oriente Médio.[499] Uma de suas características distintivas é tratar Maria como uma deusa, oferecendo-lhe adoração e honra comparável ao que poderia ser esperado para o próprio Deus.[500] É significativo que os espaços geográficos nos quais o coliridianismo parece ter florescido no século V coincidiam com aqueles já relacionados com a adoração de divindades femininas como Deméter e Reia. O movimento é uma das oitenta "heresias" identificadas por Epifânio de Salamina (c. 310-403) em seu *Panarion*. O fato de ser classificada em septuagésimo oitavo lugar, na lista de oitenta seitas heterodoxas de Epifânio, sugere que este não a considerava como sendo particularmente importante; não obstante, ela parece ter sido influente na região que se tornaria o cadinho dentro do qual surgiu o islamismo. Os comentários do *Alcorão* sobre a Trindade refletiriam familiaridade com essa heresia árabe local?

A mesma questão aparece como relevante ao considerar a visão do *Alcorão* sobre Jesus de Nazaré. O local geográfico e cultural do islamismo primitivo teve um impacto significativo em sua compreensão e avaliação do cristianismo. A ortodoxia calcedônica parece ter demorado

---

[499] O nome dessa seita deriva da palavra grega *kollyris*, "pedaço de pão" — uma referência à sua prática de oferecer pão a Maria como uma deusa.

[500] Para um estudo detalhado desses assuntos, v. *Divine Heiress: The Virgin Mary and the Creation of Christian Constantinople*, de Vasiliki LIMBERIS, New York: Routledge, 1994, p. 114-121.

[A heresia e a visão islâmica do cristianismo]

a encontrar o seu caminho na península Árabe, mais ainda em conseguir aprovação geral naquela remota região. As visões heréticas da identidade de Jesus de Nazaré parecem ter tido um ímpeto importante na região. Na ausência de uma alternativa, as cristologias heréticas parecem ter tido uma influência notável, especialmente ao nível popular.

O *Alcorão* representa os cristãos como entendendo e adorando Jesus como uma figura fisicamente divina, o que é equivalente ao paganismo, idolatria ou politeísmo. Dificilmente essa crítica pode ser sustentada diante do pensamento cristão ortodoxo,[501] considerando-se em especial que a relação entre Deus Pai e Deus Filho não pode ser compreendida de modo físico.[502] No entanto, a representação de Jesus de Nazaré no *Alcorão* faz sentido quando vista no contexto do docetismo intrínseco de muitas cristologias gnósticas, que são conhecidas por ter sido influentes em tal região da Arábia na época.[503] A sugestão de que a crítica do *Alcorão* sobre a cristologia tenha sido evocada por cristologias locais influenciadas pelo gnosticismo setiano não diminui a validade das críticas que oferece. Trata-se de notar simplesmente que uma versão local inautêntica da fé cristã está sendo criticada, não a sua forma ortodoxa definitiva.

Por exemplo, vamos considerar outra vez uma passagem vista anteriormente (v. p. 116), extraída de uma obra significativa do gnosticismo setiano, o *Segundo tratado do grande Sete*. Essa obra, que se

---

[501] RAYMUND, Schwager. Christologie und Islam. In: DORÉ, Joseph; THEOBALD, Christoph (Orgs.). *Penser la foi: Recherches en théologie aujourd'hui: Mélanges offerts à Joseph Moingt.* Paris: Éditions du Cerf, 1993, p. 203-215; THOMAS, David. Explanations of the Incarnation in Early Abbasid Islam. In: VAN GINKEL, J. J.; den BERG, H. L. Murrevan; VAN LINT, Theo Maarten (Orgs.). *Redefining Christian Identity: Cultural Interaction in the Middle East Since the Rise of Islam.* Louvain: Peeters, 2005, p. 127-149.

[502] Para uma excelente explanação desse ponto, v. *The Fatherhood of God from Origen to Athanasius*, de Peter WIDDICOMBE, Oxford: Clarendon Press, 1994.

[503] Gnosticismo e nestorianismo são frequentemente mencionados como possíveis influências sobre o *Alcorão*. P. ex., este livro parece se referir a uma história de Jesus dando vida a pássaros feitos de barro (Sura 3:49; 5:110) que se encontra no *Evangelho da infância de Tomé* (4.2) de origem gnóstica. Também podem ser observadas influências sírias. Cf. ainda *The Qur'an in Its Historical Context*, REYNOLDS, Gabriel Said (Ed.), New York: Routledge, 2007.

[Heresia]

acredita datar do século IV, é um testemunho importante das interpretações gnósticas sobre Jesus de Nazaré que prevaleceram no Egito e na Arábia. Na obra, está incluída a recusa à aceitação de que Jesus foi crucificado, com a oferta de uma interpretação alternativa para os eventos de Sexta-feira Santa, escrita em primeira pessoa.

> *Eu não sucumbi a eles como planejaram. Mas de modo nenhum sofri. Aqueles que estavam lá me castigaram. E eu não morri na realidade, mas em aparência. [...] Pois minha morte, a qual eles pensam ter acontecido, [aconteceu] a eles em seu erro e cegueira, uma vez que eles pregaram o homem deles na morte deles. Pois suas Enoias não me viram, pois estavam surdas e cegas. Mas ao fazer tais coisas, eles condenaram a si próprios. Sim, eles me viram; eles me castigaram. Foi outro, o pai deles, que bebeu a bile e o vinagre; não eu. Eles me atingiram com a lança; foi outro, Simão, que carregou a cruz nos ombros. Foi outro sobre quem eles colocaram a coroa de espinhos.*[504]

Fica claro que este ensino guarda uma semelhança notável com os ensinos islâmicos sobre Jesus de Nazaré, que reflete uma relutância semelhante em aceitar que Jesus sofreu e morreu na cruz. A passagem central no Alcorão pune os filhos de Israel por matarem os profetas de Deus, por difamarem Maria e por afirmarem ter matado Cristo.

> *Eles dizem: "Nós certamente matamos o Cristo, Jesus, filho de Maria, o mensageiro de Deus". Eles não o mataram, nem o crucificaram; ao contrário, somente foi feito parecer assim para eles [...] Eles não o mataram [...] Ao contrário, Deus o levou a ele, pois Deus é poderoso e sábio.*[505]

....

[504] *Segundo tratado do grande Sete* 55:16-35. V. ainda The Suffering of the Impassible God: *The Dialectics of Patristic Thought*, de Paul GAVRILYUK, Oxford: Oxford Univ. Press, 2004, p. 79-90.
[505] Sura 4:157-58.

[A heresia e a visão islâmica do cristianismo]

Embora haja algumas questões gramaticais sobre como essa passagem deva ser traduzida, a maioria dos exegetas do *Alcorão* tem se referido a ela como o equivalente a uma negação explícita da morte e crucificação de Cristo nas mãos de seus inimigos. Muitos comentaristas islâmicos adotaram uma linha semelhante, argumentando que o NT inclui material que diminui a divindade ou a honra de Jesus. Por exemplo, o escritor Ibn al-Juwayni (1028-1085) do século XI afirmou que os escritores dos Evangelhos deveriam ter omitido as referências aos eventos como o açoitamento de Jesus e o coroamento com espinhos, pois, segundo ele, essas referências humilham Jesus.[506] De modo similar, Abu Hamid al-Ghazali (1058-1111) fez reparos à descrição da paixão de Cristo no Evangelho de Mateus, em particular às palavras atribuídas a Cristo como "passa de mim este cálice" e "Pai, por que me abandonaste?". Ele argumenta que essas passagens apontam para Jesus como um ser humano, não como uma figura divina.

Alguns estudiosos, como Mahmoud Mustafa Ayoub (1938), sugeriram que a visão de Jesus apresentada no *Alcorão*, embora superficialmente docética, é na verdade apenas substitucionista.[507] Isso, porém, significa limitar o docetismo a somente uma de suas formas históricas específicas. Ayoub parece desconhecer a complexidade do docetismo, em particular a tendência que algumas formas dessa corrente de pensamento tem de negar a morte de Jesus de Nazaré por crucificação, considerando-a degradante ou humilhante, comprometendo assim a divindade de Cristo. Nessa perspectiva, conforme já vimos, considera-se que Jesus não morreu na cruz, mas foi trocado por um substituto como Simão de Cirene.

Portanto, quais teriam sido as fontes do *Alcorão* em relação a esse assunto? Parece cada vez mais claro que a representação das ideias fundamentais do cristianismo pelo *Alcorão* foi moldada por um encontro com as formas de cristianismo prevalecentes na península Árabe. Estas,

---

[506] Para esse e outros exemplos, v. "Images of Christ in Arabic Literature", de David PINAULT, *Die Welt des Islams*, v. 27, p. 103-125, 1987.

[507] AYOUB, Mahmoud Mustafa. Towards an Islamic Christology, II: The Death of Jesus, Reality or Delusion? *Muslim World*, v. 70, p. 91-121, 1980.

[Heresia]

ao que parece, podem ter sido predominantemente heréticas, em vez de ortodoxas. O problema não é tanto a visão em si do *Alcorão* sobre Jesus, mas as suas fontes. De onde Maomé extraiu tais pontos de vista? A presença dessas ideias na coletânea de textos do Nag Hammadi é sugestiva, dada a sua proximidade geográfica com a península Árabe. A caracterização problemática do cristianismo pelo islamismo tem toda a aparência de ter sido moldada por fontes influenciadas pelo gnosticismo setiano, não pela ortodoxia calcedônica.

Se estiver correta, essa visão abre caminho para um grau significativo de reaproximação teológica entre o cristianismo e o islamismo. Uma vez que as heresias cristãs são formas de cristianismo — independentemente de serem defeituosas, deformadas ou distorcidas —, o fato de o *Alcorão* conhecer, e criticar, as formas heréticas de cristianismo permite aos muçulmanos afirmarem que aquilo que está sendo criticado é de fato uma forma de cristianismo, e possibilita que os cristãos respondam mostrando que elas não são formas *autênticas ou representativas* do cristianismo. Na verdade, os cristãos concordariam com a forma com que tais crenças são apresentadas no *Alcorão*. Maomé estava muito certo ao identificar perspectivas cristãs inaceitáveis sobre Jesus e Deus — mas a inadequação dessas perspectivas deveria ser aceita pelos cristãos e o seu caráter representativo posto em questão.

Outras investigações a respeito desse ponto serão importantes para as relações muçulmano-cristãs. Se o *Alcorão* demonstra familiaridade principalmente com as visões heréticas sobre a Trindade e a cristologia, as quais poderiam ser extrapoladas em generalizações sobre o próprio cristianismo, não há dúvida de que a relação frequentemente tensa entre essas crenças poderia ser melhorada com uma análise mais detalhada desses temas.

Conclusão

O futuro da heresia

*A moralidade, como a arte, significa
traçar uma linha em algum lugar.*
Oscar Wilde

Este livro investigou a ideia de heresia dentro da tradição cristã, tentando compreender pelo menos alguma coisa de sua natureza e origem — sobre como as linhas teológicas precisaram ser traçadas, e foram traçadas, entre os reinos da ortodoxia e da heresia. Não tivemos a intenção de oferecer nenhuma perspectiva nova particularmente sobre cada uma das heresias comentadas, mas tentar refinar e comparar um corpo significativo de pesquisa acadêmica sobre o fenômeno de cada uma delas, usando-as como estudo de caso para ilustrar pontos importantes. Embora essa abordagem seja indubitavelmente de interesse acadêmico, o seu verdadeiro significado está em

[Heresia]

suas implicações para a vida da igreja. Ao concluir este livro, devemos nos afastar, então, das grandes questões intelectuais sobre a natureza e as origens da heresia, para considerar, ainda que brevemente, o seu significado contemporâneo para as comunidades cristãs.

Alguns têm sugerido que a heresia é essencialmente uma ideia fora de moda, com pouca ou nenhuma relevância para a vida da igreja moderna.[508] Mesmo uma leitura superficial de textos recentes sobre a igreja primitiva indica que tem havido uma persistente intensificação de suposições céticas a respeito da legitimidade e utilidade da noção de heresia na contemporaneidade. É amplamente afirmado que ela reflete as preocupações e os interesses de eras muito remotas na história da igreja, e certamente pode ser deixada de lado. Contudo, a análise oferecida neste trabalho indica que, de forma nenhuma, isso está correto, principalmente pelas duas razões apresentadas a seguir.

Primeiro, a busca da ortodoxia é essencialmente a busca da autenticidade cristã. A tentativa inexorável de encontrar as melhores formulações da verdade cristã reflete o discernimento de que o cristianismo é capaz de expressar e entender as suas ideias de forma inadequada e inautêntica. Em um contexto religioso e cultural grandemente competitivo, a existência e prosperidade futuras do cristianismo dependerão de sua apresentação em suas formas mais autênticas.[509] Pondo isso de modo um tanto abrupto e pragmático, as formas defeituosas e prejudiciais à fé cristã — em outras palavras, as heresias — limitarão as suas chances de sobrevivência. A busca da ortodoxia é acima de tudo uma busca de autenticidade.

Em segundo lugar, as heresias, como a história, têm o hábito de se repetir. O historiador pode tratar o gnosticismo como um movimento intelectual e cultural complexo do fim da Antiguidade clássica, levantando

---

[508] Tais considerações são tratadas de modo simpático, mas não endossadas, em "Orthodoxy and Heresy", de Eleonore Stump, *Faith and Philosophy*, v. 16, p. 147-163, 1999.

[509] Essa preocupação esteve presente até mesmo na era patrística, como observado em *Heresy and Criticism: The Search for Authenticity in Early Christian Literature*, de Robert M. Grant, Louisville: Westminster John Knox Press, 1993.

[Conclusão]

algumas questões interessantes para os historiadores acadêmicos e, quem sabe, para ninguém mais. No entanto, aqueles que se preocupam com a relação entre o cristianismo e a cultura moderna veem um quadro um pouco diferente. O gnosticismo continua vivo hoje, não necessariamente revelando-se com o seu verdadeiro nome ou mesmo a sua história.[510] Mas o seu rastro é inconfundível. Seu eco é ouvido hoje por meio daqueles que interpretam o cristianismo como uma religião de autodescobrimento, não de redenção. A religião é a busca pela verdadeira identidade interior, o "eu verdadeiro", a chama interna da vida divina, ou o ouro na lama. O desafio enfrentado pelas igrejas é o de conseguirem se contrapor a tais estereótipos culturais, em vez de inadvertidamente reforçá-los.

O novo interesse na heresia, tão característico do final do século XX e início do século XXI, vai muito além da renovação do interesse intelectual num fenômeno negligenciado ou mal-entendido do passado. De fato, certos estudiosos têm sugerido que a crítica moderna nessa área não apenas está "enamorada" das antigas heresias, como pratica uma "defesa histórica" às custas da "imparcialidade" histórica.[511] Não há dúvida, por exemplo, que muitos pesquisadores contemporâneos defendem o gnosticismo como uma alternativa plausível ao que eles consideram falhas e vícios do cristianismo tradicional. Por exemplo, Elaine Pagels claramente considera o gnosticismo (ou pelo menos certas formas dele) mais igualitário do que a ortodoxia cristã. Como vimos, essa é uma leitura altamente problemática da questão. Assim, embora esses estereótipos possam ser desafiados pela crítica histórica, o sentimento básico permanece. Na verdade, para muitos o sentimento transformou-se em realidade e precisa ser desafiado e corrigido.

---

[510] SEGAL, Robert A. (Org.). *The Allure of Gnosticism: The Gnostic Experience in Jungian Psychology and Contemporary Culture*. Chicago: Open Court, 1995.
[511] HENRY, Patrick. Why Is Contemporary Scholarship So Enamored of Ancient Heresies? In: LIVINGSTONE, E. A. (Org.). *Proceedings of the 8th International Conference on Patristic Studies*. Oxford: Pergamon Press, 1980, p. 123-126. As considerações de Henry divergem do tipo de análise encontrada no livro *The Making of a Heretic: Gender, Authority, and the Priscillianist Controversy*, de Virginia BURRUS, Berkeley: Univ. of California Press, 1995, p. 1-2.

[Heresia]

A sedução do que é proibido na religião pode ser explicada, pelo menos até certo ponto, em bases psicológicas sociais.[512] No entanto, a sua atração não se deve apenas à psicologia de formas de experiência social proibida; ela reflete um sentimento perturbador dentro da cultura ocidental de que a ortodoxia cristã é sombria e danosa, o que encoraja o surgimento de um sentimento contrário de que a heresia é intelectualmente excitante e espiritualmente libertadora. Tal sentimento pode ser discernido dentro da chamada crise da fé vitoriana[513] e continua uma forte ameaça ao apelo popular da ortodoxia em nossos dias. Conforme um comentarista inglês disse num debate sobre a "morte de Deus", nos anos 1960:

> *Apesar de a maior parte da literatura filosófica e teológica vinculada à "morte de Deus" parecer mesmo de segunda categoria ou pior, é muito necessário refletir sobre quão absolutamente mortal deve ter sido a experiência que os escritores dessa literatura tiveram tanto da adoração quanto da vida teológica em suas igrejas".[514]

Seria de fato tão surpreendente que as pessoas chegassem à conclusão de que Deus estava morto quando as supostas comunidades de suas localidades eram tão tristes e desinteressantes?

No entanto, o verdadeiro desafio enfrentado pelas igrejas não pode ser neutralizado pela demonstração de que a ortodoxia teológica é tão necessária quanto apropriada para o bem-estar das comunidades

---

[512] Cf. "The Psychology of the Unthinkable: Taboo Trade-Offs, Forbidden Base Rates, and Heretical Counterfactuals", de Philip E. TETLOCK; Orie V. KRISTEL; S. Beth ELSON; Melaine C. GREEN; Jennifer S. LERNER, *Journal of Personality and Social Psychology*, v. 78, p. 853-870, 2000.

[513] Para uma análise crítica desse fenômeno, v. a investigação revisionista *Crisis of Doubt: Honest Faith in Nineteenth-Century England*, de Timothy LARSEN, Oxford: Oxford Univ. Press, 2006.

[514] RAMSEY, Arthur Michael. *The Christian Priest Today*. London: SPCK, 1972, p. 21.

[Conclusão]

cristãs.[515] A ortodoxia poderia ser mais uma vez revestida de brilho? Se o cristianismo pretende recuperar o predomínio criativo, ele precisa redescobrir o que G. K. Chesterton (1874-1936) designou de "o romance da ortodoxia".[516] Não basta mostrar que a ortodoxia representa a forma de fé cristã mais intelectual e espiritualmente autêntica, ou que foi experimentada e testada contra as suas alternativas intelectuais. O problema é muito mais profundo, no nível da imaginação e dos sentimentos. Se Cristo é realmente o "Senhor da Imaginação",[517] a distinção entre ortodoxia e heresia deveria ter implicações criativas importantes. O real desafio é que as igrejas demonstrem que a ortodoxia é criativamente convincente, emocionalmente cativante, esteticamente enaltecedora e pessoalmente libertadora. Esperamos com ansiosa expectativa que a igreja aceite esse desafio.

---

[515] Um caso típico da necessidade de declarações doutrinais, incluindo uma crítica à noção de uma "fé não dogmática", pode ser encontrado em *A Scientific Theology*, de Alister McGRANTH, v. 3, Theory, London: T & T Clark, 2003, p. 3-76.

[516] CHESTERTON, G. K. *Orthodoxy*. New York: Doubleday, 1959, p. 129-147. É importante notar que Chesterton fundamenta seu caso de fé não tanto com base na verdade do cristianismo e sim em sua capacidade de responder à nossa necessidade de "uma vida ativa e criativa, pitoresca e cheia de curiosidade poética" (3).

[517] Tomei essa frase emprestada de *Christ and Apollo: The Dimensions of the Literary Imagination*, de William LYNCH, Notre Dame: Univ. of Notre Dame Press, 1960, p. 157.

Índice remissivo básico

A

amor com a heresia: 7

arianismo: 5, 77, 119, 135, 148, 146, 148, 170, 181, 191, 197, 200, 202, 204, 219, 238, 241, 242, 258, 260, 262, 286, 294

As primeiras heresias clássicas: 129

C

cristão: 10, 22, 33, 35, 36, 39, 44, 57, 59, 69, 75, 78, 89, 94, 105, 107, 109, 110, 112, 118, 123, 125, 130, 132, 138, 142, 154, 161, 169, 171, 210, 214, 225, 233, 245, 270, 272, 286, 291, 277, 283

cristianismo: 4, 5, 9, 12, 20, 22, 24, 26, 27, 28, 29, 30, 31, 33, 35, 37, 40, 46, 51, 56, 57, 59, 61, 63, 65, 67, 72, 73, 75, 83, 85, 87, 89, 91, 92, 93, 98, 100, 102, 105, 107, 109, 110, 111, 114, 116, 120, 122, 124, 122, 124, 125, 127, 128, 129, 130, 131, 133, 159, 142, 144, 146, 148, 150, 154, 155, 159, 161, 163, 164, 170, 172, 173, 174, 175, 176, 178, 179,

[Heresia]

181, 183, 188, 189, 192, 195, 197, 199, 214, 221, 223, 227, 229, 229, 230, 231, 234, 235, 236, 239, 241, 244, 244, 245, 237, 249, 251, 253, 254, 255, 256, 273, 275, 277, 274, 279, 281, 285, 286, 287, 290, 292

D

diversidade: 18, 45, 57, 59, 63, 65, 66, 69, 71, 74, 77, 78, 81, 83, 85, 87, 105, 170, 171 257

docetismo: 4, 40, 122, 129, 144, 146, 148, 150, 153, 171, 283, 285

donatismo: 5, 124, 137, 197, 205, 207, 208, 223, 228, 239, 241, 257, 275

E

Ebionismo: 138

essência da heresia: 18, 44, 255, 268

evangelho cristão: 3, 25, 42, 207, 227, 232

H

heresia: 3, 5, 6, 7, 9, 10, 12, 14, 16, 18, 20, 22, 23, 26, 18, 30, 33, 39, 44, 45, 46, 47, 48, 49, 51, 52, 53, 54, 55, 56, 57, 59, 60, 61, 69, 71, 75, 76, 78, 79, 83, 85, 86, 88, 89, 91, 93, 96, 101, 103, 105, 106, 107, 109, 112, 105, 107, 109, 110, 111, 112, 114, 116, 118, 122, 124, 125, 126, 128, 130, 131, 132, 134, 135, 137, 143, 144, 153, 164 169, 170, 171, 172, 181, 190, 191, 197, 108, 202, 205, 209, 217, 219, 221, 223, 227, 229, 230, 231, 232, 234, 237, 239, 243, 245, 247, 249, 250, 250, 253, 254, 255, 257, 259, 261, 263, 264, 266, 268, 270, 273, 275, 276, 277, 278, 280, 281, 283, 284, 285, 286, 287, 288, 289, 290, 292

[Índice remissivo básico]

I

ideia de heresia: 3, 45, 57, 59, 128, 288, 292

F

fé: 3, 5, 7, 9, 21, 22, 25, 27, 29, 31, 33, 35, 37, 41, 43, 45,
46, 47, 48, 59, 51, 52, 61, 63, 67, 70, 72, 74, 80, 84,
86, 88, 90, 91, 92, 93, 94, 98, 100, 102, 104, 110,
113, 116, 118, 119, 121, 124, 125, 126, 127, 128,
129, 130, 131, 132, 133, 134, 135, 136, 142, 143,
146, 149, 157, 172, 176, 178, 183, 191, 195, 200,
210, 218, 219, 220, 221, 223, 225, 227, 229, 231,
232, 236, 238, 241, 242, 245, 250, 255, 256, 262,
269, 273, 276, 277, 278, 280, 281, 282, 284, 286,
287, 289, 290, 295, 296, 298, 300

M

motivações intelectuais: 242

O

o que é heresia? 27, 126

origens da heresia: 70, 84, 90, 91, 168, 217, 223,
250, 292, 284

ortodoxia: 7, 8, 9, 10, 11, 12, 13, 19, 22, 25, 27, 29,
43, 47, 50, 53, 60, 62, 68, 70, 72, 75, 76, 82, 83,
85, 86, 88, 90, 91, 96, 98, 99, 100, 102, 105, 106,
108, 109, 111, 112, 114, 119, 124, 126, 127, 130,
136, 145, 155, 164, 108, 170, 172, 181, 187, 195,
202, 204, 219, 223, 231, 240, 242, 243, 245, 247,
249, 250, 251, 252, 253, 255, 256, 257, 258, 260,
280, 2862 283, 284, 285, 286, 287, 289, 290,
291, 292, 294, 295, 296, 298, 300

os credos: 3, 25, 130

P

pelagianismo: 5, 109, 122, 137, 181, 212, 214, 216, 218, 219, 223, 224, 226, 227, 228, 229, 249, 251

poder: 5, 7, 9, 10, 14, 16, 22, 25, 31, 33, 61, 65, 83, 85, 98, 99, 107, 126, 135, 141, 144, 164, 163, 170, 177, 189, 207, 212, 222, 223, 243, 245, 247, 250, 252, 254, 257, 259, 263, 266, 268, 281, 284, 286, 288, 292

R

raízes da heresia: 3, 63, 172

V

valentianismo: 4, 101, 103, 129, 149, 155, 157, 158, 159, 164, 171, 252

Sua opinião é importante para nós. Por gentileza envie seus comentários pelo e-mail editorial@hagnos.com.br

Visite nosso site: www.hagnos.com.br

Livro impresso em papel Chambril Avena 70g/m² da *International Paper*. Os papeis da *International Paper* são produzidos a partir de plantações de eucalipto certificado. Esta obra foi impressa na Imprensa da Fé. São Paulo, Brasil. Inverno de 2015